2020 全国经济专业技术资格考试

零基础学经济师
必刷1000题

财政税收专业知识与实务（中级）

■ 中华会计网校 编

感恩20年相伴 助你梦想成真

北京理工大学出版社
BEIJING INSTITUTE OF TECHNOLOGY PRESS

版权专有 侵权必究

图书在版编目（CIP）数据

零基础学经济师必刷1000题. 财政税收专业知识与实务：中级／中华会计网校编. —北京：北京理工大学出版社，2020.7
 全国经济专业技术资格考试
 ISBN 978-7-5682-8493-6

Ⅰ. ①零⋯ Ⅱ. ①中⋯ Ⅲ. ①财政管理—资格考试—习题集②税收管理—资格考试—习题集 Ⅳ. ①F-44

中国版本图书馆CIP数据核字（2020）第089961号

出版发行／	北京理工大学出版社有限责任公司
社　　址／	北京市海淀区中关村南大街5号
邮　　编／	100081
电　　话／	（010）68914775（总编室）
	（010）82562903（教材售后服务热线）
	（010）68948351（其他图书服务热线）
网　　址／	http://www.bitpress.com.cn
经　　销／	全国各地新华书店
印　　刷／	北京市兆成印刷有限责任公司
开　　本／	787毫米×1092毫米　1/16
印　　张／	13.5
字　　数／	276千字
版　　次／	2020年7月第1版　2020年7月第1次印刷
定　　价／	42.00元

责任编辑／陈莉华
文案编辑／陈莉华
责任校对／周瑞红
责任印制／李志强

图书出现印装质量问题，请拨打售后服务热线，本社负责调换

前　言

正保远程教育

- **发展**：2000—2020年：感恩20年相伴，助你梦想成真
- **理念**：学员利益至上，一切为学员服务
- **成果**：18个不同类型的品牌网站，涵盖13个行业
- **奋斗目标**：构建完善的"终身教育体系"和"完全教育体系"

中华会计网校

- **发展**：正保远程教育旗下的第一品牌网站
- **理念**：精耕细作，锲而不舍
- **成果**：每年为我国财经领域培养数百万名专业人才
- **奋斗目标**：成为所有会计人的"网上家园"

"梦想成真"书系

- **发展**：正保远程教育主打的品牌系列辅导丛书
- **理念**：你的梦想由我们来保驾护航
- **成果**：图书品类涵盖会计职称、注册会计师、税务师、经济师、资产评估师、审计师、财税、实务等多个专业领域
- **奋斗目标**：成为所有会计人实现梦想路上的启明灯

图书特色

1 专项重点突破

题型专项突破，主客观题轻松一一击破
灵活按章专练，查找薄弱章节重点练习

2 创新三步刷题法

刷基础：紧扣大纲 夯实基础
刷进阶：高频进阶 强化提升
刷通关：举一反三 高效通关

3 答案全解析

答案解析精细全，精准总结解题策略

Contents 目录

	刷单项选择题	刷多项选择题	刷案例分析题
第一章　公共财政与财政职能	1	75	
第二章　财政支出理论与内容	4	76	
第三章　税收理论	11	79	
第四章　货物和劳务税制度	17	82	106
第五章　所得税制度	27	85	113
第六章　其他税收制度	32	88	118
第七章　税务管理	38	91	
第八章　纳税检查	45	94	124
第九章　公债	56	97	
第十章　政府预算理论与管理制度	59	98	
第十一章　政府间财政关系	64	101	
第十二章　国有资产管理	68	102	
第十三章　财政平衡与财政政策	71	104	

参考答案及解析

	刷单项选择题	刷多项选择题	刷案例分析题
第一章　公共财政与财政职能	135	179	
第二章　财政支出理论与内容	137	180	
第三章　税收理论	141	181	
第四章　货物和劳务税制度	145	182	196
第五章　所得税制度	150	184	199
第六章　其他税收制度	154	186	203
第七章　税务管理	157	187	
第八章　纳税检查	161	189	206

	刷单项选择题	刷多项选择题	刷案例分析题
第九章　公债	165	191	
第十章　政府预算理论与管理制度	167	192	
第十一章　政府间财政关系	171	193	
第十二章　国有资产管理	173	194	
第十三章　财政平衡与财政政策	175	195	

正保文化官微

关注正保文化官方微信公众号，回复"勘误表"，获取本书勘误内容。

刷 单项选择题

单项选择题 答题技巧

单项选择题在各类题型中最容易得分。顾名思义，单项选择题要求在4个备选项中，选出最符合题意的选项。考试时可以根据题意直接进行选择。需要提醒考生注意的是，个别题目会反向提问，让考生选择"不属于""不正确"的选项，一定要认真审题，避免犯低级错误，在不该失分的地方失分。单项选择题在考试中分值最高，是考生能否通过考试的关键，最好可以拿到80%~90%的分数，为考生通过考试打下坚实的基础。如果遇到确实不会的题目，也绝对不能轻言放弃，单项选择题的给分方式是即使错选也不会倒扣分。随机选一个，每个题目也有25%答对的可能性，况且，还有"排除法"可以提高命中率。

第一章 公共财政与财政职能

刷基础　　　　　　　　　　　紧扣大纲 夯实基础

1. 市场失灵问题需要政府采用非市场的方式来干预和解决。政府干预的渠道和手段不包括（　　）。
   A. 政府的宏观调控　　　　　　B. 强制手段
   C. 立法和行政手段　　　　　　D. 财政手段

2. 下列关于公共物品特征的表述正确的是（　　）。
   A. 公共物品的受益是非排他的
   B. 提供公共物品是以盈利为目的的
   C. 通过竞争的方式可以取得公共物品
   D. 公共物品的效用是可以分割的

3. 财政履行收入分配职能的目标是（　　）。
   A. 实现收入分配效率　　　　　B. 实现收入分配公平
   C. 实现资源合理配置　　　　　D. 实现公平竞争

4. 财政"内在稳定器"在收入方面的调节，主要体现在（　　）。
   A. 财政预算的调节　　　　　　B. 累进所得税制的调节
   C. 财政补贴的调节　　　　　　D. 社会保障制度的调节

5. 某个人或集团对公共物品的消费，并不影响或妨碍其他个人或集团同时消费该公共物品，这是公共物品的（　　）特征。
   A. 效用的不可分割性　　　　　B. 受益的非排他性
   C. 取得方式的非竞争性　　　　D. 提供目的的非营利性

6. 当社会总需求大于社会总供给时,财政预算应该采取的政策是( )。
   A. 收支平衡政策 B. 赤字政策
   C. 结余政策 D. 积极财政政策

7. 关于公共物品的说法,正确的是( )。
   A. 消费者增加,受益程度下降
   B. 消费者增加,边际成本递减
   C. 其效用不能分割为若干部分
   D. 提供者着眼于经济效益和社会效益的最大化

8. 市场经济体制下,在资源配置方面起决定性作用的是( )。
   A. 政府 B. 市场
   C. 计划 D. 财政

9. 在现代市场经济社会中,市场失灵是财政存在的前提,从而也决定了财政的职能范围。市场失灵的突出表现不包括( )。
   A. 公共物品缺失 B. 不完全竞争
   C. 经济发展平稳均衡 D. 收入分配不公

10. 关于市场配置资源与市场失灵的说法,错误的是( )。
    A. 市场在提供纯公共物品方面无能为力
    B. 不完全竞争导致垄断
    C. 社会主义市场经济条件下的分配是很公平的
    D. 市场经济不可能自动平稳的发展

11. 国际收支平衡是指( )。
    A. 经常项目收支合计大体平衡
    B. 经常项目和外汇储备收支合计大体平衡
    C. 经常项目和资本项目收支合计大体平衡
    D. 经常项目、资本项目和外汇储备收支合计大体平衡

12. 个人或经济组织的行为活动影响了其他个人或经济组织,却没有为之承担应有的成本或没有获得应有的收益,这种现象称为( )。
    A. 成本收益转移 B. 极差成本收益
    C. 外部效应 D. 收益成本效应

13. 征收遗产税所执行的财政职能是( )。
    A. 资源配置职能 B. 收入分配职能
    C. 经济稳定职能 D. 经济发展职能

14. 关于公共物品的说法,错误的是( )。
    A. 公共物品的特征是同私人物品的特征相比较而得出的
    B. 依据受益范围的大小,可以将公共物品分为全国性和地区性的公共物品
    C. 根据萨缪尔森的定义,每个人消费这种物品不会导致他人对该物品消费的减少的物品是纯公共物品
    D. 公共物品是西方经济学中的一个具有特定意义的概念,它与私人物品的区别主要在于物品的所有制性质

15. 下列措施能起到财政内在稳定器作用的是( )。

A. 对利息、股息、红利征收个人所得税
B. 对国有企业征收企业所得税
C. 对私营企业征收增值税
D. 对弱势群体发放困难补助

16. 财政在调整投资结构时发挥的职能是(　　)。
    A. 收入分配职能　　　　　　　　B. 资源配置职能
    C. 经济稳定职能　　　　　　　　D. 经济发展职能

刷进阶　　　　　　　　　　　高频进阶　强化提升

17. 财政收入分配职能的内容是(　　)。
    A. 实现社会财富在地区之间的合理分配
    B. 实现社会财富在居民之间的公平分配
    C. 实现资源在不同用途之间的合理分配
    D. 实现资源在政府部门与非政府部门之间的合理分配

18. 经济学中的"充分就业"是指(　　)。
    A. 全体社会成员都有工作
    B. 全体社会成员都有固定的工作
    C. 有工作能力且愿意工作的劳动者能够找到工作
    D. 在国家兴办的企事业单位中就业的比例达到较高水平

19. 解决市场失灵问题，采取的方式是(　　)。
    A. 企业采取自我约束方式
    B. 政府采取非市场方式
    C. 个人采取自我约束方式
    D. 政府采取市场方式

20. 财政实现公共物品资源配置效率的基本途径是(　　)。
    A. 完善公共部门的组织制度
    B. 完善激励约束制度
    C. 完善民主、科学的财政决策体制
    D. 确保公共部门的行为不偏离政府的意图

21. 调节资源在政府部门与非政府部门之间的配置，通常采取的手段是(　　)。
    A. 调整投资结构
    B. 调整资本存量结构
    C. 调整中央对地方转移支付的规模
    D. 调整财政收入占国内生产总值的比重

22. 当社会总供给大于社会总需求时，应采取的财政政策是(　　)。
    A. 结余政策　　　　　　　　B. 赤字政策
    C. 平衡政策　　　　　　　　D. 增税政策

23. 美国经济学家萨缪尔森认为，(　　)是指每个人消费这种物品不会导致他人对该物品消费减少的物品。
    A. 准公共物品　　　　　　　　B. 私人物品

C. 纯公共物品　　　　　　　　D. 混合物品

24. 某些行业因经营规模大、经济效益好、边际成本低、规模报酬不断增加，而为少数企业所控制，这种现象称为(　　)。
    A. 竞争障碍　　　　　　　　B. 外部效益
    C. 不完全竞争　　　　　　　D. 效率缺失

第二章　财政支出理论与内容

刷基础

25. 下列财政支出项目中，属于积累性支出的是(　　)。
    A. 国家物资储备支出　　　　B. 国防支出
    C. 社会福利救济支出　　　　D. 行政管理支出

26. 瓦格纳认为公共支出不断增长的原因是(　　)。
    A. 经济发展阶段导致　　　　B. 政府活动扩张导致
    C. 公共收入增长导致　　　　D. 经济发展不平衡导致

27. 改革开放以来，我国财政支出占国内生产总值比重变化的趋势是(　　)。
    A. 上升　　　　　　　　　　B. 保持平稳，变化不大
    C. 下降　　　　　　　　　　D. 基本平稳，但个别年份上升较大

28. 关于财政投资的说法，正确的是(　　)。
    A. 财政投资中包括生产性投资
    B. 财政投资必须注重经济效益
    C. 财政投资的资金来源全部都是无偿的
    D. 财政投资只能投资于周转快、见效快的短期性项目

29. 关于财政投融资的说法，错误的是(　　)。
    A. 财政投融资的预算管理比较灵活
    B. 财政投融资政策性很强
    C. 财政投融资委托国有商业银行管理
    D. 财政投融资目的性很强

30. 目前在我国财政预算管理中，作为冲减财政收入的财政补贴项目是(　　)。
    A. 企业亏损补贴　　　　　　B. 价格补贴
    C. 职工生活补贴　　　　　　D. 财政贴息

31. 对"公共劳务"的定价政策中，(　　)可以促进社会成员最大限度地使用"公共劳务"，使之获得极大的社会效益。
    A. 免费和低价政策　　　　　B. 平价政策
    C. 高价政策　　　　　　　　D. 平均成本定价法

32. 按照"经济发展阶段论"，在经济发展的中期阶段，政府支出的重点是(　　)。
    A. 基础建设　　　　　　　　B. 教育、保健等领域
    C. 社会福利　　　　　　　　D. 加强对经济的干预

33. 考核国防支出的效益时，应采用的方法是(　　)。
    A. 成本—效益分析法　　　　B. 投入—产出分析法

C. 公共劳务收费法　　　　　　　D. 最低费用选择法

34. 在现在的事业单位财务制度体系中，最基本的法规是(　　)。
    A. 事业单位财务规则
    B. 行业事业单位财务管理制度
    C. 事业单位内部财务管理具体规定
    D. 事业单位财务管理考核制度

35. 政府投资于资本密集型项目，所执行的投资决策标准是(　　)。
    A. 就业创造标准　　　　　　　B. 资本—产出比率最大化标准
    C. 资本—劳动力最大化标准　　D. 要素密集标准

36. 从历史和现实来看，(　　)始终是影响财政支出规模的主要因素，甚至是决定性因素。
    A. 经济性因素　　　　　　　　B. 社会性因素
    C. 政治性因素　　　　　　　　D. 文化性因素

37. 带有强制性储蓄功能的社会保障制度类型是(　　)。
    A. 社会保险型　　　　　　　　B. 社会救济型
    C. 普遍津贴型　　　　　　　　D. 节俭基金型

38. 资本—劳动力最大化标准强调政府应投资的项目类型是(　　)。
    A. 劳动密集型项目　　　　　　B. 就业创造最大化项目
    C. 资本密集型项目　　　　　　D. 知识密集型项目

39. 关于购买性支出的说法，正确的是(　　)。
    A. 购买性支出直接影响国民收入分配
    B. 购买性支出直接影响就业
    C. 购买性支出间接影响生产
    D. 购买性支出对微观经济主体的预算约束是软的

40. 关于行政管理费用支出的说法，错误的是(　　)。
    A. 行政管理费支出是财政的一项非常重要的支出
    B. 一般来说，行政管理费支出绝对数是不断上涨的
    C. 行政管理费支出在财政支出总额中的比重应是不断下降的
    D. 行政管理费支出就是财政用于各级行政管理机关的费用

41. 关于财政支出效益分析的说法，不正确的是(　　)。
    A. 由于社会资源的有限性，财政支出必须讲求效益
    B. 在编制国家预算之初就要对财政支出效益进行评价
    C. 只有政府自身实际所得大于直接投入的各项费用时，财政支出活动才是有效益的
    D. 要分析社会为某项财政支出所付出的代价和所获利的利益

42. 关于投资乘数的说法，错误的是(　　)。
    A. 它反映投资与收入的关系
    B. 投资乘数与边际消费倾向同方向变化
    C. 投资乘数与边际储蓄倾向同方向变化
    D. 乘数原理说明两个变量之间的相互关系，不涉及社会制度问题

43. 关于社会保障的说法，错误的是(　　)。
    A. 社会保险是社会保障的核心内容

B. 社会保障存在的前提条件是良好的经济环境
C. 社会保障制度具有"内在稳定器"的作用
D. 社会保障制度由德国的俾斯麦政府于19世纪80年代首创

44. 把全部财政支出分为购买性支出和转移性支出的依据是（   ）。
    A. 财政支出的目的性
    B. 财政支出在社会再生产中的地位
    C. 财政支出的受益范围
    D. 财政支出的经济性质

45. 下列各项中，不属于反映财政支出规模变化的指标的是（   ）。
    A. 财政支出增长率   B. 财政支出增长边际倾向
    C. 财政支出增长边际效用   D. 财政支出增长弹性系数

46. 关于解释财政支出不断增长的理论的说法，错误的是（   ）。
    A. 瓦格纳认为财政支出不断增长由政府活动不断扩张导致
    B. "公共收入增长导致论"认为财政支出与财政收入增长是同步的
    C. 在经济发展的初期阶段，政府支出的重点是基础设施建设
    D. 经济发展进入中期阶段，公共支出的侧重点是社会福利

47. 按照不同时间段或时期的需求制定不同价格的公共定价方法是（   ）。
    A. 平均成本定价法   B. 二部定价法
    C. 时限定价法   D. 负荷定价法

48. 具有明显的非排他性或很高的排他成本的市区街道、上下水管道、过街天桥等基础设施的提供方式为（   ）。
    A. PPP模式
    B. 政府投资，法人团体经营运作
    C. 政府与民间共同投资
    D. 政府筹资建设

49. 社会保险费用完全靠代际之间收入转移的筹资模式是（   ）。
    A. 现收现付式   B. 完全基金式
    C. 部分基金式   D. 个人账户式

50. 关于财政补贴的说法，错误的是（   ）。
    A. 财政补贴是一种转移性支出
    B. 财政补贴全部列入预算支出
    C. 财政补贴的主体是国家
    D. 财政补贴的性质是社会财富的再分配

51. 国债利息支出属于（   ）。
    A. 购买性支出   B. 一般利益支出
    C. 特殊利益支出   D. 预防性支出

52. 皮考克和魏斯曼将导致公共支出增长的因素归结为内在因素和外在因素，其内在因素是（   ）。
    A. 洪涝灾害   B. 经济发展
    C. 战争   D. 地震

53. 负荷定价适用的财政支出项目是( )。
    A. 公路运输　　　　　　　　B. 免疫防疫
    C. 医疗服务　　　　　　　　D. 电力供应

54. 政策性银行资本金的主要来源是( )。
    A. 商业银行的贷款　　　　　B. 中央银行的贷款
    C. 政府预算投资　　　　　　D. 发行金融债券所筹资金

55. 实行节俭基金型社会保障,当职工不幸去世时,其个人账户中的资产处理方式是( )。
    A. 全额上缴社会保障基金
    B. 账户资金余额可以依法继承
    C. 社会保障基金会和家属各得一半
    D. 家属得70%,社会保障基金会得30%

56. 财政补贴的对象是( )。
    A. 国家机关　　　　　　　　B. 主管部门
    C. 企业和居民　　　　　　　D. 生活必需品

57. 准许企业把一些合乎规定的特殊支出,以一定的比例或全部从应税所得中扣除,以减轻其税负,这种方式是( )。
    A. 税收豁免　　　　　　　　B. 税收抵免
    C. 纳税扣除　　　　　　　　D. 盈亏相抵

58. 下列属于创造性支出的是( )。
    A. 司法支出　　　　　　　　B. 行政支出
    C. 国防支出　　　　　　　　D. 文教支出

59. 在财政支出规模变化的指标中,财政支出增长弹性系数大于1,表明( )。
    A. 财政支出增长率慢于GDP增长率
    B. 财政支出增长率快于GDP增长率
    C. 财政支出增长率慢于GNP增长率
    D. 财政支出增长率快于GNP增长率

60. "经济发展阶段论"认为,经济发展进入成熟阶段后,财政支出增长速度大大加快的是( )。
    A. 基础设施支出　　　　　　B. 基础产业支出
    C. 对私人企业的补贴支出　　D. 教育支出

61. 根据"公共劳务"收费法,对公路收费应该采取( )。
    A. 免费政策　　　　　　　　B. 低价政策
    C. 平价政策　　　　　　　　D. 高价政策

62. 关于财政投融资制度的说法,错误的是( )。
    A. 财政投融资是发挥政府在基础产业部门投融资作用的最佳途径
    B. 财政投融资是一种政策性融资,追求产量最大化和成本最小化
    C. 财政投融资预算的追加由国务院财政部门审批
    D. 政策性金融机构是政府投资的代理人

63. 普遍津贴型的社会保障制度,其资金来源是( )。

A. 受保人和雇主缴纳的保险费
B. 受保人和雇主缴纳的保险费为主，财政补贴为辅
C. 完全由政府预算拨款
D. 财政拨款为主，受保人和雇主缴纳的保险费为辅

64. 允许纳税人从其某种合乎奖励规定的支出中，以一定比率从其应纳税额中扣除，以减轻其税负，这种方式是（　　）。
A. 税收豁免　　　　　　　　B. 税收抵免
C. 纳税扣除　　　　　　　　D. 盈亏相抵

65. 下列属于一般利益支出的是（　　）。
A. 教育支出　　　　　　　　B. 行政管理费支出
C. 卫生支出　　　　　　　　D. 企业补贴支出

66. 根据"经济发展阶段论"，在经济进入成熟阶段后，财政支出的重点是（　　）。
A. 法律和秩序　　　　　　　B. 交通设施
C. 社会福利　　　　　　　　D. 新能源开发

67. 在进行财政支出效益分析的时候，对那些只有社会效益，且其产品不能进入市场的支出项目，采用的方法是（　　）。
A. 成本—效益分析法　　　　B. 最低费用选择法
C. 社会效益评价法　　　　　D. "公共劳务"收费法

68. 财政投融资的管理机构是（　　）。
A. 财政部门　　　　　　　　B. 中央银行
C. 商业银行　　　　　　　　D. 政策性金融机构

刷进阶

69. 对于基本建设投资支出项目，宜采取的效益分析方法是（　　）。
A. "成本—效益"分析法　　　B. 最低费用选择法
C. "公共劳务"收费法　　　　D. 公共定价法

70. 关于购买性支出和转移性支出对经济影响的说法，正确的是（　　）。
A. 购买性支出直接影响生产和就业
B. 转移性支出间接影响国民收入分配
C. 购买性支出侧重执行财政收入分配职能
D. 转移性支出对政府的效益约束是较硬的

71. 关于"公共劳务"收费法的说法，错误的是（　　）。
A. 政府通过制定价格，以提高财政支出效益
B. 政府通过制定收费标准来达到对财政支出备选方案的筛选，以提高财政支出效益
C. 高价政策可以抑制消费
D. 该方法只适用于可以买卖的、采用定价收费方法管理的公共服务部门

72. 关于行政管理费支出的说法，错误的是（　　）。
A. 行政管理费支出是财政支出中的一项非常重要的支出
B. 一般来说，行政管理费支出绝对数是不断上涨的
C. 行政管理费支出在财政支出总额中的比重应是不断下降的

D. 行政管理费支出就是财政用于各级国家权力机关的费用

73. 关于基础设施特点的说法，错误的是( )。
   A. 资本密集型反映了基础设施的属性
   B. 基础设施需要投入大量资本
   C. 基础设施建设周期较长
   D. 基础设施投资回收期较短

74. 关于政策性银行的说法，正确的是( )。
   A. 政策性银行是商业银行
   B. 政策性银行的资本金主要由发行股票取得
   C. 政策性银行可以直接对非银行金融机构发行金融债券
   D. 政策性银行不能发行长期性建设公债

75. 关于财政"三农"支出的说法，错误的是( )。
   A. 国家对农业的财力支持是财政的一项基本职责
   B. 农业投入的资金主要靠财政支持
   C. 农业发展与财政有着十分密切的关系
   D. 以水利为核心的基础设施建设属于财政农业投资范围

76. 关于税收支出具体形式的说法，错误的是( )。
   A. 税收豁免是对纳税人的某些应税项目不予征税
   B. 税收抵免是把合乎规定的特殊支出，从应税所得中扣除
   C. 优惠税率是对合乎规定的纳税人采取较低的税率征税
   D. 延期纳税是税款延迟缴纳

77. 下列财政支出中，属于一般利益支出的是( )。
   A. 教育支出   B. 卫生支出
   C. 国防支出   D. 企业补贴支出

78. 能够比较准确反映不同国家间财政支出规模差异的指标是( )。
   A. 财政支出增长额
   B. 财政支出的数额
   C. 财政支出占国民收入的比重
   D. 财政支出占国内生产总值的比重

79. 对于财政投资性支出项目，宜采取的效益分析方法是( )。
   A. 成本—效益分析法   B. 最低费用选择法
   C. 公共劳务收费法   D. 公共定价法

80. 以下关于PPP模式的说法中，错误的是( )。
   A. 该模式鼓励私营企业、民营资本与政府进行合作，参与公共基础设施的建设
   B. 基于提供产品和服务的出发点，达成特许权协议，形成"利益共享、风险共担、全程合作"伙伴合作关系
   C. PPP模式不仅是一种融资手段，而且是一次体制机制变革，涉及行政体制改革、财政体制改革、投融资体制改革
   D. 该模式的劣势是使合作各方达到比单独行动预期更为不利的结果：为政府的财政支出更多，企业的投资风险更大

81. 关于社会保障制度类型的说法，正确的是( )。
    A. 社会保险型的费用全都来自于受保人缴纳的保险费
    B. 社会救济型的费用来自于政府预算拨款和个人缴纳
    C. 普遍津贴型需要受保人和雇主共同缴纳保险费
    D. 节俭基金型个人账户中的资金具有继承性

82. 关于财政贴息的说法，错误的是( )。
    A. 财政贴息实质是对企业收益的补贴
    B. 财政贴息是分配环节的补贴
    C. 财政贴息是生产性补贴
    D. 财政贴息是对某些企业或项目的贷款利息给予补贴

83. 关于税收支出形式的说法，错误的是( )。
    A. 纳税扣除准许企业把合乎规定的特殊支出从应纳税额中扣除
    B. 优惠税率可以是有期限的鼓励，也可以是长期优待
    C. 延期纳税适用于各种税
    D. 一般而言，盈亏相抵都是有一定时间限制的

84. 关于可控性支出的说法正确的是( )。
    A. 是柔性较小的支出   B. 是弹性较大的支出
    C. 是刚性很强的支出   D. 是弹性较小的支出

85. 下列选项中，属于财政可控制性支出的是( )。
    A. 债务利息支出   B. 基本建设投资支出
    C. 社会保障支出   D. 失业救济金支出

86. 对于财政支出规模增长现象，不同经济学家有不同的解释，提出"经济发展阶段论"的是( )。
    A. 马斯格雷夫和罗斯托   B. 皮考克和魏斯曼
    C. 瓦格纳和庇古   D. 马尔萨斯和魁奈

87. 在成本递减行业，为了使企业基本保持收支平衡，采用的公共定价方法是( )。
    A. 最低费用选择法   B. 二部定价法
    C. 平均成本定价法   D. 负荷定价法

88. 关于政府投资的特点与范围的说法，错误的是( )
    A. 政府投资包括生产性投资和非生产性投资
    B. 政府投资可以不盈利
    C. 政府财力雄厚，可以投资于大型项目
    D. 政府投资只能投资于见效快的项目

89. 根据"公共劳务"收费法，对繁华地段的机动车停车收费应采取的政策是( )。
    A. 免费   B. 平价政策
    C. 高价政策   D. 低价政策

90. 政府按照"人人有份"的福利原则举办的社会保障计划类型是( )。
    A. 社会保险型   B. 社会救济型
    C. 普遍津贴型   D. 节俭基金型

91. 采用税收支出的( )方式，既能在一定程度上帮助纳税人解除财务上的困难，又能

使政府的负担比较轻微。
  A. 优惠税率　　　　　　　　B. 纳税扣除
  C. 延期纳税　　　　　　　　D. 税收豁免

92. 关于税收支出的具体形式的说法，错误的是(　　)。
  A. 税收豁免是对纳税人的某些所得项目或所得来源不予征税
  B. 优惠税率既可以是有期限的鼓励，也可以是长期优待
  C. 税收抵免办法通常只能适用于所得税方面
  D. 延期纳税可适用于各种税，且通常都应用于税额较大的税收上

第三章　税收理论

刷基础

93. 税收的首要职能是(　　)。
  A. 财政职能　　　　　　　　B. 经济职能
  C. 监督职能　　　　　　　　D. 调控职能

94. 下列征税行为中，体现了税收横向公平原则的是(　　)。
  A. 对经济条件相同的纳税人同等课税
  B. 对经济条件不同的纳税人区别课税
  C. 对经济条件相同的纳税人区别课税
  D. 对经济条件不同的纳税人同等课税

95. 王先生某月取得劳务收入为5 000元，假设当地规定的起征点为2 000元，则王先生本月应税收入为(　　)元。
  A. 2 000　　　　　　　　　B. 3 000
  C. 5 000　　　　　　　　　D. 7 000

96. 纳税人在进行货物或劳务的交易时，通过提高价格的方法将其应负担的税收转移给货物或劳务的购买者的税负转嫁形式称为(　　)。
  A. 前转　　　　　　　　　　B. 后转
  C. 混转　　　　　　　　　　D. 消转

97. 按照纳税人的国籍和住所为标准确定国家行使税收管辖权范围的原则称为(　　)。
  A. 属地主义原则　　　　　　B. 属人主义原则
  C. 属地兼属人主义原则　　　D. 属人兼属地主义原则

98. 甲国居民公司A来源于乙国的所得100万元，甲乙两国的所得税税率分别为20%和15%，两国均实行属人兼属地税收管辖权，甲国对境外所得实行抵免法，A公司应向甲国缴纳所得税(　　)万元。
  A. 0　　　　　　　　　　　B. 5
  C. 15　　　　　　　　　　D. 20

99. 关于税收原则的说法，错误的是(　　)。
  A. 威廉·配第提出的税收原则包括公平、简便、节省
  B. 历史上第一次提出税收原则的是威廉·配第
  C. 亚当·斯密主张的税收原则包括平等、确定、便利、最少征收费用原则

D. 阿道夫·瓦格纳的财政政策原则包括充裕、弹性、便利、节约原则

100. 关于税法正式渊源的说法，错误的是(　　)。
    A. 税收法律由国家最高权力机关制定
    B. 税收法规由国务院或其授权主管部门制定
    C. 部门税收规章由财政部、国家税务总局制定
    D. 地方性税收法规由各级地方人民政府规定

101. 某税种适用的超额累进税率如下：1 000元以下的部分，税率为5%；超过1 000~3 000元的部分，税率为10%；超过3 000元的部分，税率为15%。则第三级的速算扣除数是(　　)。
    A. 50   B. 100
    C. 150   D. 200

102. 土地购买者将购买的土地未来应纳税款，通过从购入价格中扣除的方法，向后转移给土地出售者，这种税负转嫁的方式被称为(　　)。
    A. 预提税收   B. 预扣税收
    C. 税收资本化   D. 税收抵扣

103. A国居民公司甲在某一纳税年度的总所得为250万元，其中来源A国的所得为150万元，源自B国的所得为100万元。A国所得税率为40%，B国所得税率为30%。两国均实行属人兼属地税收管辖权。已知A国政府对本国居民来自境外所得实行免税法，则甲公司在该年度的应纳税额为(　　)万元。
    A. 130   B. 90
    C. 60   D. 30

104. 税负转嫁的一般规律是(　　)。
    A. 供给弹性较小的商品税负较易转嫁
    B. 需求弹性较大的商品税负较易转嫁
    C. 对垄断性商品课征的税较易转嫁
    D. 征税范围窄的税种的税负较易转嫁

105. 以下属于我国税法非正式渊源的是(　　)。
    A. 国际税收协定   B. 自治条例
    C. 税收通告   D. 部委规章和有关规范性文件

106. 关于税率的说法，错误的是(　　)。
    A. 在比例税率下，纳税人均适用同一税率
    B. 税率是税收制度的中心环节
    C. 在定额税率下，应纳税额与商品销售价格无关
    D. 按超额累进税率计算的应纳税额大于按全额累进税率计算的应纳税额

107. 某企业年度收入总额为1 000万元，利润总额为200万元，缴纳企业所得税30万元，该企业的所得税税收负担率为(　　)。
    A. 3%   B. 15%
    C. 25%   D. 30%

108. 关于税收管辖权的说法，正确的是(　　)。
    A. 实行居民管辖权的国家有权对非本国居民来自于本国境内的所得征税

B. 实行地域管辖权的国家有权对本国居民取得的境外所得征税
C. 税收管辖权的交叉会产生国际重复征税
D. 一国政府不能同时行使居民管辖权和地域管辖权

109. L公司是甲国居民纳税人,2019年度的所得为150万元,其中来自甲国所得90万元,来自乙国所得60万元。甲国实行居民管辖权,所得税税率为25%,对境外所得实行扣除法;乙国实行地域管辖权,所得税税率为20%。L公司2019年度在甲国应纳所得税税额为( )万元。
    A. 12.0
    B. 22.5
    C. 26.0
    D. 34.5

110. 检验税收经济效率原则的标准是( )。
    A. 征税成本最小化
    B. 税收额外负担最小化
    C. 税收额外收益最小化
    D. 税收收入最大化

111. 规定了每一种税的征税界限,也是一种税区别于另一种税的主要标志,这是指( )。
    A. 征税对象
    B. 税目
    C. 税率
    D. 计税依据

112. 某企业2019年度销售收入1 000万元,营业外收入100万元,增值额200万元,利润总额50万元,缴纳增值税32万元,该企业的增值税税收负担率为( )。
    A. 3.0%
    B. 3.2%
    C. 16%
    D. 68%

113. 税负转嫁的最典型和最普通形式,多发生在货物和劳务征税上,这种税负转嫁方式是( )。
    A. 前转
    B. 后转
    C. 消转
    D. 税收资本化

114. M公司是甲国居民纳税人,2019年度所得100万元,其中来自甲国所得80万元,来自乙国所得20万元。甲国实行居民管辖权,所得税税率为30%,对境外所得实行扣除法;乙国实行地域管辖权,所得税税率为20%。M公司本年度在甲国应纳所得税( )万元。
    A. 4.0
    B. 20.0
    C. 26.0
    D. 28.8

115. 通过征税获得的收入要能满足一定时期财政支出的需要,体现了现代税收的( )原则。
    A. 弹性
    B. 充裕
    C. 便利
    D. 节约

116. 关于税法解释的说法,错误的是( )。
    A. 税收的立法解释是指税收立法机关对所设立税法的正式解释
    B. 税收的立法解释与被解释的税法具有同等法律效力
    C. 税收司法解释的主体是国家税务总局
    D. 税收司法解释具有法律效力

117. 关于累进税率的说法,错误的是( )。

A. 在全额累进税率下，一定征税对象的数额只适用一个等级的税率

B. 在超额累进税率下，征税对象数额越大，适用税率越高

C. 对同一征税对象采用同一税率，按超额累进税率计算的应纳税额大于按全额累进税率计算的应纳税额

D. 按全额累进税率计算的应纳税额与按超额累进税率计算的应纳税额的差额为速算扣除数

118. 纳税人通过压低生产要素的进价从而将应缴纳的税款转嫁给生产要素的销售者或生产者负担的税负转嫁形式为(   )。

    A. 前转   B. 后转
    C. 消转   D. 税收资本化

119. W公司为甲国居民纳税人，本年度来自甲国的所得为50万元，来自乙国的所得为50万元。甲、乙的税率分别为20%和30%。W公司已在乙国缴纳税款，甲国对本国居民来自境外的所得实行的免除重复征税方法为扣除法，W公司本年度应向甲国缴纳所得税(   )万元。

    A. 10   B. 15
    C. 17   D. 20

120. 威廉·配第提出的三条税收原则是(   )。

    A. 公平、公正、公开   B. 公平、简便、节省
    C. 公平、效率、节省   D. 公平、简便、效率

121. 关于税收饶让的说法，错误的是(   )。

    A. 税收饶让多发生在发展中国家与发达国家之间
    B. 两国之间一般采取签订税收协定的方式确定税收饶让政策
    C. 税收饶让主要是为了保障各国税收优惠措施的实际效果
    D. 税收饶让会影响发达国家作为居住国行使居民管辖权的正当税收权益

122. 以下属于税基式减免方式的是(   )。

    A. 项目扣除   B. 减征税额
    C. 减半征收   D. 适用低税率

123. 关于税负转嫁的说法，正确的是(   )。

    A. 商品需求弹性大小与税负向后转嫁的程度成反比
    B. 商品供给弹性越小，税负前转的程度越大
    C. 竞争性商品的转嫁能力较强
    D. 征税范围广的税种较易转嫁

124. 苏女士为甲国居民，本期在乙国取得经营所得100万元，利息所得10万元。甲、乙两国经营所得的税率分别为30%和20%，利息所得的税率分别为10%和20%。假设甲国对本国居民的境外所得实行分项抵免限额法计税，则苏女士应在甲国纳税(   )万元。

    A. 0   B. 9
    C. 10   D. 30

125. 关于税收效率原则的说法，错误的是(   )。

    A. 税收要有利于资源的有效配置

B. 税收要有利于经济机制的有效运行
C. 税收负担要公平合理地分配
D. 征收费用要节省

126. 关于我国税法渊源的说法，不正确的是(　　)。
   A. 《税收征收管理法》属于税收法律
   B. 由国务院或其授权主管部门制定的实施细则及有关规范性内容的税收文件不属于税收法规
   C. 经国务院批准的较大的市的人民代表大会可以制定地方性法规
   D. 《税务登记管理办法》由国家税务总局制定

127. 下列税法解释中，与被解释的税法具有同等法律效力的是(　　)。
   A. 某市税务稽查局对《税务稽查工作规范》所做的解释
   B. 某省地方税务局对《税务登记管理办法》所做的解释
   C. 全国人大对《中华人民共和国个人所得税法》所做的解释
   D. 某市税务局对《发票管理办法》所做的解释

刷进阶　　　　　　　　　　　　　　　　　　　　　　高频进阶　强化提升

128. 通过直接缩小计税依据的方式实现的减税免税属于(　　)。
   A. 税率式减免　　　　　　　B. 税额式减免
   C. 税基式减免　　　　　　　D. 税源式减免

129. 关于税收负担的说法，错误的是(　　)。
   A. 税收的加成使纳税人税收负担加重
   B. 经济发展过热时应适当提高社会总体税率
   C. 经济发展水平是税收负担的影响因素
   D. 累进税率下，纳税人的边际税率等于实际税率

130. 甲国居民李先生在乙国取得劳务报酬所得100 000元，利息所得20 000元。已知甲国劳务报酬所得税率为20%，利息所得税率为10%；乙国劳务报酬所得税率为30%，利息所得税率为5%；甲、乙两国均实行居民管辖权兼收入来源地管辖权，两国之间签订了税收抵免协定，并实行综合抵免限额法，则下列说法正确的是(　　)。
   A. 李先生在甲国不用缴纳所得税
   B. 李先生应在甲国补缴所得税9 000元
   C. 李先生应在甲国补缴所得税22 000元
   D. 李先生应在甲国补缴所得税31 000元

131. 以下属于税法非正式渊源的是(　　)。
   A. 税收法律　　　　　　　　B. 税收协定
   C. 税收规章　　　　　　　　D. 税收判例

132. 关于减免税的说法，错误的是(　　)。
   A. 减免税有针对纳税人的，也有针对征税对象的
   B. 任何单位与部门都不得擅自减税免税
   C. 征税对象超过起征点的只对超过部分征税
   D. 征税对象没有达到起征点的不征税

133. 某企业 2019 年度收入总额 1 500 万元，利润总额 300 万元，缴纳企业所得税 60 万元，该企业的所得税税收负担率为（　　）。
    A. 3% B. 20%
    C. 25% D. 30%

134. A 国居民王先生在 B 国取得所得 100 000 元，已知 A 国实行收入来源地管辖权，A 国税率为 20%；B 国实行居民管辖权，B 国税率为 10%。A、B 两国没有税收抵免的税收协定，则王先生这笔所得在 A、B 两国合计应纳税款（　　）元。
    A. 0 B. 10 000
    C. 20 000 D. 30 000

135. 关于税收饶让的说法，正确的是（　　）。
    A. 税收饶让可以完全解决重复征税
    B. 居民在境外所得已纳税款可以得到抵免
    C. 居民在国外所得税减免优惠的部分可以得到抵免
    D. 居民在境外所得按居住国规定的税率进行补征

136. 下列原则中，属于体现税收公平内涵的是（　　）。
    A. 税收制度由民意机关参与制定
    B. 税收要保证国家财政收入充分并有弹性
    C. 税收额外负担最小化
    D. 对纳税人不同来源的收入予以不同的征税方式

137. 关于税率的说法，正确的是（　　）。
    A. 累进税率中使用时间较长的是超率累进税率
    B. 对于累进税率而言，征税对象数额或相对比例越大，规定的等级税率越低
    C. 一般来说，税率的累进程度越大，纳税人的边际税率与平均税率的差距越小
    D. 税率是税收制度中最有力、最活跃的因素

138. 采用直接税收负担率反映纳税人真实负担时，直接税收负担率计算式是（　　）。
    A. $\dfrac{\text{企业（个人）一定时期缴纳的所得税（不包括财产税）}}{\text{企业（个人）一定时期获得的总收入}} \times 100\%$
    B. $\dfrac{\text{企业（个人）一定时期缴纳的所得税（包括财产税）}}{\text{企业（个人）一定时期获得的总收入}} \times 100\%$
    C. $\dfrac{\text{企业（个人）一定时期缴纳的所得税（不包括财产税）}}{\text{企业（个人）一定时期获得的纯收入}} \times 100\%$
    D. $\dfrac{\text{企业（个人）一定时期缴纳的所得税（包括财产税）}}{\text{企业（个人）一定时期获得的纯收入}} \times 100\%$

139. 假定甲国居民企业 A 在某纳税年度中的境内外总所得为 100 万元，其中来自甲国的所得 60 万元，来自乙国的所得 10 万元，来自丙国的所得 30 万元。甲、乙、丙三国的所得税税率分别为 30%、25% 和 20%。甲国同时实行属地与属人税收管辖权，针对本国居民的境外所得实行免税法，则 A 企业在该年度应向甲国缴纳的所得税税额为（　　）。
    A. 60.0 万元 B. 30.0 万元
    C. 21.5 万元 D. 18.0 万元

140. 根据抵免法，计算抵免限额的具体方法不包括(　　)。
    A. 分国抵免限额　　　　　　　　B. 分项抵免限额
    C. 综合抵免限额　　　　　　　　D. 税收资本化

141. 税收的经济职能也被称为(　　)。
    A. 财政职能　　　　　　　　　　B. 调节职能
    C. 分配职能　　　　　　　　　　D. 监督职能

142. 甲国对乙国居民在甲国取得的利息收入征收所得税，对甲国居民在乙国取得的利息收入不征所得税，甲国的这种做法所遵循的确定税收管辖权的原则是(　　)。
    A. 属人主义原则　　　　　　　　B. 属地主义原则
    C. 属地兼属人主义原则　　　　　D. 税收饶让原则

143. 造成纳税人与负税人不一致现象的原因是(　　)。
    A. 税收负担转嫁　　　　　　　　B. 税收负担
    C. 税收负担归宿　　　　　　　　D. 税源

144. 关于税负转嫁，下列说法错误的是(　　)。
    A. 只有商品经济存在着税负转嫁问题
    B. 消转是一种特殊的税负转嫁形式
    C. 税负转移一般通过价格变动实现
    D. 供给弹性大小与税负向前转嫁的程度成反比

145. 各国行使税收管辖权的最基本原则是(　　)。
    A. 属地主义兼属人主义原则　　　B. 公民国籍原则
    C. 属人主义原则　　　　　　　　D. 属地主义原则

146. 对于税收的产生、存在和发展，(　　)是内在的、根本的决定因素。
    A. 社会经济　　　　　　　　　　B. 国家存在
    C. 国家对资金的需求　　　　　　D. 税收制度

第四章　货物和劳务税制度

147. 某增值税一般纳税人将购进的一批货物分配给投资者，下列税务处理中，正确的是(　　)。
    A. 该批货物视同销售计算销项税额，其进项税额符合条件的可以抵扣
    B. 该批货物不计算销项税额，且其进项税额不得抵扣
    C. 该批货物不计算销项税额，但进项税额可以抵扣
    D. 该批货物视同销售计算销项税额，但进项税额不得抵扣

148. 关于个人出租住房适用简易计税方法计缴增值税的说法，正确的是(　　)。
    A. 免征增值税
    B. 按3%征收率计算应纳税额
    C. 按5%征收率计算应纳税额
    D. 按5%征收率减按1.5%计算应纳税额

149. 关于增值税纳税义务发生时间的说法，错误的是(　　)。

A. 销售服务、无形资产或不动产，未签订书面合同或书面合同未确定付款日期的，为收到销售款的当天

B. 提供租赁服务采取预收款方式的，为收到预收款的当天

C. 从事金融商品转让的，为金融商品所有权转移的当天

D. 纳税人发生视同销售服务、无形资产或不动产行为的，为服务、无形资产转让完成的当天或不动产权属变更的当天

150. 纳税人因销售应税消费品而出租出借包装物收取的押金，正确的计税方法是（　　）。
    A. 啤酒的包装物押金收取时就征收增值税
    B. 啤酒的包装物押金征收消费税
    C. 黄酒的包装物押金征收消费税
    D. 白酒的包装物押金既征收增值税，又征收消费税

151. 下列外购商品中已缴纳的消费税，可以从本企业应纳消费税中扣除的是（　　）。
    A. 从工业企业购进已税柴油生产的燃料油
    B. 从工业企业购进已税溶剂油为原料生产的溶剂油
    C. 从工业企业购进已税汽油为原料生产的溶剂油
    D. 从工业企业购进已税高尔夫球杆握把为原料生产的高尔夫球杆

152. 某公司6月进口10箱卷烟（5万支/箱），经海关审定，关税完税价格22万元/箱，关税税率50%，消费税税率56%，定额税率150元/箱。6月该公司进口环节应纳消费税（　　）万元。
    A. 1 183.64　　　　　　　　　B. 420.34
    C. 288.88　　　　　　　　　　D. 100.80

153. 属于关税法定纳税义务人的是（　　）。
    A. 进口货物的收货人　　　　　B. 进口货物的代理人
    C. 出口货物的代理人　　　　　D. 出境物品的携带人

154. 下列行为中，不属于增值税征收范围的是（　　）。
    A. 将购买的货物分配给股东　　B. 将购买的货物用于集体福利
    C. 将自产的货物无偿赠送给他人　D. 将自产的货物用于对外投资

155. 关于增值税制中的租赁服务的说法，错误的是（　　）。
    A. 在融资租赁业务中，出租人可以选择是否将租赁物销售给承租人
    B. 融资性售后回租按照融资租赁服务缴纳增值税
    C. 将建筑物、构筑物等不动产或飞机、车辆等有形动产的广告位出租给其他单位或个人用于发布广告，按照经营租赁服务缴纳增值税
    D. 车辆停放服务、道路通行服务等按照不动产经营租赁服务缴纳增值税

156. 某企业为增值税一般纳税人，出口2020年最新款电视机，其增值税税率为（　　）。
    A. 0　　　　　　　　　　　　B. 3%
    C. 9%　　　　　　　　　　　　D. 13%

157. 某酒厂为增值税一般纳税人，2020年6月向小规模纳税人销售白酒，开具普通发票注明金额92 600元，同时收取单独核算的包装物租金3 000元，此项业务的增值税税额是（　　）元。
    A. 10 454.70　　　　　　　　B. 10 998.23

C. 15 011.32 D. 15 301.92

158. 关于消费税税率的说法，错误的是( )。
    A. 纳税人兼营不同税率的应税消费品，应当分别核算各自的销售额或销售数量
    B. 纳税人兼营不同税率的应税消费品，未分别核算各自的销售额或销售数量的，按加权平均税率征税
    C. 纳税人将应税消费品与非应税消费品组成成套消费品销售时，按应税消费品中适用最高税率的消费品税率征税
    D. 纳税人将适用不同税率的应税消费品组成成套消费品销售的，根据其中的最高税率的消费品税率征税

159. 2020年2月某化妆品厂将一批自产高档护肤类化妆品用于集体福利，生产成本35 000元；将新研制的香水用于广告样品，生产成本20 000元。上述产品的成本利润率为5%，消费税税率为15%。上述货物已全部发出，均无同类产品售价。2020年2月该化妆品厂上述业务应纳消费税( )元。
    A. 3 705.88 B. 6 485.29
    C. 8 662.5   D. 10 191.18

160. 关于关税制度的说法，错误的是( )。
    A. 关税完税价格是海关以进出口货物的实际成交价格为基础审定的价格
    B. FOB是成本加运费的价格的简称
    C. 外国政府无偿赠送的物资免征关税
    D. CIF是成本加运费、保险费的价格的简称，又称到岸价格

161. 下列选项中，免征关税的是( )。
    A. 有商业价值的广告货样
    B. 关税税额100元的一票货物
    C. 在海关放行后损失的货物
    D. 进出境工具装载的途中必需的燃料、物料和饮食用品

162. 下列票据中，不属于增值税合法扣税凭证的是( )。
    A. 增值税专用发票 B. 海关增值税专用缴款书
    C. 农产品收购发票 D. 货物运输业普通发票

163. 关于增值税征税范围的说法，错误的是( )。
    A. 只要是报关进口的应税货物，均属于增值税征税范围，在进口环节缴纳增值税
    B. 从事货物的生产、批发或者零售的单位和个体工商户的混合销售行为，按照销售货物缴纳增值税
    C. 从事货物的生产、批发或零售为主，并兼营销售服务的单位和个体工商户，按照销售服务缴纳增值税
    D. 纳税人既销售货物又销售服务，但货物与服务不同时发生在同一项销售行为中的，不属于混合销售行为

164. 下列增值税应税行为中，不适用6%税率的是( )。
    A. 文化体育服务 B. 居民日常服务
    C. 广播影视服务 D. 装饰服务

165. 某生产企业(增值税一般纳税人)2020年9月末盘存发现上月购进的原材料被盗，账面

成本金额 40 000 元(其中含分摊的运输费用 4 000 元),该批货物适用增值税税率为 13%,则该批货物进项税额转出数额为( )元。
A. 3 600   B. 4 680
C. 5 040   D. 5 200

166. 消费税纳税人采取预收货款结算方式销售货物的,纳税义务的发生时间为( )。
A. 发出应税消费品的当天   B. 合同约定的收款日期的当天
C. 收到代销单位代销清单的当天   D. 收讫销售额或取得销售额凭据的当天

167. 某企业 2019 年 9 月将一台账面原值 100 万元、已提折旧 40 万元的进口设备运往境外修理,当月在海关规定的期限内复运入境。经海关审定的境外修理费 6 万元、料件费 15 万元、运费 2 万元。假定该设备的进口关税税率为 30%。则该企业应纳关税( )万元。
A. 6.3   B. 6.9
C. 24.3   D. 36.3

168. 在增值税制中,拍卖行受托拍卖取得的手续费或佣金收入按照( )缴纳增值税。
A. 经纪代理服务   B. 咨询服务
C. 知识产权服务   D. 鉴证服务

169. 以下( )不按照销售不动产缴纳增值税。
A. 转让在建的建筑物或者构筑物所有权
B. 转让不动产的使用权
C. 转让建筑物有限产权或永久使用权
D. 在转让建筑物或构筑物时一并转让其所占土地的使用权

170. 某生产企业属于增值税小规模纳税人,2019 年 1 月对部分资产盘点后进行处理:销售边角废料,由税务机关代开增值税专用发票,销售额 80 000 元;销售自己使用过的小汽车 1 辆,取得含税收入 40 000 元,小汽车于 2011 年购入,原值 150 000 元。该企业上述业务应缴纳增值税( )元。
A. 1 800.00   B. 3 176.70
C. 3 400.00   D. 4 200.00

171. 下列行为中,不得从销项税额中抵扣进项税额的是( )。
A. 将外购的货物用于本单位集体福利
B. 将外购的货物无偿赠送给其他人
C. 将外购的货物分配给股东和投资者
D. 将外购的货物作为投资提供给其他单位

172. 白酒生产企业将自产的白酒用于职工福利,若没有同类消费品的销售价格,则白酒的计税依据为( )。
A. 组成计税价格=(成本+利润)/(1-消费税比例税率)
B. 组成计税价格=成本/(1-消费税比例税率)
C. 组成计税价格=(成本+利润+自产自用数量×定额税率)/(1-消费税比例税率)
D. 组成计税价格=(成本+自产自用数量×定额税率)/(1-消费税比例税率)

173. 纳税人采取赊销和分期收款结算方式销售应税消费品的,消费税纳税义务发生时间为( )。

A. 发出应税消费品的当天　　　　B. 取得全部价款的当天
C. 每一期收取货款的当天　　　　D. 销售合同约定的收款日期的当天

174. 某企业4月将一台账面原值80万元、已提折旧38万元的进口设备运往境外修理，当月在海关规定的期限内复运入境。经海关审定的境外修理费4万元、料件费12万元、运费1万元。假定该设备的进口关税税率为20%。则该企业应纳关税( )万元。
A. 3.2　　　　　　　　　　　　B. 3.4
C. 8.4　　　　　　　　　　　　D. 12.0

175. 下列行为中，不属于视同销售货物缴纳增值税范畴的是( )。
A. 将自产货物用于集体福利　　　B. 将购买的货物用于个人消费
C. 将委托加工的货物分配给投资者　D. 将自产的货物作为投资

176. 小规模纳税人销售其取得的不含自建的不动产，适用征收率为( )。
A. 3%　　　　　　　　　　　　B. 5%
C. 9%　　　　　　　　　　　　D. 13%

177. 某百货公司为增值税一般纳税人，2020年7月销售给消费者日用品一批，收取含税价款为62 400元，当月货物购进时取得增值税专用发票注明价款30 000元，则该百货公司7月份应缴纳增值税( )元。
A. 2 400.00　　　　　　　　　　B. 2 496.00
C. 3 278.76　　　　　　　　　　D. 9 066.67

178. 增值税纳税人年应税销售额超规定月份(或季度)的所属申报期结束后15日内按照税法规定办理相关手续；未按规定时限办理的，主管税务机关应当在规定期限结束后( )日内制作"税务事项通知书"，告知纳税人应当在( )日内向主管税务机关办理相关手续。
A. 5, 5　　　　　　　　　　　　B. 10, 5
C. 5, 10　　　　　　　　　　　　D. 10, 10

179. 纳税人销售应税消费品收取的下列款项中，不得作为消费税计税依据的是( )。
A. 装卸费　　　　　　　　　　　B. 集资款
C. 逾期的啤酒包装物押金　　　　D. 白酒优质费

180. 企业生产的下列消费品，无需缴纳消费税的是( )。
A. 卷烟企业生产的用于连续生产卷烟的烟丝
B. 化妆品企业生产的用于交易会样品的高档化妆品
C. 汽车企业生产的用于本企业管理部门的轿车
D. 地板企业生产的用于装修本企业办公室的实木地板

181. 某公司从国外进口一批货物共计1 000吨，成交价格为FOB伦敦10万英镑/吨，已知单位运费为0.1万英镑，保险费率为0.3%，填发税款书当日的外汇买卖中间价为1英镑=11.500元人民币。已知该批货物的关税税率为15%，则该公司进口货物需要缴纳关税( )万元人民币。
A. 17 456.82　　　　　　　　　B. 17 474.77
C. 15 832.56　　　　　　　　　D. 15 332.63

182. 根据关税的有关规定，下列进口货物中享受法定免税的有( )。
A. 关税税额在人民币500元以下的边境小额贸易进口的货物

B. 外国政府无偿赠送的物资

C. 科技公司进口的科教用品

D. 贸易公司进口的残疾人专用品

183. 关于增值税征税范围的说法,错误的是( )。

A. 目前,我国增值税的应税劳务是指有偿提供加工修理修配劳务

B. 交通运输服务属于增值税的征税范围

C. 出租车公司向使用本公司自有出租车的出租车司机收取的管理费用,按有形动产租赁服务缴纳增值税

D. 水路运输的程租、期租业务,属于水路运输服务

184. 关于增值税制中的兼营行为的说法,错误的是( )。

A. 纳税人的经营范围既包括销售货物和劳务,又包括销售服务、无形资产或不动产,但销售货物、劳务、服务、无形资产或不动产不同时发生在同一项销售行为中

B. 纳税人兼营免税、减税项目,未分别核算免税、减税项目的销售额的,不得免税、减税

C. 纳税人兼营销售货物、劳务、服务、无形资产或不动产,适用不同税率或征收率的,应分别核算销售额

D. 纳税人兼营销售货物、劳务、服务、无形资产或不动产,适用不同税率或征收率,未分别核算销售额的,适用平均税率

185. 增值税一般纳税人销售自己使用过的2008年购入的进项税额未抵扣的农机,适用的政策为( )。

A. 按13%税率征收增值税　　　　B. 按9%税率征收增值税

C. 依4%征收率减半征收增值税　　D. 依3%征收率减按2%征收增值税

186. 某制药厂(增值税一般纳税人)2020年6月销售抗生素药品取得含税收入113万元,销售免税药品取得收入50万元,当月购进生产用原材料一批,取得增值税专用发票上注明税款6.8万元,抗生素药品与免税药品无法划分耗料情况,则该制药厂当月应纳增值税( )万元。

A. 6.20　　　　　　　　　　　　B. 8.47

C. 11.73　　　　　　　　　　　 D. 14.86

187. 下列各项中,根据有关规定不能免征增值税的是( )。

A. 国际组织无偿援助的设备　　　B. 高科技产品

C. 农民销售的自产农产品　　　　D. 古旧图书

188. 以下不需要缴纳消费税的是( )。

A. 销售啤酒、黄酒收取的包装物押金,已逾期

B. 白酒生产企业向商业销售单位收取的"品牌使用费"

C. 销售应税消费品收取的包装物租金

D. 白酒生产企业销售白酒而收取的包装物押金,未逾期

189. 关于消费税纳税地点,下列说法中正确的是( )。

A. 纳税人的总机构与分支机构不在同一县的,应当向总机构所在地的主管税务机关申报纳税

B. 委托个人加工的应税消费品,由受托方向其机构所在地主管税务机关申报纳税

C. 进口的应税消费品,由进口人或其代理人向报送地海关申报纳税

D. 纳税人到外县销售自产应税消费品的，向销售地主管税务机关申报纳税

190. 某企业将一批货物运往境外加工，出境时已向海关报明，并且在海关规定的期限内复运进境。发生境外加工费22万元，料件费10万元，该货物复运进境的运费为8万元，保险费为11万元。进口关税税率20%。则该批货物报关进口时应纳进口关税( )万元。
    A. 6.4
    B. 8
    C. 8.6
    D. 10.2

191. 港口设施经营人收取的港口设施保安费按照( )缴纳增值税。
    A. 港口码头服务
    B. 居民日常服务
    C. 安全保护服务
    D. 打捞救助服务

192. 某修理修配厂(增值税小规模纳税人)2019年6月份购进零配件15 000元，支付电费1 200元，当月对外提供修理修配业务取得含税收入36 000元，不考虑其他涉税事项和优惠政策，该厂当月应缴纳增值税( )元。
    A. 0
    B. 1 048.54
    C. 180.00
    D. 5 230.77

193. 纳税人的下列活动中，( )所产生的增值税进项税额不得抵扣。
    A. 购进燃料
    B. 生产过程中的废品所耗材料
    C. 保管不善造成毁损的材料
    D. 购进生产用水

194. 关于消费税计税依据的说法，错误的是( )。
    A. 卷烟由于接装过滤嘴、改变包装或是其他原因提高销售价格后，应该按照新的销售价格确定征税类型和适用税率
    B. 用于抵债的自产应税消费品应做销售处理，发出货物的一方按应税消费品的最高价计征增值税、消费税
    C. 纳税人将自产的应税消费品与外购或自产的非应税消费品组成套装销售的，以套装产品的销售额(不含增值税)为计税依据
    D. 酒厂销售白酒而收取的包装物押金，无论押金是否返还及会计如何核算，均需并入白酒销售额中，依白酒的适用税率征收消费税

195. 某白酒厂(增值税一般纳税人)2019年10月销售白酒20吨给副食品公司，开具增值税专用发票收取价款58 000元，收取包装物押金3 000元；销售白酒10吨给宾馆，开具增值税普通发票取得收入32 480元，收取包装物押金1 500元。该白酒厂应缴纳消费税( )元。(白酒消费税税率为20%加0.5元/500克)
    A. 48 145.13
    B. 47 200.94
    C. 17 200.37
    D. 49 052.68

刷进阶

196. 关于消费税纳税义务发生时间的说法，错误的是( )。
    A. 自产自用的应税消费品，为该货物生产的当天
    B. 进口的应税消费品，为报关进口的当天
    C. 委托加工的应税消费品，为纳税人提货的当天
    D. 采取预收货款结算方式的，为发出应税消费品的当天

197. 关于关税征收管理的说法，错误的是( )。

A. 关税纳税人因不可抗力而不能按期缴纳税款的，经海关总署批准，可以延期缴纳税款，但最长不得超过 6 个月

B. 关税纳税人自海关填发缴款书之日起超过 3 个月仍未缴纳税款的，经海关关长批准，海关可以采取强制措施

C. 进出口货物、进出境物品放行后，海关发现少征或漏征税款的，应当自缴纳税款或货物放行之日起 1 年内，向纳税人补征

D. 因纳税人违反规定而造成的少征或漏征的税款，自纳税人应缴纳税款之日起 5 年内可以追征，并加收滞纳金

198. 关于增值税制中的金融服务的说法，错误的是(　　)。

A. 适用6%税率

B. 金融服务包括贷款服务、直接收费金融服务、保险服务、金融商品转让

C. 融资性售后回租业务取得的利息等收入按照金融商品转让缴纳增值税

D. 以货币资金投资收取的固定利润或者保底利润按贷款服务缴纳增值税

199. 以下关于增值税税率的说法，正确的是(　　)。

A. 无运输工具承运业务税率为13%

B. 航天运输服务税率为6%

C. 物业服务企业为业主提供的装修服务税率为9%

D. 餐饮服务税率为9%

200. 下列不属于消费税征税范围的是(　　)。

A. 汽车轮胎　　　　　　B. 摩托车

C. 黄酒　　　　　　　　D. 电池

201. 下列应税消费品不缴纳消费税的是(　　)。

A. 炼化厂用于本企业基建部门车辆的自产汽油

B. 汽车厂用于管理部门的自产汽车

C. 日化厂用于交易会样品的自产高档化妆品

D. 酒厂用于生产啤酒的自制啤酒

202. 纳税人采用以旧换新方式销售金银首饰，消费税的计税依据是(　　)。

A. 同类新金银首饰的不含税销售价格

B. 同类新金银首饰的含税销售价格

C. 实际收取的不含增值税的全部价款

D. 实际收取的含增值税的全部价款

203. 某化妆品生产企业为增值税一般纳税人，2019 年 1 月上旬从国外进口一批散装高档化妆品，关税完税价格 150 万元，进口关税 60 万元，进口消费税 37 万元，进口增值税 51 万元。本月内企业将进口散装化妆品的 80% 生产加工为成套化妆品，对外批发销售 6 800 件，取得不含税销售额 334 万元。该企业的国内生产缴纳消费税(　　)万元。（高档化妆品的消费税税率为15%）

A. 50.1　　　　　　　　B. 29.64

C. 20.46　　　　　　　　D. 0

204. 纳税人委托个体经营者加工应税消费品，其消费税政策是(　　)。

A. 一律由受托方代收代缴税款

B. 一律由委托方收回后在委托方所在地缴纳消费税
C. 一律由委托方在提货时在受托方所在地缴纳消费税
D. 一律以受托方为纳税人缴纳消费税

205. 下列行为中,属于鉴证咨询服务的是( )。
    A. 企业管理服务   B. 代理报关服务
    C. 安全保护服务   D. 认证服务

206. 下列货物中,不适用9%增值税税率的是( )。
    A. 拖拉机   B. 鲜奶
    C. 农药   D. 拖拉机零件

207. 小规模纳税人销售其自建的不动产,适用的增值税征收率为( )。
    A. 3%   B. 4%
    C. 5%   D. 6%

208. 某服装厂为增值税小规模纳税人,2020年5月销售自己使用过的固定资产,取得含税销售额140 000元,该服装厂上述业务应缴纳的增值税税额为( )。
    A. 2 718.45元   B. 3 106.80元
    C. 3 125.83元   D. 4 077.67元

209. 关于消费税的说法,错误的是( )。
    A. 应税消费品计征消费税时,其销售额不含增值税
    B. 凡是征收增值税的货物都征收消费税
    C. 应税消费品连同包装物销售的,应并入销售额征收消费税
    D. 酒类产品(除啤酒、黄酒外)生产企业销售酒类产品而收取的包装物押金,应并入销售额中征收消费税

210. 2019年6月某汽车厂将自产的5辆小汽车、10辆货车用于对外投资,同类小汽车最高不含税售价为25.5万元/辆,同类货车最高不含税售价为8.6万元/辆。该汽车厂上述业务中应缴纳的消费税税额是( )万元。(以上价格均为不含税价格,小汽车消费税税率为12%)
    A. 14.10   B. 15.30
    C. 23.70   D. 25.62

211. 下列( )不属于特定减免关税的情形。
    A. 科教用品   B. 残疾人专用品
    C. 加工贸易产品   D. 供安装、检测设备时使用的仪器

212. 增值税一般纳税人的下列应税行为中,可以开具增值税专用发票的是( )。
    A. 金融商品转让
    B. 提供经纪代理服务,向委托方收取的政府性基金或行政事业性收费
    C. 试点纳税人提供有形动产融资性售后回租服务,向承租方收取的有形动产价款本金
    D. 提供住宿服务收取价款

213. 纳税人进口货物,应当自海关填发缴款书之日起( )内缴纳税款。
    A. 5日   B. 15日
    C. 1个月   D. 1个季度

214. 关于计税价格的说法,符合现行增值税与消费税规定的是( )。

A. 将进口的应税消费品用于抵偿债务,应当以最高销售价计征消费税,但以同类消费品的平均价格计征增值税

B. 将自行生产的应税消费品用于连续生产非应税消费品,应以同类消费品的平均价格计征消费税与增值税

C. 将委托加工收回的应税消费品用于对外投资,应当以最高售价计征消费税,但以同类消费品的平均价格计征增值税

D. 将自行生产的应税消费品用于投资入股,应以纳税人同类消费品的最高售价计征消费税,但以同类消费品的平均价格计征增值税

215. 下列货物中,其进项税额不得进行抵扣的是( )。
    A. 发给本企业职工的自产产品所耗用的购进货物
    B. 用于集体福利的购进货物
    C. 分配给投资者的购进货物
    D. 无偿赠送给某单位的购进货物

216. 非正常损失的购进货物及其相关的应税劳务,其进项税不得从销项税中抵扣,其中非正常损失是指( )。
    A. 自然灾害损失
    B. 购进货物滞销过期报废损失
    C. 合理损失
    D. 因管理不善造成被盗、丢失、腐烂变质的损失

217. 纳税人销售下列货物免缴增值税的是( )。
    A. 企业生产者销售外购的玉米　　B. 药店销售避孕药品
    C. 生产销售方便面　　　　　　　D. 商场销售水果罐头

218. 下列各项中,不需要缴纳消费税的是( )。
    A. 销售啤酒、黄酒时出租包装物而收取的包装物押金
    B. 白酒生产企业向商业销售单位收取的"品牌使用费"
    C. 应税消费品连同包装物销售,单独计价的包装物
    D. 白酒生产企业销售白酒进出借包装物而收取的包装物押金

219. 委托加工应税消费品的组成计税价格为( )。
    A. 材料成本
    B. 材料成本+加工费
    C. 材料成本÷(1-消费税税率)
    D. (材料成本+加工费)÷(1-消费税税率)

220. 出口货物在货物运抵海关监管区后、装货的( )以前,由纳税人向货物出境地海关申报关税。
    A. 12小时　　　　　　　　　　　B. 24小时
    C. 2日　　　　　　　　　　　　D. 10日

221. 进口货物的保险费,应当按照实际支付的费用计算。如果进口货物的保险费无法确定或者未实际发生,海关应当按照"货价加运费"两者总额的( )计算保险费。
    A. 3%　　　　　　　　　　　　B. 0.3%
    C. 5%　　　　　　　　　　　　D. 0.5%

第五章 所得税制度

刷基础

222. 对设在西部地区的鼓励类产业企业减按15%的税率征收企业所得税,该鼓励类产业企业的主营业务收入应占到其收入总额的( )以上。
    A. 50% B. 60%
    C. 70% D. 80%

223. 企业依照法律、行政法规有关规定提取的用于环境保护、生态恢复等方面的专项资金,正确的企业所得税税务处理是( )。
    A. 准予税前全额扣除
    B. 不超过年度利润总额12%的部分准予扣除
    C. 准予抵扣应纳税额
    D. 不超过年度销售收入15%的部分准予扣除,超过部分准予在以后纳税年度结转扣除

224. 企业可以选择按"分国(地区)不分项"或者"不分国(地区)不分项"方式计算抵免限额,一经选择,( )年内不得改变。
    A. 1 B. 3
    C. 5 D. 10

225. 个人所得税自行申报方式不包括( )。
    A. 采用远程办税端申报 B. 采用邮寄方式申报
    C. 到税务机关申报 D. 到市级财政局申报

226. 在个人所得税的扣缴申报中,劳务报酬所得、稿酬所得、特许权使用费所得以收入减除费用后的余额为收入额,其中,稿酬所得的收入额减按( )计算。
    A. 30% B. 50%
    C. 70% D. 80%

227. 关于外商投资企业和外国企业所得税的说法,不正确的是( )。
    A. 外国企业在中国境内未设立机构、场所,而有取得来源于中国境内的利息按10%的税率征收预提所得税
    B. 企业向其关联企业支付的管理费不得税前扣除
    C. 在中国境内设立机构、场所的非居民企业从居民企业取得与该机构、场所有实际联系的股息、红利等权益性投资收益,减半征收企业所得税
    D. 外国企业在中国境内设立两个营业机构的,可以由其选定其中的一个营业机构合并申报缴纳所得税

228. 根据企业所得税法,企业受托加工制造船舶,持续时间超过12个月,按照( )确认收入的实现。
    A. 实际收款日期 B. 纳税年度内完成的工作量
    C. 船舶交付日期 D. 船舶完工日期

229. 2019年6月份,某企业为开发新技术而实际发生研发费用50万元,且未形成无形资产计入当期损益,则该项研发费用可税前扣除( )万元。

A. 50   B. 75
C. 87.5   D. 100

230. 在个人所得税的计税依据中，财产租赁所得的每次收入不超过4 000元的，减除费用（　　）元。

　　A. 500   B. 800
　　C. 1 000   D. 5 000

231. 2019年2月，中国居民赵某三年前购买的国债产生利息收入10 000元人民币，那么赵某本月应该缴纳个人所得税（　　）元。

　　A. 0   B. 150
　　C. 1 120   D. 1 600

232. 对设在西部地区的鼓励类产业企业减按（　　）的税率征收企业所得税，该鼓励类产业企业的主营业务收入应占到其收入总额的70%以上。

　　A. 10%   B. 15%
　　C. 20%   D. 25%

233. 根据企业所得税法，企业从事建筑、安装、装配工程业务时，持续时间超过12个月，按照（　　）确认收入的实现。

　　A. 实际收款日期   B. 纳税年度内完成的工作量
　　C. 船舶交付日期   D. 船舶完工日期

234. 企业重组的税务处理区分不同条件分别适用一般性税务处理规定和特殊性税务处理规定。其中，适用特殊性税务处理规定的企业重组，重组交易对价中非股权支付金额不得高于交易支付总额的（　　）。

　　A. 15%   B. 25%
　　C. 75%   D. 85%

235. 根据个人所得税法的规定，下列选项中属于我国居民纳税人的是（　　）。

　　A. 在我国有住所，因学习在法国居住半年的老王
　　B. 具有中国国籍，但在日本定居的大川
　　C. 侨居在海外的华侨慕容
　　D. 2020年1月15日来华学习，6月20日后回国的麦克

236. 李某2020年1月从自己所任职的A公司取得本月工资收入15 000元，每月专项扣除金额为2 000元，李某本月应该预扣预缴个人所得税（　　）元。

　　A. 240   B. 450
　　C. 590   D. 800

237. 居民企业是指依法在中国境内成立或者依照外国（地区）法律成立但（　　）在中国境内的企业。

　　A. 总机构   B. 财务部门
　　C. 人事部门   D. 实际管理机构

238. 某居民企业2019年计入成本、费用的实发工资总额为300万元，拨缴职工工会经费5万元，支付职工福利费45万元、职工教育经费15万元，该企业2019年计算应纳税所得额时准予在税前扣除的工资和三项经费合计（　　）万元。

　　A. 310   B. 349.84

C. 362	D. 394.84

239. 某商业银行从其关联方接受债权性投资与权益性投资的比例超过规定比例(　　)而发生的利息支出，不得在计算应纳税所得额时扣除。

　　A. 5∶1　　　　　　　　　　　　B. 2∶1
　　C. 3∶1　　　　　　　　　　　　D. 6∶1

240. 2019年2月份，赵甲乙将自己的闲置住房出租给他人，收取租赁收入25 000元。该赵甲乙2月份应缴纳个人所得税(　　)元。

　　A. 2 400　　　　　　　　　　　B. 2 800
　　C. 4 000　　　　　　　　　　　D. 5 000

241. 根据个人所得税法的有关规定，居民个人从中国境外取得所得的，应当在取得所得的次年(　　)内申报纳税。

　　A. 1月1日至1月31日　　　　　B. 1月1日至3月31日
　　C. 3月1日至3月31日　　　　　D. 3月1日至6月30日

242. 某外国企业在中国境内未设立机构、场所，2019年从中国境内的一家内资企业取得利息30万元，假设不考虑其他因素，该内资企业应为该外国企业代扣代缴所得税(　　)万元。

　　A. 3　　　　　　　　　　　　　B. 4.5
　　C. 6　　　　　　　　　　　　　D. 7.5

243. 2019年5月，中国居民企业甲以其持有的一处房产向另外一家居民企业乙进行投资，双方约定投资价款5 000万元，该房产原值2 000万元，取得的非货币性资产转让所得3 000万元，不考虑其他因素，假设甲企业最大限度地享受现行非货币性资产对外投资的企业所得税政策，则本年度甲企业至少应确认非货币性资产转让所得(　　)万元。

　　A. 600　　　　　　　　　　　　B. 1 000
　　C. 3 000　　　　　　　　　　　D. 5 000

244. 某机械制造企业2019年产品销售收入4 000万元，销售材料收入200万元，处置旧厂房取得收入50万元，转让某项专利技术所有权取得收入300万元。业务招待费支出50万元，企业所得税前准予扣除业务招待费(　　)万元。

　　A. 21　　　　　　　　　　　　　B. 21.25
　　C. 30　　　　　　　　　　　　　D. 50

245. 2019年2月，小张花费500元购买体育彩票若干张，其中一张彩票中了三等奖，奖金为人民币21 000元，那么小张本次奖金应该缴纳个人所得税(　　)元。

　　A. 2 352　　　　　　　　　　　B. 3 360
　　C. 4 100　　　　　　　　　　　D. 4 200

246. 在个人所得税的征税对象中，下列选项不属于综合所得范围的是(　　)。

　　A. 财产租赁所得　　　　　　　B. 工资、薪金所得
　　C. 劳务报酬所得　　　　　　　D. 特许权使用费所得

247. 根据企业所得税法，不属于企业销售货物收入确认条件的是(　　)。

　　A. 货物销售合同已经签订，企业已将货物所有权相关的主要风险和报酬转移给购货方
　　B. 收入的金额能够可靠地计量
　　C. 相关的经济利益很可能流入企业

D. 已发生或将发生的销售方的成本能够可靠地核算

248. 企业重组区分不同条件分别适用一般性税务处理规定和特殊性税务处理规定。其中，适用特殊性税务处理规定的企业重组，重组交易对价中涉及股权支付金额不得低于交易支付总额的( )。
    A. 15%   B. 25%
    C. 75%   D. 85%

249. 一家专门从事符合条件的节能节水项目的企业，2016年取得第一笔营业收入，2019年实现应纳税所得额(假设仅是节能节水项目所得)100万元，假设该企业适用25%的企业所得税率，不考虑其他因素，则该企业2019年应纳企业所得税( )万元。
    A. 0   B. 12.5
    C. 20   D. 25

250. 在个人所得税的税率中，综合所得适用的税率形式为( )。
    A. 超额累进税率   B. 全额累进税率
    C. 超率累进税率   D. 超倍累进税率

251. 个人的下列所得中，按照有关规定不属于免征个人所得税的是( )。
    A. 军人的转业费   B. 抚恤金、救济金
    C. 保险赔款   D. 烈属的所得

252. 适用企业所得税15%税率的高新技术企业，要求近一年其取得的高新技术产品(服务)收入占企业同期总收入的比例不低于( )。
    A. 50%   B. 60%
    C. 70%   D. 80%

刷进阶

253. 某企业2019年3月1日向其控股公司借入经营性资金400万元，借款期1年，当年支付利息费用28万元。假定当年银行同期同类贷款年利息率为6%，不考虑其他纳税调整事项，该企业在计算2019年应纳税所得额时，利息费用应调增应纳税所得额( )万元。
    A. 30   B. 28
    C. 20   D. 8

254. 香港某财务公司2019年4月通过深港通投资深圳证券交易所上市A股，当月实现股票买卖所得3 000万元，则该股票所得应纳企业所得税( )万元。
    A. 0   B. 300
    C. 450   D. 750

255. 企业投资者持有2019—2023年发行的铁路债券取得的利息收入的企业所得税处理正确的是( )。
    A. 免征
    B. 减半征收
    C. 不超过1万元的部分，不征税；超过部分，减半征收
    D. 全额征税

256. 以下各项所得适用比例税率形式的是( )。
    A. 工资薪金所得   B. 劳务报酬所得

C. 财产租赁所得   D. 经营所得

257. 关于个人所得税的说法，正确的是( )。
    A. 军人的转业费税率为20%，按应纳税额减征30%
    B. 保险赔款适用超额累进税率
    C. 彩票中奖税率为20%
    D. 省级人民政府颁发的体育奖金税率为10%

258. 关于外商投资企业和外国企业的企业所得税的说法，不正确的是( )。
    A. 非居民企业在中国境内虽设立机构、场所但取得的所得与其机构、场所没有实际联系的，其境内所得减按10%的税率征收企业所得税
    B. 企业向其关联企业支付的管理费不得税前扣除
    C. 在中国境内设立机构、场所的非居民企业从居民企业取得与该机构、场所有实际联系且已持有12个月以上的股息、红利等权益性投资收益，减半征收企业所得税
    D. 外国企业在中国境内设立两个营业机构的，可以由其选定其中的一个营业机构合并申报缴纳所得税

259. 适用企业所得税15%税率的高新技术企业，要求最近一年销售收入小于5 000万元(含)的，最近三个会计年度的研究开发费用总额占同期销售收入总额的比例不得低于( )。
    A. 3%   B. 4%
    C. 5%   D. 6%

260. 甲企业主要从事国家重点扶持的公共基础设施项目投资与经营，2017年取得第一笔营业收入，2020年实现应纳税所得额(假设仅是节能节水项目所得)200万元，假设该企业适用25%的企业所得税税率，不考虑其他因素，则该企业2020年应纳企业所得税( )万元。
    A. 0   B. 25
    C. 50   D. 75

261. 某公民2019年1月一次获得房屋租赁所得2万元，若通过国家机关向贫困地区捐赠，则计算个人所得税前准予扣除的限额为( )元。
    A. 480   B. 600
    C. 4 800   D. 6 000

262. 下列支出中，不属于个人所得税专项附加扣除的是( )。
    A. 子女教育支出   B. 企业年金支出
    C. 继续教育支出   D. 住房贷款支出

263. 根据企业所得税法，企业发生的下列支出中，属于允许税前扣除的是( )。
    A. 企业所得税税款   B. 罚息
    C. 股息   D. 烟草企业的烟草广告费

264. 根据企业所得税法，下列行业的企业中，属于适用税前加计扣除政策的是( )。
    A. 房地产业   B. 建筑业
    C. 娱乐业   D. 零售业

265. 自2019年1月1日至2021年12月31日，对小型微利企业年应纳税所得额不超过100万元的部分，减按25%计入应纳税所得额，按20%的税率缴纳企业所得税；对年

应纳税所得额超过 100 万元但不超过 300 万元的部分,减按( )计入应纳税所得额,按 20%的税率缴纳企业所得税。

A. 20% B. 25%
C. 40% D. 50%

266. 2019 年 6 月,某劳务派遣公司购置价值 4 000 元的电脑一台,作为固定资产处理,会计折旧年限 2 年,该公司 2019 年可在企业所得税前扣除电脑折旧( )元。

A. 1 000 B. 2 000
C. 3 000 D. 4 000

267. 某企业 2020 年 3 月 1 日向其控股公司借入经营性资金 400 万元,借款期 1 年,当年支付利息费用 28 万元。假定当年银行同期同类贷款年利率为 6%,不考虑其他纳税调整事项,该企业在计算今年应纳税所得额时,利息费用应调增应纳税所得额( )万元。

A. 30 B. 28
C. 20 D. 8

268. 企业所得税法规定应当源泉扣缴所得税,但扣缴义务人未依法缴纳,纳税人也未依法缴纳,税务机关可以从该纳税人在中国境内其他收入项目的支付人应付的款项中,追缴该纳税人的应纳税款,这种行为属于企业所得税源泉扣缴的( )。

A. 法定扣缴 B. 特定扣缴
C. 指定扣缴 D. 商定扣缴

269. 某企业经营 5 年后,按章程规定进行注销。2019 年 3 月 1 日开始清算,6 月 30 日完成清算。该企业应在( )之前向主管税务机关进行企业所得税申报。

A. 3 月 16 日 B. 6 月 15 日
C. 6 月 30 日 D. 7 月 15 日

270. 企业在纳税年度内无论盈利或者亏损,都应当自年度终了之日起( )个月内,向税务机关报送年度企业所得税纳税申报表,并汇算清缴,结清应缴应退税款。

A. 3 B. 4
C. 5 D. 6

第六章 其他税收制度

刷基础

271. 村民王某在本村有两间临街住房,将其中一间作经营用,关于王某房产税缴纳的说法,正确的是( )。

A. 就经营用房缴纳房产税 B. 不缴纳房产税
C. 暂免缴纳房产税 D. 减半缴纳房产税

272. 甲乙两单位互换经营性用房,甲换入的房屋价格为 490 万元,乙换入的房屋价格为 600 万元,当地契税税率为 3%。关于契税缴纳的说法正确的是( )。

A. 甲应缴纳契税 14.7 万元 B. 甲应缴纳契税 3.3 万元
C. 乙应缴纳契税 18 万元 D. 乙应缴纳契税 3.3 万元

273. 关于资源税减免的说法,错误的是( )。

A. 对依法在建筑物下、铁路下、水体下通过充填开采方式采出的矿产资源，资源税减征50%

B. 对实际开采年限在15年以上的衰竭期矿山开采的矿产资源，资源税减征30%

C. 对鼓励利用的低品位矿、废石、尾矿、废渣、废水、废气等提取的矿产品，资源税减征30%

D. 纳税人开采销售共伴生矿，共伴生矿与主矿产品销售额分开核算的，对共伴生矿暂不计征资源税

274. 关于土地增值税的说法，错误的是（　　）。

A. 企业转让旧房作为改造安置住房房源，且增值额未超过扣除项目金额20%的，免征土地增值税

B. 纳税人建造别墅出售，增值额未超过扣除项目金额20%的，免征土地增值税

C. 因城市规划而搬迁，由纳税人自行转让原房地产的，免征土地增值税

D. 居民个人销售住房的免征土地增值税

275. 关于印花税的说法，错误的是（　　）。

A. 书立各类合同时，以合同当事人为纳税人

B. 在中国境内使用并有法律效力的应税凭证如在境外书立，不需要缴纳印花税

C. 现行印花税纳税人将外商投资企业和外国企业包括在内

D. 建立营业账簿，以立账簿人为纳税人

276. 某市居民韩某拥有两处房产，一处原值60万元的房产供自己及家人居住，另一处原值20万元的房产一直闲置，于2018年7月1日按市场价出租给王某居住，每月取得租金收入1 200元。当地规定按房产原值一次扣除20%后的余值计税。韩某当年应纳房产税（　　）元。

A. 288　　　　　　　　　　B. 576

C. 864　　　　　　　　　　D. 1 152

277. 根据车船税法，应缴车船税的是（　　）。

A. 商场待售的载货汽车　　　B. 武装警察部队专用车

C. 无偿出借的载客汽车　　　D. 符合标准的新能源汽车

278. 某市一大型水电站的下列用地免予征收城镇土地使用税的是（　　）。

A. 生产用地　　　　　　　　B. 水库库区用地

C. 生活用地　　　　　　　　D. 坝内厂房用地

279. 关于印花税计税依据的说法，错误的是（　　）。

A. 合同上所记载的金额、收入或费用

B. 产权转移书据中所记载的金额

C. 记载资金的营业账簿中，实收资本和资本公积中的较高者

D. 记载资金账簿以外的营业账簿的计税数量

280. 纳税人因房屋大修导致连续停用（　　）以上的，在房屋大修期间免征房产税，免征税额由纳税人在申报缴纳房产税时自行计算扣除。

A. 三个月　　　　　　　　　B. 半年

C. 一年　　　　　　　　　　D. 两年

281. 居民甲将一套价值100万元的住房与居民乙的住房进行交换，并支付给乙差价款20万

元,当地规定的契税税率为3%。关于契税缴纳的说法,正确的是( )。
A. 甲需要缴纳契税0万元
B. 甲需要缴纳契税0.6万元
C. 乙需要缴纳契税3万元
D. 甲、乙均不需要缴纳契税

282. 某公司与市政府机关共同使用一栋楼房,该楼房占地面积2 000平方米,该公司与市政府的占用比例为4∶1。当地规定城镇土地使用税每平方米5元。市政府机关应缴纳城镇土地使用税( )元。
A. 0
B. 1 000
C. 2 000
D. 10 000

283. 自2018年1月1日至2020年12月31日,对金融机构与小型企业、微型企业签订的借款合同的印花税的处理是( )。
A. 免征
B. 减半征收
C. 由税务机关酌情减免
D. 减按30%征收

284. 某企业2019年修建仓库,8月底办理验收手续,工程计算支出100万元,并按此金额计入固定资产成本,已知当地政府规定房产税计税余值的扣除比例为30%,该企业2018年度应缴纳房产税( )元。
A. 2 800
B. 3 500
C. 5 600
D. 8 400

285. 境内某单位将船舶出租到境外的,相应车船的车船税政策是( )。
A. 正常征收
B. 减半征收
C. 不征收
D. 省级人民政府根据当地实际情况决定是否征收

286. 某火电厂总共占地面积80万平方米,其中围墙内占地40万平方米,围墙外向社会开放的公园占地面积3万平方米,厂区及办公楼占地面积37万平方米,已知该火电厂所在地适用的城镇土地使用税为每平方米年税额1.5元。该火电厂该年应缴纳的城镇土地使用税为( )万元。
A. 55.5
B. 60
C. 115.5
D. 120

287. 对饮水工程运营管理单位为建设饮水工程取得土地使用权而签订的产权转移书据,( )。
A. 免征印花税
B. 减半征收印花税
C. 缓征印花税
D. 照章征收印花税

288. 李某在北京拥有一套临街商铺,由于急需用钱将商铺卖给王某。由于王某长期居住在天津,随即将商铺交给其朋友刘某使用,目前该商铺的房产纳税人是( )。
A. 李某
B. 王某
C. 刘某
D. 王某和刘某

289. 个人购买家庭唯一一套住房,面积85平方米,契税适用税率为( )。
A. 1%
B. 1.5%
C. 2%
D. 3%

290. 以下免征城镇土地使用税的是( )。

A. 坐落在市区的商场用地

B. 坐落在县城的房地产公司别墅小区开发用地

C. 坐落于市区的游乐场用地

D. 提供社区养老、托育、家政服务机构所属自有用地

291. 根据印花税条例,按定额税率征收印花税的是( )。
    A. 产权转移书据   B. 借款合同
    C. 房屋产权证   D. 建设工程勘察设计合同

292. 位于县城的甲企业受市区的乙企业委托加工桌椅,乙企业提供原材料,甲企业提供加工劳务并收取加工费,下列对乙企业城市维护建设税的税务处理中正确的是( )。
    A. 由乙企业在市区按7%的税率缴纳城市维护建设税
    B. 由乙企业按7%的税率自行选择纳税地点
    C. 由甲企业在县城按5%的税率代收代缴乙企业的城市维护建设税
    D. 由甲企业在市区按7%的税率代收代缴乙企业的城市维护建设税

293. 关于房产税纳税义务人的规定,以下表述错误的是( )。
    A. 产权属于集体的,由集体单位缴纳房产税
    B. 产权出典的,由承典人缴纳房产税
    C. 产权纠纷未解决的,由代管人或使用人缴纳
    D. 产权属于全民所有的,不缴纳房产税

294. 关于房屋附属设施涉及税政策的说法,错误的是( )。
    A. 对于承受与房屋有关的附属设施所有权的行为,应征收契税
    B. 对于承受与房屋有关的附属设施土地使用权的行为,应征收契税
    C. 采用分期付款方式购买房屋附属设施土地使用权,应按照合同规定的总价款计征契税
    D. 承受的房屋附属设施权属适用与房屋相同的契税税率

295. 根据规定,应税车船的所有人或管理人未缴纳车船税的,应由( )代缴。
    A. 运输部门   B. 所在单位
    C. 交通部门   D. 使用人

296. 根据资源税条例,不属于资源税纳税人的是( )。
    A. 开采矿产品的国有企业   B. 进口矿产品的单位
    C. 管辖海域开采矿石的个体户   D. 股份制盐厂

297. 关于城镇土地使用税的说法,错误的是( )。
    A. 自有的农产品批发市场专用于经营农产品的土地,暂免征收城镇土地使用税
    B. 征用非耕地因不需要缴纳耕地占用税,从批准征收之日起满1年时开始征收城镇土地使用税
    C. 个人出租住房,不区分用途,免征城镇土地使用税
    D. 对由于实施天然林二期工程造成森工企业土地闲置一年以上不用的,暂免征收城镇土地使用税

298. 关于契税的说法,错误的是( )。
    A. 契税以在境内转移土地、房屋权属为征税对象,向销售方征收
    B. 土地使用权出售、房屋买卖的计税根据为成交价格

C. 城镇职工按规定第一次购买公有住房的，免征契税

D. 国家机关承受土地、房屋用于办公的，免征契税

299. 下列各项中，免征耕地占用税的是( )。
    A. 飞机场占用耕地修建跑道
    B. 农村居民在标准内占用耕地新建自用住宅
    C. 养老院占用的耕地
    D. 学校附设的小卖部占用的耕地

300. 关于土地增值税的说法，错误的是( )。
    A. 土地增值税是对转让国有土地使用权、地上建筑物及其附着物征收
    B. 收入额减除国家规定各项扣除项目金额后的余额就是纳税人在转让房地产中获取的增值额
    C. 纳税人转让房地产取得的应税收入是指转让房地产取得的货币收入、实物收入和其他收入
    D. 土地增值税使用的最高税率为100%

301. 王某以下行为中，需要交纳印花税的是( )。
    A. 个人与房地产管理部门订立的租房合同
    B. 将个人财产捐赠给私人医院所立书据
    C. 购买封闭式基金
    D. 销售个人住房

刷进阶

302. 下列房产中，应征收房产税的是( )。
    A. 企业无租使用免税单位的房产   B. 宗教寺庙自用的房产
    C. 老年服务机构自用的房产   D. 税务机关办公用房

303. 关于契税的计税依据的说法，错误的是( )。
    A. 房屋买卖，以成交价格作为计税依据
    B. 土地使用权赠与，由征收机关参照土地使用权出售的市场价格核定
    C. 房屋交换，以交换房屋的市场价格作为计税依据
    D. 以划拨方式取得土地使用权，后经批准改为出让方式取得土地使用权的，以补缴的土地出让金和其他出让费用为计税依据

304. 下列产品中，不征收资源税的是( )。
    A. 国有矿山开采的矿产品   B. 外商投资企业开采的矿产品
    C. 进口的矿产品   D. 个体工商户开采的矿产品

305. 关于土地增值税税收优惠的说法，错误的是( )。
    A. 对企事业单位、社会团体以及其他组织转让旧房作为改造安置住房房源，且增值额未超过扣除项目金额20%的，免征土地增值税
    B. 纳税人建造普通标准住宅出售，增值额未超过扣除项目金额20%的，免征土地增值税
    C. 纳税人建造普通标准住宅出售，增值额超过扣除项目金额20%的，仅对超过部分征收土地增值税

D. 对于纳税人员既建造普通标准住宅，又建造其他房地产开发的，未分别核算增值额的，其建造的普通标准住宅不能适用免税的规定

306. 下列各项中可以作为城市维护建设税计税依据的是(　　)。
   A. 海关对进口产品代征的增值税、消费税
   B. 内资企业违反增值税有关税法而加收的滞纳金
   C. 内资企业违反消费税有关税法而加收的罚款
   D. 内资企业补缴上年未缴的增值税、消费税税款

307. 下列房产不属于免征房产税的是(　　)。
   A. 妇幼保健机构自用的房产
   B. 经有关部门核实属危房，不准使用的房产
   C. 公园、名胜古迹中附设的营业单位及出租的房产
   D. 施工期间在基建工地为基建工地服务的各种工棚、办公室等临时性房屋

308. 房产税是以房屋为征税对象，以(　　)为计税依据，向房屋产权所有人征收的一种财产税。
   A. 房屋计税总值　　　　　　　　B. 房房屋的计税余值或租金收入
   C. 房屋总市值　　　　　　　　　D. 房屋历史成本

309. 张先生2019年1月购买家庭唯一住房，面积为99平方米，该套住房计征契税的税率为(　　)。
   A. 1%　　　　　　　　　　　　B. 1.5%
   C. 2%　　　　　　　　　　　　D. 3%

310. 关于资源税的税务处理，正确的是(　　)。
   A. 油田范围内运输稠油过程中用于加热的天然气免税
   B. 充填开采置换出来的煤炭免税
   C. 开采原油过程中用于加热的原油、天然气减征50%的增值税
   D. 衰竭期煤矿开采的煤炭减征50%的增值税

311. 关于土地增值税的说法，错误的是(　　)。
   A. 纳税人包括专营或兼营房地产业务的企业
   B. 纳税人转让房地产取得的应税收入不含增值税
   C. 自2008年11月1日起，居民个人销售住房免征土地增值税
   D. 无偿转让地上建筑物的单位和个人一律为土地增值税的纳税人

312. 甲企业与乙企业签订货物购销合同，丙企业为合同担保人，丁先生为中间人，戊企业为见证人，则该购销合同印花税纳税人为(　　)。
   A. 甲企业和乙企业
   B. 甲企业、乙企业和丙企业
   C. 甲企业、乙企业、丙企业和丁先生
   D. 甲企业、乙企业、丙企业、丁先生和戊企业

313. 关于城市维护建设税的说法，错误的是(　　)。
   A. 对增值税和消费税实行先征后返、先征后退、即征即退办法的，除另有规定外，对随增值税和消费税附征的城市维护建设税，也可以退(返)还
   B. 外商投资企业缴纳的增值税与消费税，同样征收城市维护建设税

C. 城市维护建设税实行地区差别比例税率

D. 城市维护建设税按实际缴纳的增值税和消费税税额计征，随增值税和消费税法定减免而减免

314. 通过"招、拍、挂"程序承受土地使用权的应按(　　)计征契税。

   A. 土地成交总价款

   B. 土地成交总价款扣除土地前期开发成本

   C. 土地成交价款扣除土地开发成本

   D. 土地成交总价款扣除开发成本

315. 车船税的计税依据中，以净吨位为计税标准的是(　　)。

   A. 电车　　　　　　　　　　B. 载货汽车

   C. 三轮汽车　　　　　　　　D. 船舶

316. 下列资源项目中，不属于资源税征收范围的是(　　)。

   A. 原油　　　　　　　　　　B. 天然气

   C. 液体盐　　　　　　　　　D. 成品油

317. 以下不属于城镇土地使用税的征税范围的是(　　)。

   A. 城市　　　　　　　　　　B. 建制镇

   C. 工矿区　　　　　　　　　D. 农村

318. 土地增值税的税率形式为(　　)。

   A. 超额累进税率　　　　　　B. 全额累进税率

   C. 超率累进税率　　　　　　D. 全率累进税率

319. 个人出租、承租住房签订的租赁合同的印花税税务处理为(　　)。

   A. 免征印花税　　　　　　　B. 减半征收印花税

   C. 缓征印花税　　　　　　　D. 照章征收印花税

第七章　税务管理

刷基础

320. 2016年10月1日起，"五证合一、一照一码"登记制度推行，下列各项中不属于"五证"的是(　　)。

   A. 工商营业执照　　　　　　B. 税务登记证

   C. 卫生许可证　　　　　　　D. 社会保险登记证

321. 关于发票印制管理的说法，正确的是(　　)。

   A. 发票应当套印全国统一发票监制章

   B. 发票实行定期换版制度

   C. 发票只能使用中文印制

   D. 在境外从事生产经营的企业，经批准可以在境外印制发票

322. 关于纳税申报和缴纳税款的说法，正确的是(　　)。

   A. 甲公司2019年1月份成立，1~4月份由于其他原因没有进行生产经营，没有取得应税收入，所以，应该从6月份开始进行纳税申报

   B. 乙公司属于增值税免税纳税人，在免税期间仍坚持办理纳税申报

C. 丙公司因管理不善发生火灾，将准备进行纳税申报的资料全部烧毁，经过税务机关批准，丙公司可以延期办理纳税申报，并且可以延期缴纳税款

D. 丁公司企业所得税申报期限为月份或季度终了之日起15日内申报预缴，年度终了之日起4个月内向其主管税务机关报送年度企业所得税纳税申报表并汇算清缴，结清应缴应退税款

323. 关于税款追征的说法，错误的是（　　）。

　　A. 因税务机关责任，致使纳税人少缴纳税款的，税务机关在5年内可要求补缴税款，但不加收滞纳金

　　B. 因税务机关责任，致使纳税人少缴纳税款的，税务机关在3年内可要求补缴税款，但不得加收滞纳金

　　C. 对于纳税人偷、抗税和骗取税款的，税务机关可无限期追征税款、滞纳金，不受规定期限的限制

　　D. 因纳税人计算等失误，未缴或少缴税款的，税务机关在3年内可以追征税款、滞纳金；有特殊情况的，追征期可延长至5年

324. 关于变更税务登记的说法，错误的是（　　）。

　　A. 纳税人税务登记内容发生变化的，无论是否需要到国家市场监督管理机关或者其他机关办理变更登记，都要向税务机关申报办理变更税务登记

　　B. 纳税人税务登记内容发生变化，不需要到国家市场监督管理机关办理变更登记的，不需要到税务机关办理变更税务登记

　　C. 办理变更税务登记的期限是自税务登记内容发生变化之日起30日内，或自有关机关批准或者宣布变更之日起30日内

　　D. 对于变更税务登记，税务机关应当自受理当日办理变更税务登记

325. 负责管理全国统一发票监制章的机关是（　　）。

　　A. 国家税务总局　　　　　　　　B. 财政部
　　C. 中国人民银行印钞造币总公司　　D. 国务院

326. 按照我国现行的税收法律、行政法规、部门规章以及延期申报的实践，延期申报的期限最长不得超过（　　）。

　　A. 1个月　　　　　　　　　　　B. 3个月
　　C. 6个月　　　　　　　　　　　D. 1年

327. 李某因未按规定提供纳税担保，税务机关依法对其采取税收保全措施时，不在保全措施范围之内的财产和用品是（　　）。

　　A. 李某收藏的古玩字画

　　B. 李某接送小孩上学必需的小汽车

　　C. 李某送给爱人的纪念结婚十周年的钻戒

　　D. 李某的叔叔年轻时因车祸致残，无工作能力，一直与李某共同生活，李某为其购买的电动轮椅

328. 某具有出口经营权的电器生产企业（增值税一般纳税人）自营出口自产货物，2019年5月末未退税前计算出的期末留抵税款为19万，当期免抵退税额为15万元，当期免抵税额为（　　）万元。

　　A. 0　　　　　　　　　　　　　B. 6

C. 9   D. 15

329. 下列情形中,纳税人需要到税务机关申报办理注销税务登记的是( )。
    A. 增设或撤销分支机构的
    B. 改变生产经营期限和隶属关系的
    C. 改变开户银行和账号的
    D. 改变住所或经营地点需要改变主管税务机关的

330. 关于税务机关对减免税申请的处理,下列说法不正确的是( )。
    A. 税务机关受理减免税申请,应当出具加盖本机关专用印章和注明日期的书面凭证
    B. 税务机关不受理减免税申请,应当在规定的期限内口头通知纳税人
    C. 税务机关需要对申请材料的内容进行实地核实,指派2名以上工作人员实地核查,并记录
    D. 纳税人享受备案类减免税,应当具备相应的减免税资质,并履行规定的备案手续

331. 关于账簿设置的说法,错误的是( )。
    A. 纳税人、扣缴义务人会计制度健全,能够通过计算机正确、完整计算其收入和所得或者代扣代缴、代收代缴税款情况的,其计算机输出的完整的书面会计记录,可视同会计账簿
    B. 账簿、收支凭证粘贴簿、进销货登记簿等资料应一律保存20年以上,未经财政主管部门批准,不得销毁
    C. 扣缴义务人应当在税收法律、行政法规规定的扣缴义务发生之日起10日内,按照所代扣、代收的税种,分别设置代扣代缴、代收代缴税款账簿
    D. 生产经营规模小又确无建账能力的纳税人,若聘请专业机构或者人员有实际困难的,经县以上税务机关批准,可以按照规定建立收支凭证粘贴簿,进货销货登记簿或者税控装置

332. 关于经营品种比较单一,经营地点、时间和商品来源不固定的纳税人,应采取的税款征收方式是( )。
    A. 查账征收   B. 查定征收
    C. 查验征收   D. 定期定额征收

333. 关于税款追征的说法,正确的是( )。
    A. 因税务机关责任,致使纳税人少缴纳税款的,税务机关在5年内可要求补缴税款,但不加收滞纳金
    B. 因税务机关责任,致使扣缴义务人未缴税款的,税务机关在3年内可要求补缴税款,并加收滞纳金
    C. 对于纳税人偷税、抗税和骗取税款的,税务机关可追征税款、滞纳金,追征税款、滞纳金的期限为20年
    D. 因纳税人计算等失误,未缴或少缴税款的,税务机关在3年内可以追征税款、滞纳金;有特殊情况的,追征期可延长至5年

334. 以下不需要到原税务登记机关办理注销税务登记的是( )。
    A. 纳税人变更经营范围
    B. 纳税人因资不抵债而破产
    C. 纳税人被吊销营业执照

D. 纳税人因地点变更而离开原主管税务机关管辖区

335. 纳税人未按照规定期限办理税务登记手续，情节较为严重的，可处以（　　）的罚款。
    A. 2 000元以上，5 000元以下
    B. 5 000元以上，2万元以下
    C. 5 000元以上，1万元以下
    D. 2 000元以上，1万元以下

336. 关于发票管理的说法，错误的是（　　）。
    A. 发票印制管理是发票管理的基础
    B. 财务制度不健全的纳税人申请领购发票，主管税务机关有权要求其必须提供担保人
    C. 增值税专用发票只能由增值税一般纳税人领购使用
    D. 验旧购新是当前发票领购的主要方式

337. 对一些无完整考核依据的纳税人，一般采用的税款征收方式是（　　）。
    A. 查验征收
    B. 定期定额
    C. 查定征收
    D. 查账征收

338. 下列措施中，不符合《税收征收管理法》有关规定的是（　　）。
    A. 采取税收保全措施时，冻结的存款金额相当于纳税人应纳税款的数额
    B. 采取税收强制执行措施时，被执行人未缴纳的滞纳金必须同时执行
    C. 税收强制执行的适用范围不仅限于从事生产经营的纳税人，也包括扣缴义务人
    D. 税收保全措施的适用范围不仅限于从事生产经营的纳税人，也包括扣缴义务人

339. 下列事项中，纳税人无须持税务登记证件方可办理的是（　　）。
    A. 开立银行账户
    B. 办理纳税申报
    C. 申请办理延期缴纳税款
    D. 领购发票

340. 纳税人（个体工商户）不办理税务登记证，由税务机关责令限期改正，逾期不改正的，由（　　）。
    A. 税务关机责令停业整顿
    B. 税务机关处2 000元以下罚款
    C. 税务机关提请国家市场监督管理机关吊销其营业执照
    D. 税务机关处2 000元以上1万元以下罚款

341. 根据发票管理办法，违法后由税务机关处1万元以上5万元以下的罚款，情节严重的，处5万元以上50万元以下的罚款，并处没收违法所得的行为是（　　）。
    A. 违反发票管理规定
    B. 跨规定区域开具发票
    C. 非法代开发票
    D. 转借、转让、介绍他人转让发票、发票监制章和发票防伪专用品

342. 关于纳税担保的说法，错误的是（　　）。
    A. 国家机关不得作为纳税担保人
    B. 法律、行政法规规定的没有担保资格的单位和个人不得作为纳税担保人
    C. 纳税担保人是指在中国境内具有纳税能力的公民、法人或者其他经济组织
    D. 纳税担保包括符合条件的纳税保证人提供的纳税保证，以及符合担保条件的财产提供的担保

343. 税务机关采取强制执行措施将扣押、查封的商品、货物或者其他财产变价抵缴税款，拍卖或者变卖所得抵缴税款、滞纳金、罚款以及扣押、查封、保管、拍卖、变卖等费

用后剩余部分应当在( )日内退还被执行人。
A. 3　　　　　　　　　　　　B. 7
C. 10　　　　　　　　　　　　D. 15

344. 下列情形中，需要注销原有税务登记的是( )。
A. 某企业改变经营范围
B. 某企业被国家市场监督管理机关吊销营业执照
C. 李某接替张某担任公司法人代表
D. 某企业由国有企业改制为股份制企业

345. 关于从事生产、经营的纳税人向生产、经营所在地税务机关申报办理税务登记的说法中，错误的是( )。
A. 从事生产、经营的纳税人领取工商营业执照的，应当自领取工商营业执照之日起30日内申报办理税务登记，税务机关发放税务登记证及副本
B. 有独立的生产经营权、在财务上独立核算并定期向发包人或者出租人上交承包费或租金的承包承租人，应当自承包承租合同签订之日起30日内，向其承担承租业务发生地税务机关申报办理税务登记，税务机关发放临时税务登记证及副本
C. 境外企业在中国境内承包建筑、安装、装配、勘探工程和提供劳务的，可不办理税务登记
D. 从事生产、经营的纳税人未办理工商营业执照但经有关部门批准设立的，应当自有关部门批准设立之日起30日内申报办理税务登记，税务机关发放税务登记证及副本

346. 根据发票管理办法，违法后由税务机关处1万元以上5万元以下的罚款，情节严重的，处5万元以上50万元以下的罚款，并处没收违法所得的行为是( )。
A. 未按照规定缴销发票　　　　B. 以其他凭证代替发票使用的
C. 丢失发票或者擅自损毁发票　D. 转让发票、发票监制章

347. 关于减免税的申请与处理，下列说法中错误的是( )。
A. 减免税分为核准类减免税和备案类减免税
B. 纳税人享受核准类减免税，应当提交核准材料，提出申请，经依法具有批准权限的税务机关按规定核准确认后执行
C. 纳税人依法可以享受减免税待遇，但是未享受而多缴税款的税款，按照有关规定不能退还
D. 减免税的审核是对纳税人提供材料与减免税法定条件的相关性进行审核，不改变纳税人真实申报责任

348. 纳税担保的具体形式不包括( )。
A. 纳税担保人担保　　　　　　B. 纳税滞纳金担保
C. 纳税保证金担保　　　　　　D. 纳税担保物担保

349. 根据规定，对向市场监管部门申请简易注销的纳税人，可免予到税务机关办理清税证明，直接向市场监管部门申请办理注销登记的情形不包括( )。
A. 办理过涉税事宜但未领用发票
B. 按规定办理纳税申报并缴纳税款
C. 办理过涉税事宜但无欠税(滞纳金)及罚款
D. 未办理过涉税事宜

350. 纳税人需先将已填用过的发票存根联交主管税务机关审核无误后,再领购新发票,已填用过的发票存根联由用票单位自己保管,这种发票领购方式称为( )。
   A. 交旧购新 B. 定额供应
   C. 验旧购新 D. 批量供应

351. 关于发票检查的说法,正确的是( )。
   A. 税务机关只能查阅但不能复制与发票有关的凭证、资料
   B. 税务机关在查处发票案件时,对与案件有关的情况和资料,可以记录、录音、录像、照相和复制
   C. 由于税务检查的特殊性,在税务机关进行检查时,无需出示税务检查证
   D. 税务机关需要将空白发票调出查验时,无需出具任何凭证即可调出,经查无问题后予以返还纳税人

352. 某公司拖欠上年度增值税 42 万元,催缴无效,经县税务局局长批准,税务机关于本年 3 月书面通知其所在开户银行暂停支付存款 42 万元,这一行政行为属于( )。
   A. 要求提供纳税担保 B. 税收保全措施
   C. 强制征收措施 D. 税务行政协助

353. 纳税人超过应纳税额多缴纳的税款,纳税人自结算税款之日起( )年内发现的,可以向税务机关要求退还多缴的税款,并加算银行同期存款利息。
   A. 10 B. 5
   C. 4 D. 3

354. 关于停业的税务管理的说法,正确的是( )。
   A. 采用定期定额征收方式的个体工商户停业期不得超过半年
   B. 若停业期间发生经营行为时,不需要申报缴纳税款
   C. 一旦纳税人申请停业,其未使用完的发票由税务机关予以收存
   D. 纳税人办理停业登记,税务机关收存其税务登记证正本,纳税人保留副本

355. 从事生产、经营的纳税人未办理工商营业执照也未经有关部门批准设立的,应当自纳税义务发生之日起( )日内申报办理税务登记,税务机关发放临时税务登记证及副本。
   A. 10 B. 20
   C. 30 D. 45

356. 关于发票管理的说法,正确的是( )。
   A. 税务机关是发票的主管机关,负责发票的印制、领购、开具、取得、保管、缴销的管理及监督
   B. 有固定经营场所的纳税人申请购买发票,主管税务机关有权要求其提供纳税担保人,不能提供纳税担保人的,可以视其情况,要求其提供保证金,并限期缴销发票
   C. 发票登记簿应该保存 3 年
   D. 发票可以跨省、直辖市、自治区使用

357. 以下不属于发票检查方法的是( )。
   A. 盘存法 B. 对照检查法

C. 票面逻辑推理法 D. 发票真伪鉴别法

358. 下列税款征收方式中，属于查定征收方式的是( )。
    A. 税务机关通过典型调查，逐户确认营业额和所得额并据以征税的方式
    B. 税务机关按照纳税人提供的账表反映的经营情况，依照适用税率计算缴纳税款的方式
    C. 由纳税单位向税务机关报送纳税申请表，经税务机关审查核实，计算应征税额，开具纳税缴款书，由纳税人凭以缴纳入库的一种征收方式
    D. 税务机关对经营品种比较单一，经营地点、时间和商品来源不固定的纳税人实施的一种征收方法

359. 纳税人的税务登记内容发生变化时，应当依法向原税务登记机关申报办理( )。
    A. 开业税务登记 B. 变更税务登记
    C. 注销税务登记 D. 注册税务登记

360. 纳税人的下列行为中，不需办理变更税务登记的是( )。
    A. 企业扩大经营范围，由单一生产销售 A 电子产品转为生产销售 A、B、C 三种电子产品并提供设计劳务
    B. 企业由于进行股份制改造，由有限责任公司变更为股份有限公司
    C. 由于经济效益良好，企业的股东决定追加投资，从 500 万元增资为 700 万元
    D. 企业由于经营范围扩大，总机构从北京市迁至河北省

361. 关于账簿管理的说法，正确的是( )。
    A. 纳税人应自领取营业执照或发生纳税义务之日起 20 日内设置账簿
    B. 扣缴义务人应在法律法规规定的扣缴义务发生之日起 10 日内，设置代扣代缴、代收代缴税款账簿
    C. 账簿等资料，除另有规定外，至少要保存 20 年
    D. 账簿保管期满需要销毁时，需报财政部门批准

362. 下列税款征收方式中，适用于财务会计制度较为健全，能够认真履行纳税义务的纳税单位的是( )。
    A. 查定征收 B. 查验征收
    C. 查账征收 D. 定期定额征收

363. 税收保全措施的范围不包括( )。
    A. 纳税人经营的商品
    B. 纳税人生产的货物
    C. 个人维持生活必需的住房和服用品
    D. 机动车辆

364. 关于发票管理的说法，错误的是( )。
    A. 不能自行扩大专业发票使用范围
    B. 不能拆本使用发票
    C. 开具发票不一定要加盖发票专用章
    D. 不能转借、转让发票

365. 用票单位和个人交回已填开的发票存根联，经税务机关审核后留存，允许购领新发票，这种发票领购方式称为( )。

A. 验旧购新 B. 批量供应
C. 交旧购新 D. 定额供应

366. 关于税收强制执行措施的说法，正确的是(　　)。
   A. 税收强制执行措施不适用于扣缴义务人
   B. 作为家庭唯一的代步工具的轿车，不在税收强制执行范围之内
   C. 税务机关可以对工资薪金收入未按期缴纳个人所得税的个人实行税收强制执行措施
   D. 税务机关采取税收强制执行措施时，可以对纳税人未缴纳的滞纳金同时执行

367. 对偷税、抗税、骗税的，税务机关的税款追征期是(　　)。
   A. 2年 B. 10年
   C. 20年 D. 无限期

368. 关于"五证合一、一照一码"登记制度，以下说法错误的是(　　)。
   A. "五证合一、一照一码"登记制度是在"三证合一"工作机制及技术方案的基础上，全面实行"一套材料、一表登记、一窗受理"的工作模式
   B. 新的"五证合一"办证模式，采取"一表申请、一窗受理、并联审批、一份证照"的办证流程
   C. "五证合一"登记制度改革彻底将税务登记取消，税务登记证以后不再使用，税务登记的法律地位消失
   D. 个体工商户实施营业执照和税务登记证"两证整合"登记制度

第八章　纳税检查

刷基础

369. 税务机关对某企业进行纳税检查时，发现该企业生产领用的材料5 000元误记为50 000元，企业应做的账务调整为(　　)。
   A. 红字借记"原材料"5 000元 B. 红字借记"原材料"45 000元
   C. 红字贷记"原材料"5 000元 D. 红字贷记"原材料"45 000元

370. 某企业为增值税一般纳税人，2020年5月30日采用交款提货方式销售一批货物，收到货款100 000元、增值税税款13 000元，货物尚未发出，但发票和提货单已经交给购货方。则企业所作的账务处理中正确的是(　　)。
   A. 借：银行存款　　　　　　　　　　　　　　　　　　113 000
       贷：主营业务收入　　　　　　　　　　　　　　　100 000
           应交税费—应交增值税（销项税额）　　　　　113 000
   B. 借：银行存款　　　　　　　　　　　　　　　　　　113 000
       贷：应付账款　　　　　　　　　　　　　　　　　113 000
   C. 借：银行存款　　　　　　　　　　　　　　　　　　113 000
       贷：库存商品　　　　　　　　　　　　　　　　　113 000
   D. 借：银行存款　　　　　　　　　　　　　　　　　　113 000
       贷：应付账款　　　　　　　　　　　　　　　　　100 000
           应交税费—应交增值税（销项税额）　　　　　 13 000

371. 某铝合金门窗生产企业为增值税一般纳税人，2019年5月将自产铝合金门窗用于本企

业在建工程,已知该批铝合金门窗的成本为200 000元,无同类产品的对外售价。下列正确的账务处理为( )。

  A. 借:在建工程   200 000
    贷:主营业务收入   200 000
  B. 借:在建工程   226 000
    贷:主营业务收入   200 000
      应交税费—应交增值税(销项税额)   26 000
  C. 借:在建工程   228 600
    贷:库存商品   200 000
      应交税费—应交增值税(销项税额)   28 600
  D. 借:在建工程   200 000
    贷:库存商品   200 000

372. 某酒厂销售白酒缴纳的消费税应记入的会计科目为( )。
  A. 主营业务成本   B. 税金及附加
  C. 管理费用   D. 销售费用

373. 制造产品所耗用的直接材料费用,应记入的会计账户为( )。
  A. 生产成本—基本生产成本   B. 生产成本—辅助生产成本
  C. 制造费用   D. 管理费用

374. 对于大量大批的单步骤生产企业,计算产品成本时主要采用的方法为( )。
  A. 品种法   B. 分批法
  C. 步骤法   D. 综合法

375. 税务机关查询案件涉嫌人员的储蓄存款时,需要履行的程序是( )。
  A. 经税务所所长批准
  B. 经县级税务局(分局)局长批准
  C. 经稽查局局长批准
  D. 经设区的市、自治州以上税务局(分局)局长批准

376. 在对某企业的纳税检查中,发现该企业本月将购买的办公用品8 000元误记为80 000元,对此应做的会计账务调整分录为( )。
  A. 借:管理费用   8 000
    贷:银行存款   8 000
  B. 借:管理费用   80 000
    贷:银行存款   80 000
  C. 借:生产成本   72 000
    贷:银行存款   72 000
  D. 借:管理费用   72 000
    贷:银行存款   72 000

377. 某商场为增值税一般纳税人,2020年9月零售货物并以现金形式取得含税销售收入339 000元,其正确的账务处理为( )。
  A. 借:库存现金   339 000

    贷：应付账款   339 000
  B. 借：库存现金   339 000
     贷：应收账款   339 000
  C. 借：库存现金   339 000
     贷：主营业务收入   300 000
       应交税费—应交增值税（销项税额）   39 000
  D. 借：主营业务收入   339 000
     贷：应收账款   300 000
       应交税费—应交增值税（进项税额）   39 000

378. 随同货物出售单独计价的包装物，取得收入计入（　　）科目。
  A. 主营业务收入   B. 银行存款
  C. 其他业务收入   D. 营业费用

379. 适用于产品管理制度比较健全的企业，运用时，抓住主要耗用材料进行核定的销售数量检查方法是（　　）。
  A. 以盘挤销倒挤法
  B. 以耗核产，以产核销测定法
  C. 销售成本（或利润）水平的分析比较法
  D. 实地盘点法

380. 税务机关对某工业企业所得税纳税情况进行检查，该企业上年度销售收入1 600万元，检查发现在"管理费用—业务招待费"明细账上累计发生数为12万元，已全额扣除，应调增应纳税所得额（　　）万元。
  A. 4.8   B. 7.2
  C. 8   D. 12

381. 关于纳税检查的说法，错误的是（　　）。
  A. 纳税检查的对象是纳税人所从事的经济活动和各种应税行为、履行纳税义务的情况等
  B. 纳税检查的范围包括纳税人的账簿、记账凭证、报表
  C. 税务机关不得对纳税担保人进行纳税检查
  D. 纳税检查的依据是国家的各种税收法规、会计法规和企业财务制度

382. 关于增值税会计科目的设置的说法，错误的是（　　）。
  A. "未交增值税"明细科目，核算纳税人月度终了从"应交增值税"或"预交增值税"明细科目转入当月应交未交、多交或预缴的增值税额，以及当月交纳以前期间未交的增值税额
  B. "应交增值税"明细科目，核算纳税人已取得增值税扣税凭证并经税务机关认证，按照现行增值税制度规定准予以后期间从销项税额中抵扣的进项税额
  C. 月份终了，将当月预缴的增值税额自"应交税费—预交增值税"科目转入"未交增值税"科目
  D. "待转销项税额"明细科目，核算一般纳税人销售货物、加工修理修配劳务、服务、无形资产或不动产，已确认相关收入（或利得）但尚未发生增值税纳税义务而需于以后期间确认为销项税额的增值税额

383. 某企业为增值税一般纳税人，2019年7月将前期购进的原材料(棉布)用于职工福利，已知原材料成本为10 000元，其进项税额已经进行了抵扣。企业正确的会计处理为(　　)。

  A. 借：应付职工薪酬   10 000
     贷：原材料   10 000
  B. 借：管理费用   10 000
     贷：原材料   10 000
  C. 借：应付职工薪酬   11 300
     贷：原材料   10 000
       应交税费—应交增值税(进项税额转出)   1 300
  D. 借：管理费用   11 300
     贷：原材料   10 000
       应交税费—应交增值税(销项税额)   1 300

384. 企业销售应税消费品，计提消费税时应记入的科目为(　　)。
  A. 管理费用   B. 销售费用
  C. 税金及附加   D. 主营业务成本

385. 在按当月发放工资进行费用分配情况下，如果企业期末"应付工资"账户出现贷方余额时，它对当期损益的影响是(　　)。
  A. 扩大成本，增加利润   B. 扩大成本，减少利润
  C. 减少成本，增加利润   D. 减少成本，减少利润

386. 税务机关对某企业上年度企业所得税纳税情况进行审查，发现该企业向非金融机构的借款利息支出为21万元，按照金融机构同期同类贷款利率计算的利息应为15万元，则在计算应纳税所得额时，允许扣除利息(　　)万元。
  A. 0   B. 6
  C. 15   D. 21

387. 关于纳税检查的说法，错误的是(　　)。
  A. 纳税检查的主体是税务师事务所
  B. 纳税检查的客体包括纳税担保人
  C. 纳税检查的对象是纳税人所从事的经济活动和各种应税行为
  D. 纳税检查的依据是国家的各种税收法规、会计法规和企业财务制度

388. 在纳税检查中发现某企业当期有一笔属于职工福利费的费用支出30 000元记入到财务费用之中，对此应做的会计账务调整分录为(　　)。
  A. 借：财务费用   30 000
     贷：银行存款   30 000
  B. 借：应付职工薪酬   30 000
     贷：银行存款   30 000
  C. 借：应付职工薪酬   30 000
     贷：财务费用   30 000
  D. 借：财务费用   30 000
     贷：应付工资   30 000

389. 甲企业为增值税一般纳税人，2020年6月收取乙企业的预付货款22 600元。本月甲企业应做的正确账务处理为(　　)。
　　A. 借：银行存款　　　　　　　　　　　　　　　　　　　　　　22 600
　　　　贷：主营业务收入　　　　　　　　　　　　　　　　　　　20 000
　　　　　　应交税费—应交增值税(销项税额)　　　　　　　　　　2 600
　　B. 借：银行存款　　　　　　　　　　　　　　　　　　　　　　22 600
　　　　贷：预收账款　　　　　　　　　　　　　　　　　　　　　22 600
　　C. 借：银行存款　　　　　　　　　　　　　　　　　　　　　　22 600
　　　　贷：预收账款　　　　　　　　　　　　　　　　　　　　　20 000
　　　　　　应交税费—应交增值税(销项税额)　　　　　　　　　　2 600
　　D. 借：银行存款　　　　　　　　　　　　　　　　　　　　　　22 600
　　　　贷：其他应付款—预付款　　　　　　　　　　　　　　　　22 600

390. 企业取得的特许权使用费收入通过(　　)科目核算。
　　A. 主营业务收入　　　　　　B. 其他业务收入
　　C. 营业外收入　　　　　　　D. 销售收入

391. 税务机关对某企业上年度企业所得税纳税情况进行审查，发现该企业向非金融机构的借款利息支出为20万元，按照金融机构的同期、同类贷款利率计算的利息应为14万元，则在计算上年度应纳税所得额时，允许扣除利息(　　)万元。
　　A. 0　　　　　　　　　　　　B. 6
　　C. 14　　　　　　　　　　　 D. 20

392. 下列凭证中，属于自制原始凭证的是(　　)。
　　A. 进账单　　　　　　　　　　B. 汇款单
　　C. 差旅费报销单　　　　　　　D. 运费发票

393. 增值税一般纳税人跨年出租房产的业务，如果合同约定承租方在最后一年的期末支付全部租金，出租方收到租金后开具增值税发票，出租方在第一年的期末会计处理为(　　)。
　　A. 借：银行存款
　　　　贷：主营业务收入
　　B. 借：应收账款/应收票据
　　　　贷：应交税费—未交增值税
　　　　　　主营业务收入
　　C. 借：应收账款/应收票据
　　　　贷：应交税费—应交增值税(销项税额)
　　　　　　主营业务收入
　　D. 借：应收账款/应收票据
　　　　贷：应交税费—待转销项税额
　　　　　　主营业务收入

394. 某宾馆为增值税一般纳税人，2019年7月提供住宿服务取得含税收入212万元，按照适用税率开具了增值税专用发票，款项已结清并存入银行。该企业的会计处理如下。
　　借：银行存款　　　　　　　　　　　　　　　　　　　　　　　　2 120 000

    贷：应付账款   2 120 000

关于该宾馆此业务的会计处理的说法，正确的有(　　)。

A. 应贷记"主营业务收入"2 120 000元

B. 应计提增值税销项税额30.8万元

C. 应做的账务调整为

 借：应付账款   2 120 000

   贷：主营业务收入   2 000 000

     应交税费—应交增值税（销项税额）   120 000

D. 应借记"应交税费—应交增值税（销项税额）"120 000

395. 对于委托加工应税消费品业务，正确的涉税处理为(　　)。

A. 委托方就加工收入计算缴纳消费税

B. 受托方就加工收入计算缴纳消费税

C. 委托方按照受托方的同类消费品的销售价格计算缴纳消费税

D. 受托方按照委托方的同类消费品的销售价格计算缴纳消费税

396. 企业所得税的检查中，不属于查看"制造费用"明细账的是(　　)。

A. 利息支出   B. 办公费用

C. 水电费用   D. 修理费用

397. 按照检查的范围、内容、数量和查账粗细的不同，纳税检查的基本方法可以分为(　　)。

A. 顺查法与逆查法   B. 比较分析法与推理分析法

C. 联系查法与侧面查法   D. 详查法与抽查法

398. 当发现漏计会计科目时，可以采用的账务调整方法为(　　)。

A. 红字冲销法   B. 补充登记法

C. 综合账务调整法   D. 反向记账法

399. 甲生产企业为增值税一般纳税人，2020年1月甲企业向A企业销售货物，收到A企业支付的预付货款500万元，收到货款时的正确账务处理为(　　)。

A. 借：银行存款   5 650 000

   贷：预收账款   5 650 000

B. 借：银行存款   5 650 000

   贷：主营业务收入   5 650 000

C. 借：银行存款   5 650 000

   贷：主营业务收入   5 000 000

     应交税费—应交增值税（销项税额）   650 000

D. 借：预收账款   5 650 000

   贷：主营业务收入   5 000 000

     应交税费—应交增值税（销项税额）   650 000

400. 职工福利费不允许预提，按实际发生额计入有关成本费用，在计算企业所得税应纳税所得额时，每一年度准予扣除的职工福利费不能超过(　　)。

A. 工资总额的14%

B. 实际发生额的70%

C. 当年销售(营业)收入的15%
D. 当年年度利润总额的12%

401. 检查管理费用时，首先要检查(　　)。
    A. 管理费用明细账的贷方发生额　　B. 管理费用明细账的借方发生额
    C. 管理费用总账的贷方发生额　　　D. 管理费用总账的借方发生额

402. 账务调整的基本方法中，适用于会计科目用错情况的是(　　)。一般情况下，在及时发现错误，没有影响后续核算的情况下多使用该种方法。
    A. 红字冲销法　　　　　　　　　B. 划线更正法
    C. 补充登记法　　　　　　　　　D. 消除字迹法

403. 如果延期收取的货款具有融资性质，确定应纳税收入的金额为(　　)。
    A. 合同价款的公允价值　　　　　B. 合同约定的收款金额
    C. 合同约定价款的价值　　　　　D. 商品现销价格

404. 某公司为增值税一般纳税人，2019年10月签订了一份为期3年的房屋租赁合同，收取预收款1 090万元，款项已存入银行。该公司10月30日收到预收款时应做的会计分录正确的是(　　)。
    A. 借：银行存款　　　　　　　　　　　　　　　　　　　　　10 900 000
       　贷：预收账款—工程款　　　　　　　　　　　　　　　　10 000 000
       　　　应交税费—应交增值税(销项税额)　　　　　　　　　　　900 000
    B. 借：银行存款　　　　　　　　　　　　　　　　　　　　　10 900 000
       　贷：预收账款—工程款　　　　　　　　　　　　　　　　10 900 000
    C. 借：银行存款　　　　　　　　　　　　　　　　　　　　　10 900 000
       　贷：应付账款　　　　　　　　　　　　　　　　　　　　10 900 000
    D. 借：银行存款　　　　　　　　　　　　　　　　　　　　　10 900 000
       　贷：主营业务收入　　　　　　　　　　　　　　　　　　10 000 000
       　　　应交税费—应交增值税(销项税额)　　　　　　　　　　　900 000

刷进阶

405. 某服装厂(增值税一般纳税人)2020年1月将服装1 000件用于对外投资，已知每件衣服的对外不含税售价为1 000元，成本为800元。该企业未提取存货跌价准备。其会计处理为
    借：长期股权投资—其他股权投资　　　　　　　　　　　　　800 000
    　贷：库存商品　　　　　　　　　　　　　　　　　　　　　800 000
    关于该业务的会计处理的说法，正确的是(　　)。
    A. 造成少计提增值税销项税额104 000元
    B. 账务调整分录为
    借：长期股权投资—其他股权投资　　　　　　　　　　　　　330 000
    　　主营业务成本　　　　　　　　　　　　　　　　　　　　800 000
    　贷：主营业务收入　　　　　　　　　　　　　　　　　　1 000 000
    　　　应交税费—应交增值税(销项税额)　　　　　　　　　　　130 000
    C. 该服务厂改变衣服的用途但未改变所有权属，因此作为内部处置资产，不视同销售

确认收入，不计算缴纳企业所得税

D. 应借记"营业外支出"1 130 000

406. 某公司(增值税一般纳税人)2019年9月从小规模纳税人处购进一批原材料，取得增值税普通发票，发票上注明价款113 000元，货款通过银行转账支付，其正确的账务处理为( )。

  A. 借：原材料   113 000
    贷：银行存款   113 000

  B. 借：原材料   100 000
     应交税费—应交增值税(进项税额)   13 000
    贷：银行存款   113 000

  C. 借：原材料   109 610
     应交税费—应交增值税(进项税额)   3 390
    贷：银行存款   113 000

  D. 借：原材料   113 000
    贷：应付账款   113 000

407. 企业委托加工物资所支付的运输费用应记入的会计科目为( )。

  A. 管理费用   B. 销售费用
  C. 主营业务成本   D. 委托加工物资

408. 某企业当期应摊销无形资产1 000元，实际摊销500元。应做的账务调整分录为( )。

  A. 借：管理费用   1 000
    贷：累计摊销   1 000

  B. 借：管理费用   500
    贷：累计摊销   500

  C. 借：累计摊销   500
    贷：管理费用   500

  D. 借：累计摊销   1 000
    贷：管理费用   1 000

409. 对于影响上年度的所得，在账务调整时可记入的会计科目为( )。

  A. 营业利润   B. 本年利润
  C. 利润分配   D. 以前年度损益调整

410. 某市一家物流公司已登记为增值税一般纳税人，2020年8月提供交通运输服务取得不含税收入800万元，提供物流辅助服务取得不含税收入100万元(非主营业务)，按照适用税率分别开具了增值税专用发票，款项均已存入银行。其会计处理正确的是( )。

  A. 借：银行存款   9 000 000
    贷：主营业务收入   8 000 000
      其他业务收入   1 000 000

  B. 借：银行存款   9 780 000
    贷：主营业务收入   8 000 000

	其他业务收入	1 000 000
	应交税费—应交增值税(销项税额)	780 000
C. 借：银行存款		9 990 000
	贷：主营业务收入	8 000 000
	其他业务收入	1 000 000
	应交税费—应交增值税(销项税额)	990 000
D. 借：银行存款		9 880 000
	贷：主营业务收入	8 000 000
	其他业务收入	1 000 000
	应交税费—应交增值税(销项税额)	880 000

411. 企业收取的包装物押金，应记入的会计科目是(   )。
    A. 主营业务收入   B. 其他业务收入
    C. 其他应收款   D. 其他应付款

412. 某日化厂(系增值税一般纳税人)采取直接收款方式销售高档化妆品，2019年9月销售给某个体户高档化妆品10箱，收取现金22 600元，货物未发出，但提货单已交给该个体户，则日化厂正确的会计处理是(   )。(高档化妆品消费税税率为15%)

A. 借：库存现金	22 600
贷：库存商品	22 600
B. 借：库存现金	22 600
贷：主营业务收入	22 600
C. 借：库存现金	22 600
贷：主营业务收入	22 600
借：税金及附加	2 600
贷：应交税费—应交增值税(销项税额)	2 600
D. 借：库存现金	22 600
贷：主营业务收入	20 000
应交税费—应交增值税(销项税额)	2 600
借：税金及附加	3 000
贷：应交税费—应交消费税	3 000

413. 企业销售货物发生的现金折扣，正确的账务处理为(   )。
    A. 折扣发生时借记"财务费用"科目
    B. 折扣发生时借记"销售费用"科目
    C. 货物发出时借记"财务费用"科目
    D. 签订合同时借记"财务费用"科目

414. 甲企业2019年12月末的"原材料"账户余额为100 000元，"材料成本差异"账户借方余额为10 000元，则在编制资产负债表时应计入"存货"项目的金额为(   )。
    A. 10 000元   B. 90 000元
    C. 100 000元   D. 110 000元

415. 一般情况下，企业采用预收货款销售方式销售货物，收到货款时的正确账务处理为(   )。

A. 借：银行存款
　　　贷：预收账款
B. 借：银行存款
　　　贷：主营业务收入
C. 借：银行存款
　　　贷：主营业务收入
　　　　　应交税费——应交增值税(销项税额)
D. 借：预收账款
　　　贷：主营业务收入
　　　　　应交税费——应交增值税(销项税额)

416. 某不动产租赁公司为增值税一般纳税人，2019年8月收到租赁预付款(含税)1 100 000元，款项已存入银行。其正确的账务处理为(　　)。

A. 借：银行存款　　　　　　　　　　　　　　　　　　1 100 000
　　　贷：预收货款　　　　　　　　　　　　　　　　　　1 100 000
B. 借：银行存款　　　　　　　　　　　　　　　　　　1 100 000
　　　贷：主营业务收入　　　　　　　　　　　　　　　　1 100 000
C. 借：银行存款　　　　　　　　　　　　　　　　　　1 100 000
　　　贷：预收账款　　　　　　　　　　　　　　　　　　1 000 000
　　　　　应交税费——应交增值税(销项税额)　　　　　　100 000
D. 借：银行存款　　　　　　　　　　　　　　　　　　1 100 000
　　　贷：主营业务收入　　　　　　　　　　　　　　　　1 000 000
　　　　　应交税费——应交增值税(销项税额)　　　　　　100 000

417. 某机床厂为增值税一般纳税人，2019年11月有已逾期不再退还的包装物押金20 000元，已知该机床厂适用的增值税税率为13%，则企业正确的账务处理为(　　)。

A. 借：其他应付款　　　　　　　　　　　　　　　　　　20 000
　　　贷：营业外收入　　　　　　　　　　　　　　　　　　20 000
B. 借：其他应付款　　　　　　　　　　　　　　　　　　20 000
　　　贷：其他业务收入　　　　　　　　　　　　　　　　　20 000
C. 借：其他应付款　　　　　　　　　　　　　　　　　　20 000
　　　贷：其他业务收入　　　　　　　　　　　　　　　　　17 400
　　　　　应交税费——应交增值税(销项税额)　　　　　　2 600
D. 借：其他应付款　　　　　　　　　　　　　　　　　　20 000
　　　贷：其他业务收入　　　　　　　　　　　　　　　　　17 699
　　　　　应交税费——应交增值税(销项税额)　　　　　　2 301

418. 某服装企业为增值税一般纳税人，2019年10月在销售产品的同时向购货方收取包装物押金1 130元，正确的账务处理为(　　)。

A. 借：银行存款　　　　　　　　　　　　　　　　　　1 130
　　　贷：其他应付款　　　　　　　　　　　　　　　　　　1 130
B. 借：银行存款　　　　　　　　　　　　　　　　　　1 130
　　　贷：其他业务收入　　　　　　　　　　　　　　　　　1 130

C. 借：银行存款　　　　　　　　　　　　　　　　　　　　　　1 130
　　　贷：其他应付款　　　　　　　　　　　　　　　　　　　1 000
　　　　　应交税费—应交增值税(销项税额)　　　　　　　　　　130
D. 借：银行存款　　　　　　　　　　　　　　　　　　　　　　1 130
　　　贷：其他业务收入　　　　　　　　　　　　　　　　　　1 000
　　　　　应交税费—应交增值税(销项税额)　　　　　　　　　　130

419. 某企业新试制一批高档化妆品用于职工奖励，无同类产品的对外售价，已知其生产成本为20 000元，成本利润率为5%，消费税税率为15%。企业计提消费税的正确会计分录为(　　)。
A. 借：应付职工薪酬　　　　　　　　　　　　　　　　　　　3 000
　　　贷：应交税费—应交消费税　　　　　　　　　　　　　　3 000
B. 借：管理费用　　　　　　　　　　　　　　　　　　　　　3 000
　　　贷：应交税费—应交消费税　　　　　　　　　　　　　　3 000
C. 借：税金及附加　　　　　　　　　　　　　　　　　　　3 705.88
　　　贷：应交税费—应交消费税　　　　　　　　　　　　　3 705.88
D. 借：应付职工薪酬　　　　　　　　　　　　　　　　　　3 705.88
　　　贷：应交税费—应交消费税　　　　　　　　　　　　　3 705.88

420. 甲企业5月份账面记载A产品销售数量1 000件，不含税销售单价为200元。已知A产品月初结存数量100件，本月完工入库数量1 500件，通过实地盘点得知A产品月末库存数量为300件，甲企业应调增销售收入(　　)元。
A. 20 000　　　　　　　　　　　　　　B. 50 000
C. 60 000　　　　　　　　　　　　　　D. 100 000

421. 下列业务中，属于酒厂受托加工业务的是(　　)。
A. 由委托方提供原料和主要材料，酒厂只收取加工费和代垫部分辅助材料加工的应税消费品
B. 由酒厂以委托方的名义购进原材料生产的应税消费品
C. 由酒厂提供原材料生产的应税消费品
D. 酒厂先将原材料卖给委托方，然后再接受加工的应税消费品

422. 委托加工应税消费品，其消费税缴纳的方式是(　　)。
A. 委托方委托时缴纳　　　　　　　　B. 委托方收货时缴纳
C. 受托方交货时代收代缴　　　　　　D. 受托方接受委托时代收代缴

423. 纳税检查的基本方法中，(　　)检查的范围比较全面，可以从多方面进行比较分析，相互考证和发现问题，检查的结论比较可靠。
A. 抽查法　　　　　　　　　　　　　　B. 顺查法
C. 分析法　　　　　　　　　　　　　　D. 详查法

424. 审核总分类账时，(　　)主要通过对总账和资产负债表、损益表进行核对。
A. 账账关系的查核　　　　　　　　　　B. 账表关系的查核
C. 纵向关系的查核　　　　　　　　　　D. 横向关系的查核

第九章 公债

刷基础

425. 证券的利息支出及其发行费用支出应尽量节约，最大限度地降低其筹集资金的成本，指的是公债发行的（　　）原则。
    A. 景气发行　　　　　　　　B. 稳定市场秩序
    C. 发行成本最小　　　　　　D. 发行有度

426. 中长期不可转让公债包括储蓄债券和专用债券。关于专用债券的说法，错误的是（　　）。
    A. 是专门用于从特定金融机构筹集财政资金的债券
    B. 通常向个人推销
    C. 一般不向除特定金融机构以外的单位推销
    D. 其推销方法在很多国家都带有强制性

427. 以下不属于公债二级市场上所进行的交易的是（　　）。
    A. 政府与证券承销机构之间的交易
    B. 公债承购机构与认购者之间的交易
    C. 公债持有者与政府之间的交易
    D. 公债持有者与公债认购者之间的交易

428. 发行公债应根据社会经济状况而定，必须有利于社会经济的稳定和发展，指的是公债发行的（　　）原则。
    A. 景气发行　　　　　　　　B. 稳定市场秩序
    C. 发行成本最小　　　　　　D. 发行有度

429. 关于我国公债收入使用的说法，不正确的是（　　）。
    A. 我国的公债资金应主要用于社会主义建设事业
    B. 我国在公债实践中，一贯强调公债的建设性用途
    C. 目前我国已在法律中明确规定债务收入的使用方向
    D. 从1992年起，我国开始实行复式预算，并规定，建设性预算不必在各年内平衡，建设性预算赤字可以通过发行公债筹措的资金予以弥补

430. 下列不属于政府的直接显性债务的是（　　）。
    A. 政府公债　　　　　　　　B. 粮食收购和流通中的亏损挂账
    C. 乡镇财政债务　　　　　　D. 社会养老保险资金缺口

431. 关于公债发行的说法，错误的是（　　）。
    A. 公债发行是公债售出和被个人或企业认购的过程
    B. 决定公债发行条件的过程和关键环节是公债的发行方式
    C. 公债制度是公债经济工作的依据和规范
    D. 承购包销方式是当今世界各国发行公债的主导方式

432. 公债发行管理权限规定的中心问题是（　　）。
    A. 是否授予地方政府以公债发行权和相应的管理权
    B. 地方政府发行公债的审批机构的确定

C. 地方政府发行公债筹措的资金用途的确定
D. 地方政府发行公债的投资者范围的确定

433. 关于公债制度的说法,错误的是( )。
   A. 地方政府可以为国有企业的债务提供担保
   B. 发行有度是发行公债应遵循的原则之一
   C. 商业银行持有公债是成熟的公债市场的主要标志之一
   D. 居民个人也是应债资金的主要来源

434. 以下不属于公债发行的发行成本最小原则的含义的是( )。
   A. 降低全部公债的成本
   B. 降低其他各种发行费用
   C. 降低全部公债的发行量
   D. 每次公债发行时都能够使用在当时条件下的最低成本来筹集所需要的资金

435. 根据预算法,我国对地方政府发行公债管理权限的规定是( )。
   A. 地方政府可以自行发行公债
   B. 地方政府发行公债的规模经国务院确定
   C. 地方政府所属部门可根据实际情况发行
   D. 地方公债用于解决本地区财政经费的不足

436. 以下不属于我国的或有隐性债务的是( )。
   A. 金融机构不良资产
   B. 国有企业未弥补亏损
   C. 公共部门的债务
   D. 对供销社系统及对农村合作基金会的援助

437. 决定公债发行条件的过程和关键环节是( )。
   A. 公债的持有者   B. 公债的收入使用
   C. 公债的偿还方式   D. 公债的发行方式

438. 政府用于偿还公债的资金来源中,( )是政府将每年的公债偿还数额作为财政支出的一个项目而列入当年的支出预算,由经常性的财政收入来保证公债的偿还。
   A. 通过预算安排   B. 设置偿债基金
   C. 举借新债   D. 向央行借款或透支

439. 政府承担的所有债务中,在任何情况下都要承担的债务,不依附于任何事件,可以根据某些特定的因素来预测和控制的负债指的是( )。
   A. 直接债务   B. 或有债务
   C. 必然债务   D. 或有显性债务

440. 从债务风险的角度看,由财政直接承担的债务是( )。
   A. 直接显性债务   B. 直接隐性债务
   C. 或有显性债务   D. 或有隐性债务

441. 公债偿还本金的方式中,政府在发行公债时规定将定期抽签、分期分批予以偿还指的是( )。
   A. 市场购销偿还法   B. 抽签偿还法
   C. 比例偿还法   D. 到期一次偿还法

442. 公债的付息方式中，适用于期限较短或超过一定期限后随时可以兑现的债券的是( )。
   A. 按期分次支付法 B. 到期一次支付法
   C. 比例支付法 D. 调换支付法

> 刷进阶　高频进阶 强化提升

443. 公债发行方式中，已经成为当今世界各国的主导发行方式是( )。
   A. 直接发行方式 B. 承购包销方式
   C. 公募招标方式 D. 连续发行方式

444. 公债偿还本金的方式中，政府对发行的公债实行在债券到期日按票面金额一次偿清本金和利息的方法是( )。
   A. 市场购销偿还法 B. 抽签偿还法
   C. 比例偿还法 D. 到期一次偿还法

445. 关于政府或有债务的说法，不正确的是( )。
   A. 是由某一或有事项引发的债务
   B. 是否会成为现实，要看或有事项是否发生以及由此引发的债务是否最终要由政府来负担
   C. 或有债务不是政府能够完全控制的
   D. 或有债务最终完全转化为财政负担

446. 公债是政府及政府所属机构以( )的身份，按照国家法律的规定或合同的约定，同有关各方发生的特定的债权债务关系。
   A. 债权人 B. 债务人
   C. 所有权人 D. 执行权人

447. 公债的付息方式中，( )往往适用于期限较长或在持有期限内不准兑现的债券。
   A. 到期一次支付法 B. 按期分次支付法
   C. 抽签支付法 D. 比例支付法

448. 社会保障资金的缺口所形成的政府债务属于( )。
   A. 直接显性债务 B. 直接隐性债务
   C. 或有显性债务 D. 或有隐性债务

449. 以下不属于公债市场功能的是( )。
   A. 实现公债的顺利发行和偿还 B. 合理有效调节社会资金的运行
   C. 提高社会资金效率 D. 调节收入分配

450. 下列政府债务中，构成政府直接隐性债务的是( )。
   A. 粮食收购和流通中的亏损挂账 B. 乡镇财政债务
   C. 政策性金融债券 D. 养老保险资金的缺口

451. 发行公债不应导致证券市场的巨大波动，特别是要维持债券市场价格的稳定，这是指公债发行的( )原则。
   A. 稳定市场秩序 B. 景气发行
   C. 发行成本最小 D. 发行有度

452. 证券的利息支出及其发行费用支出应尽量节约，最大限度地降低其筹集资金的成本，

指的是公债发行的( )原则。
A. 景气发行 B. 稳定市场秩序
C. 发行成本最小 D. 发行有度

453. 在公债的发行方式中，发行主体与承销人共同协商发行条件，签订承销合同，明确双方权利义务关系，由承销人向投资者分销，这是指( )。
A. 连续发行方式 B. 公募招标方式
C. 直接发行方式 D. 承购包销方式

454. 防范和化解直接隐性债务和或有债务的基础环节是( )。
A. 深化金融体制改革
B. 完善社会保障制度
C. 加快国有企业改革
D. 加快资本市场建设的步伐

第十章 政府预算理论与管理制度

455. 关于不同视角下的政府预算研究的说法，错误的是( )。
A. 经济学最为注重政府预算配置和资金使用效率问题的研究
B. 管理学的研究强调政府预算的功能性特征
C. 法学学者认为，依靠政府的自我意识和自我约束便可实现政府谨慎并正确运用自身权力的目标
D. 社会学的研究强调预算与整个社会之间的互动关系

456. 以下属于投入预算模式典型特征的是( )。
A. 全部预算收支汇集编入一个总预算中
B. 以上年度预算收支作为编制预算的依据
C. 限制资金在不同预算项目间的转移
D. 在成本效益分析基础上确定支出预算

457. 一切财政收支都要在政府预算中反映，这体现了政府预算的( )原则。
A. 真实性 B. 完整性
C. 统一性 D. 公开性

458. 一般公共预算中出现超收收入的通常处理方式是( )。
A. 冲减赤字或化解债务后用于补充预算稳定调节基金
B. 直接计入政府性基金
C. 补充预算周转资金
D. 增加预备费

459. 关于我国政府采购的说法，错误的是( )。
A. 回避制度符合政府采购的公正原则的要求
B. 政府采购的服务仅是政府自身需要的服务
C. 国际、国内限制性招标采购不发布公告，直接邀请国内外供应商参加
D. 我国政府主要的采购方式是公开招标

460. 现代预算最鲜明的特征是( )。
    A. 预测性　　　　　　　　　　　B. 综合性
    C. 法律性　　　　　　　　　　　D. 集中性

461. 政府预算决策过程的实质是( )。
    A. 决策程序的法定性　　　　　　B. 对公共偏好的选择
    C. 优化预算决策路径　　　　　　D. 提高决策的透明度

462. 关于社会保险基金预算的说法，错误的是( )。
    A. 按统筹层次与社会保险项目分别编制
    B. 专项基金、专款专用
    C. 可用于平衡一般公共预算
    D. 收支平衡、留有结余

463. 部门预算的( )原则要求编制时首先要保证基本支出需要。
    A. 合法性　　　　　　　　　　　B. 科学性
    C. 稳妥性　　　　　　　　　　　D. 重点性

464. 有利于提高现代国库资产负债管理效益的举措是( )。
    A. 公债管理与国库集中收付相结合
    B. 公债管理与国库现金管理相结合
    C. 公债管理与财政直接支付相结合
    D. 公债管理与财政授权支付相结合

465. 关于政府预算资金供给方行为特征的说法，正确的是( )。
    A. 有追求预算规模最大化的冲动
    B. 在预算管理活动中有诱发设租寻租收益的可能
    C. 有委员会决策机制的特点
    D. 面临不同偏好加总的困难

466. 关于社会保障预算编制模式的说法，错误的是( )。
    A. 基金预算模式容易成为独立性很大的单纯的社会福利事业
    B. 政府公共预算模式下，政府参与不充分
    C. 一揽子社会保障预算能够全面反映社会保障资金收支情况和资金规模，体现国家整体的社会保障水平
    D. 政府公共预算下的二级预算容易使社会保障预算的编制流于形式

467. 关于政府预算政策的说法，错误的是( )。
    A. 功能财政预算政策强调，为保持国民经济整体的平衡，采用相机抉择方式来实现政策目标
    B. 周期平衡预算政策强调财政应在一个完整的经济周期内保持收支平衡
    C. 充分就业预算平衡政策要求按充分就业条件下估计的国民收入规模来安排预算收支
    D. 健全财政政策将多年预算平衡作为衡量财政是否健全的标志

468. 我国政府预算支出的项目较多，按( )划分，可分为基本支出预算和项目支出预算。
    A. 项目属性　　　　　　　　　　B. 支出的管理要求
    C. 项目类别　　　　　　　　　　D. 支出的原则

469. 我国现行的公债规模管理方法是( )。
    A. 公债发行额管理   B. 公债回购管理
    C. 公债总额管理   D. 公债余额管理

470. 政府预算资金需求方的行为特征是( )。
    A. 有追求预算规模的最大化内在冲动
    B. 有诱发设租寻租收益的可能
    C. 具有双重委托—代理关系
    D. 代表政府预算部门的利益

471. 将政府预算分为投入预算和绩效预算的依据是( )。
    A. 预算编制的政策导向   B. 预算的编制方法
    C. 预算分级管理的要求   D. 预算收支的平衡情况

472. 目前我国国有企业上缴国有资本经营预算的利润比例是按( )确定。
    A. 行业   B. 企业
    C. 地区   D. 性质

473. 根据经济社会发展的政策目标,采用相机抉择方式安排预算收支的政策称为( )。
    A. 健全财政政策   B. 功能财政预算政策
    C. 周期平衡预算政策   D. 充分就业预算平衡政策

474. 现代国库管理的基本制度是( )。
    A. 财政收入的收纳制度   B. 财政收入的划分和报解办法
    C. 库款的支拨程序   D. 国库的集中收付管理

475. 在全面实施绩效管理的三个维度中,建立全过程预算绩效管理链条的具体做法不包括( )。
    A. 建立绩效评估机制   B. 加大绩效处罚力度
    C. 强化绩效目标管理   D. 做好绩效运行监控

476. 当社会总供给小于总需求时,政府预算的调控手段是( )。
    A. 紧缩支出,增加税收的盈余政策   B. 减少税收,增加支出的赤字政策
    C. 增加收费,减少税收的收入政策   D. 收入与支出平衡的中性政策

477. 有利于防止预算收支结构僵化的预算编制模式是( )。
    A. 单式预算   B. 复式预算
    C. 基数预算   D. 零基预算

478. 从预算发展来说,早期的预算原则比较注重( )。
    A. 功能性   B. 周密性
    C. 控制性   D. 公开性

479. 关于部门预算制度,下列选项说法错误的是( )。
    A. 部门预算以部门作为预算编制的基础单元,财政预算从部门编起,从基层单位编起
    B. 部门预算是反映部门所有收入和支出情况的综合财政计划
    C. 部门预算是政府各部门履行职能和事业发展的物质基础
    D. 部门预算中的财政资金按性质归口管理,将相同性质的财政资金统一编制到一起

480. 适用于紧急情况或涉及高科技应用产品和服务的采购方式是( )。
    A. 单一来源采购   B. 竞争性谈判采购

C. 公开招标采购 D. 国内国外询价采购

481. 从性质上看,政府预算是( )。
    A. 年度政府财政收支计划 B. 政府调控经济和社会发展的重要手段
    C. 具有法律效力的文件 D. 反映政府职能范围的收支计划

482. 关于政府预算决策,以下表述错误的是( )。
    A. 政府预算决策过程的实质是对公共偏好的选择
    B. 政府预算决策的程序具有不固定性
    C. 政府预算决策的对象是公共偏好
    D. 政府预算的政治决策程序具有强制性

483. 关于政府预算原则的说法,不正确的是( )。
    A. 可靠性原则要求计算收支项目数字指标所用数据必须确实,不得假定、估算
    B. 统一性原则要求各级政府只能编制一个统一的预算
    C. 历年制预算从每年的1月1日起至12月31日止
    D. 跨年制预算是指一个预算年度跨越两个或三个日历年度

484. 我国《政府采购法》确立的基本原则不包括( )。
    A. 公开透明的原则 B. 公平竞争原则
    C. 公正原则 D. 合规性原则

485. 当政府预算的功能趋于多样性时,预算原则更注重( )。
    A. 控制性 B. 周密性
    C. 研究预算技术的改进 D. 发挥预算的功能性作用

486. 关于政府预算管理体制的说法,错误的是( )。
    A. 政府间的财政关系主要通过政府预算管理体制具体体现
    B. 政府预算管理体制是正确处理各级政府之间的分配关系,确定各级预算收支范围和管理职权的一项根本制度
    C. 预算收支范围主要涉及国家财力在中央与地方如何分配的问题
    D. 政府间的事权划分是财政分权管理体制的基本内容和制度保障

487. 政府预算决策的对象是( )。
    A. 财政收入 B. 财政收支
    C. 公共偏好 D. 政府间事权

488. 编制社会保障预算的( )模式的缺点是政府参与过多,在"福利支出刚性"的影响下,易于给财政造成较大的负担。
    A. 基金预算 B. 政府公共预算
    C. 一揽子社会保障预算 D. 政府公共预算下的二级预算

刷进阶

489. 就预算年度来说,以下属于历年制的是( )。
    A. 1月1日至12月31日 B. 4月1日至次年3月31日
    C. 7月1日至次年6月30日 D. 10月1日至次年9月30日

490. 根据法律规定,地方政府债务应纳入预算管理,下列做法中不正确的是( )。
    A. 地方政府将一般债务收支纳入一般公共预算管理

B. 地方政府将专项债务收支纳入政府性基金预算管理

C. 地方政府各部门、各单位要将债务收支纳入部门和单位预算管理

D. 政府与社会资本合作项目中的财政补贴等支出不需要纳入政府预算管理

491. 我国政府采购法对政府采购主体所做的界定中不包括(　　)。
   A. 国家机关　　　　　　　　B. 事业单位
   C. 社会团体　　　　　　　　D. 国有企业

492. 政府预算资金的监督制衡方最基本的行为特征是(　　)。
   A. 代表人民的利益　　　　　B. 具有委员会决策机制特点
   C. 面临不同偏好加总的困难　D. 需要组织协调的交易成本

493. 就其性质来说，行政事业性国有资产更适于纳入(　　)。
   A. 一般公共预算　　　　　　B. 政府性基金预算
   C. 国有资本经营预算　　　　D. 社会保险基金预算

494. 国有资本经营预算的收入中，最主要的是(　　)。
   A. 国有企业上缴的利润
   B. 国有企业清算收入
   C. 国有控股、参股企业国有股权(股份)获得的股利、股息
   D. 企业国有产权(含国有股份)转让收入

495. 以下不属于部门基本支出预算编制原则的是(　　)。
   A. 综合预算的原则　　　　　B. 定员定额管理的原则
   C. 优先保障的原则　　　　　D. 追踪问效的原则

496. 国库集中收付制度中集中收付的对象主要是(　　)。
   A. 财政性收支　　　　　　　B. 企业收支
   C. 个人收支　　　　　　　　D. 信贷收支

497. 任何单位的收支都要以总额列入预算，不应当只列入收支相抵后的净额，这体现了政府预算的(　　)原则。
   A. 系统性　　　　　　　　　B. 完整性
   C. 统一性　　　　　　　　　D. 可靠性

498. 关于预算资金需求方行为特征的说法，正确的是(　　)。
   A. 预算资金需求方具有集体决策机制的特点
   B. 预算资金需求方具有双重的委托代理关系
   C. 预算资金需求方有追求预算资金规模最大化的倾向
   D. 预算资金需求方有诱发设租寻租的可能

499. 下列方法中，能够以适当的市场化方式弥补预算决策政治缺陷的是(　　)。
   A. 绩效预算　　　　　　　　B. 复式预算
   C. 国库集中支付　　　　　　D. 政府采购

500. 关于地方政府举借债务的说法，错误的是(　　)。
   A. 地方政府所需的建设资金都可以通过债务形式融资
   B. 地方政府举借的债务要列入本级预算调整方案
   C. 地方政府举借债务只能通过发行地方政府债券筹措
   D. 地方政府债券只能用于公益性资本支出

501. 预先不通过刊登公告程序,直接邀请一家或两家以上的供应商参加投标,这种政府采购方式是( )。
    A. 公开招标采购 B. 限制性招标采购
    C. 竞争性谈判采购 D. 选择性招标采购

502. 政府预算的决策依据和预测结论所具有的( )特征需要法定决策程序保证。
    A. 不确定性 B. 强制性
    C. 机动性 D. 明确性

503. 政府采购制度最早由( )政府创建。
    A. 英国 B. 美国
    C. 法国 D. 德国

504. 关于部门预算,下列说法中错误的是( )。
    A. 部门预算由各预算部门编制,预算管理以部门为依托
    B. 部门预算包括预算拨款收支计划,部门其他收支计划不包括在内
    C. 部门预算包括一般预算收支计划,也包括政府基金预算收支计划
    D. 部门预算对部门本身有严格的资质要求

505. 能够简单明了地反映政府活动的全貌,但不利于政府对复杂的财政活动进行深入分析和管理,这种政府预算是( )。
    A. 零基预算 B. 绩效预算
    C. 单式预算 D. 复式预算

506. 基本预算支出实行以( )为主的管理方式,同时结合部门资产情况,通过建立实物费用定额标准,实现资产管理与定额管理相结合。
    A. 资产管理 B. 定员定额
    C. 部门管理 D. 统一管理

507. 通过公开程序,邀请供应商提供资格文件,只有通过资格审查的供应商才能参加后续招标,这种采购方式称为( )。
    A. 公开招标采购 B. 选择性招标采购
    C. 限制性招标采购 D. 非竞争性招标采购

第十一章 政府间财政关系

刷基础

508. 根据( )原则划分的政府间事权能够使各级政府在按照所赋职能做好自己事情的同时,又能使全局利益最大化。
    A. 外部性 B. 内部性
    C. 激励相容 D. 信息复杂性

509. 在税收收入划分方式中,"总额分成"属于( )。
    A. 分割税制 B. 分割税种
    C. 分割税率 D. 分割税额

510. 决定动用本级政府预备费的权力属于( )。
    A. 上级人民代表大会 B. 本级人民代表大会

C. 上级政府 D. 本级政府

511. 以下不属于完善我国一般性转移支付制度措施的是(   )。
   A. 清理整合一般性转移支付
   B. 建立一般性转移支付稳定增长机制
   C. 加强一般性转移支付管理
   D. 将专项转移支付逐步改为一般性转移支付

512. 精髓在于使地方政府拥有合适与合意的财政决策自主权的理论是(   )。
   A. 公共产品及服务理论 B. 重商主义理论
   C. 财政联邦主义 D. 俱乐部理论

513. 在我国分税制管理体制中,将同经济发展直接相关的主要税种划分为(   )。
   A. 中央税 B. 中央与地方共享税
   C. 地方税 D. 中央地方共管税

514. 在中央与地方以及地方各级政府之间,划分国有资产管理权限的根本制度是(   )。
   A. 财政管理体制 B. 国有资产分类
   C. 税收管理体制 D. 国有资产管理体制

515. 适合地方政府管理的事权及支出责任的是(   )。
   A. 外交 B. 边境安全
   C. 跨境高速公路 D. 义务教育

516. 税收收入划分的恰当原则把(   )作为划分中央与地方收入的标准。
   A. 征税效率的高低 B. 税基的宽窄
   C. 税收负担的分配是否公平 D. 纳税人的属性

517. 关于政府预算管理权的说法,错误的是(   )。
   A. 审批预决算的权力机关是全国人大
   B. 各级人大财经委初步审查预算调整方案和决算草案
   C. 各级财政部门提出预算预备费用动用方案
   D. 各级财政部门是预算管理的职能部门

518. 关于我国专项转移支付的说法,错误的是(   )。
   A. 享受拨款的地方政府应按规定用途使用资金,实行专款专用
   B. 委托类专项是属于中央的事权,中央委托地方实施而设立的专项转移支付
   C. 属于共担类专项转移支付,中央政府要严格控制资金规模
   D. 属于地方事权而设立的专项转移支付有引导类、救济类、应急类

519. 研究非纯公共品的供给、需求与均衡数量的财政分权理论是(   )。
   A. 公共产品及服务理论 B. 集权分权理论
   C. 财政联邦主义 D. 俱乐部理论

520. 以税收负担的分配是否公平为标准划分中央与地方收入的原则是(   )。
   A. 效率原则 B. 适应原则
   C. 恰当原则 D. 经济利益原则

521. 以下不属于各级人民代表大会常务委员会权力的是(   )。
   A. 预算审查权 B. 预算批准权
   C. 预算编制权 D. 决算审批权

522. 按照事权和支出责任划分属于中央事权,中央委托地方实施而相应设立的专项转移支付指的是( )。
    A. 委托类专项转移支付 B. 共担类专项转移支付
    C. 引导类专项转移支付 D. 救济类专项转移支付

523. 由于外部性的存在,市场经济体制无法很好地实现其优化资源配置的基本功能。解决外部性的基本思路是( )。
    A. 政府管制 B. 外部性内部化
    C. 给予市场主体税收优惠 D. 加强产权管理

524. 根据政府间财政收入的划分原则,下列适于划归地方政府的税种是( )。
    A. 税基流动性大的税种
    B. 税源分布较分散的税种
    C. 与收入再分配有关的税种
    D. 与在各地区间分布不均的自然资源相关的税种

525. 分税制的含义中,( )是实行分级财政管理,建立中央与地方两级税收征管体系,设置中央和地方两套税收征管机构,分别负责中央税和地方税的征收管理工作。
    A. 分事 B. 分税
    C. 分权 D. 分管

526. 我国政府间财政支出划分的具体方法中,在政治经济的非正常时期有利于资金使用效率提高的是( )。
    A. 统收统支 B. 定额上缴
    C. 收入分类分成 D. 分税制

527. 划分中央财政与地方财政收入主要体现在税收收入的划分上,税收收入划分的原则不包括( )。
    A. 公平原则 B. 适应原则
    C. 恰当原则 D. 经济利益原则

528. 在政府间税收收入划分中,适于划归地方政府的税种是( )。
    A. 税基流动性大、税源分布窄的税种
    B. 税基流动性较小的、税源分布较广的税种
    C. 地区间分布不均匀、与自然资源有关的税种
    D. 进出口关税和其他收费

529. 不考虑地区的支出需求,只考虑地区间财政能力的均等化,依照某种收入指标确定转移支付对象与转移支付额,这种转移支付模式是( )。
    A. 支出均衡模式 B. 收入均衡模式
    C. 财政收入能力均等化模式 D. 有限的财政收入能力—支出均衡模式

530. 查尔斯·提布特提出地方政府之间竞争理论的著作是( )。
    A.《国富论》 B.《财政联邦主义》
    C.《地方支出的纯理论》 D.《政府间财政关系:理论与实践》

531. 下列原则中,不属于财政支出划分原则的是( )。
    A. 与事权相对称原则 B. 公平性原则
    C. 总额分成原则 D. 权责结合原则

刷进阶

532. 在划分政府间事权时要设计一种体制，使得所有的参与人即使按照自己的利益去运作，也能导致整体利益最大化。这符合政府间事权划分的（　　）原则。
    A. 外部性　　　　　　　　　　B. 激励相容
    C. 信息复杂性　　　　　　　　D. 效能性

533. 若某个地区出现义务教育提供不足，需要进行政府间转移支付，其理论依据是（　　）。
    A. 纠正政府间的纵向财政失衡　　B. 纠正政府间的横向财政失衡
    C. 纠正公共物品和服务的外部性　D. 加强中央对地方的宏观调控

534. 以税基的宽窄为标准划分中央与地方收入，体现了政府间税收收入划分的（　　）原则。
    A. 效率　　　　　　　　　　　B. 适应
    C. 恰当　　　　　　　　　　　D. 经济利益

535. 我国的分税制管理体制将维护国家权益、实施宏观调控所必需的税种划分为（　　）。
    A. 中央税　　　　　　　　　　B. 中央与地方共享税
    C. 地方税　　　　　　　　　　D. 中央与地方共管税

536. 财政管理体制中居于核心地位的是（　　）。
    A. 预算管理体制　　　　　　　B. 税收管理体制
    C. 投资管理体制　　　　　　　D. 债务管理体制

537. 下列财政支出中，不属于转移支付的是（　　）。
    A. 补助支出　　　　　　　　　B. 投资支出
    C. 捐赠支出　　　　　　　　　D. 债务利息支出

538. 关于财政转移支付的说法，错误的是（　　）。
    A. 政府间转移支付只限于政府之间
    B. 政府间转移支付是无偿的支出
    C. 政府间转移支付不是政府的最终支出
    D. 政府间转移支付只是上级政府对下级政府的补助

539. 根据预算法，我国政府一般性转移支付要逐步提高，应达到的比例是（　　）。
    A. 40%以上　　　　　　　　　B. 50%以上
    C. 60%以上　　　　　　　　　D. 70%以上

540. 中央政府对地方政府的专项转移支付，应在全国人大批准预算后的（　　）日内下达。
    A. 20　　　　　　　　　　　　B. 30
    C. 45　　　　　　　　　　　　D. 90

541. 在我国政府间财政支出划分的具体方法中，财权财力高度集中，不利于调动地方的积极性的是（　　）。
    A. 分税制　　　　　　　　　　B. 统收统支
    C. 定额上缴　　　　　　　　　D. 收入分类分成

542. 下列权力中，不属于各级人民代表大会常务委员会权力的是（　　）。
    A. 预算审批权　　　　　　　　B. 预算调整权

C. 预算编制权 D. 预算撤销权

543. 下列支出中，不属于转移性支出的是(   )。
    A. 补偿支出 B. 捐赠支出
    C. 工资支出 D. 债务利息支出

544. 按照事权和支出责任划分属于地方事权，中央为鼓励和引导地方按照中央的政策意图办理事务而设立的专项转移支付指的是(   )。
    A. 委托类专项转移支付 B. 共担类专项转移支付
    C. 引导类专项转移支付 D. 救济类专项转移支付

545. 按照事权和支出责任划分属于地方事权，中央为帮助地方应对因自然灾害等发生的增支而设立的专项转移支付指的是(   )。
    A. 应急类专项转移支付 B. 共担类专项转移支付
    C. 引导类专项转移支付 D. 救济类专项转移支付

第十二章 国有资产管理

刷基础

546. 国有资产产权登记工作属于国有资产的(   )。
    A. 投资管理 B. 基础管理
    C. 运营管理 D. 收益管理

547. 关于行政单位国有资产使用的说法，错误的是(   )。
    A. 禁止行政单位用国有资产对外担保
    B. 行政单位应当建立健全国有资产使用管理制度
    C. 行政单位应当建立严格的国有资产管理责任制
    D. 行政单位不得以任何形式用占有、使用的国有资产举办经济实体

548. 国家投资到社会再生产领域，从事生产经营活动的资产是(   )。
    A. 资源性国有资产 B. 行政性国有资产
    C. 经营性国有资产 D. 事业性国有资产

549. 《中共中央关于全面深化改革若干重大问题的决定》明确的我国国有企业改革的指导思想是(   )。
    A. 扩大公有制经济规模 B. 推进混合所有制经济
    C. 发展私人经济 D. 优先发展集体经济

550. 关于我国事业单位国有资产管理体制的说法，错误的是(   )。
    A. 我国事业单位国有资产实行国家统一所有，政府分级监管，单位占有、使用的管理体制
    B. 各级财政部门是政府负责事业单位国有资产管理的职能部门，对事业单位的国有资产实施综合管理
    C. 行政单位对事业单位的资产进行监督检查
    D. 事业单位负责对本单位占有、使用的国有资产实施具体管理

551. 事业单位可不进行资产评估的情况是(   )。
    A. 以非货币性资产对外投资 B. 单位分立或合并

C. 经批准整体或部分无偿划转　　D. 整体或部分改制为企业

552. 在中央与地方以及地方各级政府之间，划分国有资产管理权限的根本制度是（　　）。
　　A. 财政管理体制　　　　　　　B. 国有资产分类
　　C. 税收管理体制　　　　　　　D. 国有资产管理体制

553. 经营性国有资产基础管理是整个经营性国有资产管理的基础，其具体工作不包括（　　）。
　　A. 国有资产的产权界定　　　　B. 国有资产的处置管理
　　C. 国有资产的产权登记　　　　D. 清产核资和统计

554. 国有资产投资方向、规模与结构管理属于经营性国有资产（　　）的内容。
　　A. 基础管理　　　　　　　　　B. 投资管理
　　C. 运营发展　　　　　　　　　D. 收益管理

555. 在我国，代表国家对国有资产履行出资人职责的机构是各级（　　）。
　　A. 统计局　　　　　　　　　　B. 税务局
　　C. 发改委　　　　　　　　　　D. 国有资产监督管理机构

556. 同经营性国有资产相比，行政事业单位国有资产具有的独特性质是（　　）。
　　A. 营利性　　　　　　　　　　B. 非营利性
　　C. 竞争性　　　　　　　　　　D. 非公益性

557. 在国有资本投资、运营公司改革试点中，国有资本投资公司的主要目标不包括（　　）。
　　A. 服务国家战略　　　　　　　B. 优化国有资本布局
　　C. 提升产业竞争力　　　　　　D. 提高国有资本回报率

558. 我国对行政事业单位国有资产实行综合管理的职能部门是（　　）。
　　A. 财政部门　　　　　　　　　B. 中国人民银行
　　C. 国有资产监督管理委员会　　D. 海关总署

559. 以下不属于资源性国有资产所具有的特点的是（　　）。
　　A. 天然性　　　　　　　　　　B. 无限性
　　C. 可计量性　　　　　　　　　D. 垄断性

560. 我国国有资产监督管理委员会代表国务院监管国有资产，履行的是（　　）。
　　A. 债权人职责　　　　　　　　B. 债务人职责
　　C. 出资人职责　　　　　　　　D. 执行人职责

561. 关于国有企业分类改革的说法，错误的是（　　）。
　　A. 应遵照"谁出资谁分类"的原则进行
　　B. 对于主业处于充分竞争行业和领域的商业类国有企业，国有资本可以绝对控股、相对控股或参股
　　C. 对于主业处于关系国家安全、国民经济命脉的重要行业、领域的商业类国有企业，严禁非国有资本参股
　　D. 对于公益类国有企业，应积极引入市场机制

562. 衡量经营性国有资产管理目标实现程度的工具是（　　）。
　　A. 国有资产管理绩效评价　　　B. 国有资产清产核资

C. 国有资产统计分析　　　　　D. 国有资产产权界定

563. 关于深化国有企业改革的说法，错误的是(　　)。
    A. 到2020年，我国将在国有企业改革的重要领域和关键环节取得决定性成果
    B. 改革要坚持和完善基本经济制度
    C. 经营性国有资产要实行分级监管
    D. 国有企业负责人要进行分类分层管理

564. 负责对本部门所属事业单位的国有资产实施监督管理的是(　　)。
    A. 各级财政部门　　　　　　B. 国有资产监督管理委员会
    C. 事业单位的主管部门　　　D. 行政单位

565. 我国经营性国有资产的主要来源是(　　)。
    A. 清产核资　　　　　　　　B. 社会集资
    C. 自然形成　　　　　　　　D. 国家投资

566. 根据《关于国有企业功能界定与分类的指导意见》，将国有企业界定为商业类和公益类两种类型的依据是(　　)。
    A. 主营业务和核心业务范围　B. 规模
    C. 性质　　　　　　　　　　D. 员工持股比例

567. 2017年1月出台的《关于创新政府配置资源方式的指导意见》中，要求经营性国有资产重大资产转让行为应当依托的平台是(　　)。
    A. 统一的公共资源交易平台　B. 公开的电商平台
    C. 公开的财政部网络平台　　D. 公开的国务院国资委网络平台

568. 当前深化国有企业改革的基本方向是(　　)。
    A. 改革利润上缴方式　　　　B. 发展私有制
    C. 发展国有独资制　　　　　D. 发展混合所有制

569. 关于商业类国有企业的说法不正确的是(　　)。
    A. 以增强国有经济活力、放大国有资本功能、实现国有资产转化为社会资本为主要目标
    B. 按照市场化要求实行商业化运作
    C. 依法独立自主开展生产经营活动
    D. 优胜劣汰、有序进退

570. 下列关于行政事业单位国有资产使用的说法，错误的是(　　)。
    A. 行政单位应当积极用国有资产对外担保进行盈利
    B. 行政单位应当建立健全国有资产使用管理制度
    C. 行政单位应当建立严格的国有资产管理责任制
    D. 行政单位不得以任何形式用占有、使用的国有资产举办经济实体

571. 国有资产处置的变价收入和残值收入，要按照政府非税收入管理的规定，实行(　　)管理。
    A. 收支两条线　　　　　　　B. 统一账簿
    C. 统一记账　　　　　　　　D. 定量计提

第十三章 财政平衡与财政政策

刷基础

572. 在经济实现充分就业目标的前提下仍然存在的财政赤字，称为（   ）。
    A. 结构性赤字 B. 周期性赤字
    C. 硬赤字 D. 软赤字

573. 我国财政政策的主体是（   ）。
    A. 中国人民银行 B. 行政事业单位
    C. 中国进出口银行 D. 各级政府

574. 关于财政政策与货币政策配合运用的说法，错误的是（   ）。
    A. 当总需求严重不足，生产能力未得到充分利用的情况下，应采用"双松"政策
    B. 当出现严重通货膨胀时，应采用力度较大的"双紧"政策，控制力度越猛效果越好
    C. 当总供求大体平衡，而投资过旺、消费不足时，应采用松的财政政策和紧的货币政策
    D. 当总供求大体平衡，而消费偏旺、投资不足时，应采用紧的财政政策和松的货币政策

575. 目前世界上多数国家统计本国财政赤字的口径是（   ）。
    A. 硬赤字 B. 软赤字
    C. 周期性赤字 D. 主动赤字

576. 西方经济学者把政府从价格再分配中取得的收入称为（   ）。
    A. 挤出税 B. 通货膨胀税
    C. 价格税 D. 通货紧缩税

577. 政府财政工具中，可以作为金融市场中调节货币流通量的重要手段的是（   ）。
    A. 预算 B. 税收
    C. 国债 D. 补贴

578. 通过财政分配活动刺激社会总需求的财政政策称为（   ）。
    A. 紧缩性财政政策 B. 扩张性财政政策
    C. 中性财政政策 D. 综合财政政策

579. 在一般性货币政策工具中，最为灵活的是（   ）。
    A. 法定存款准备金率 B. 公开市场业务
    C. 再贴现政策 D. 消费者信用控制

580. 用债务收入弥补收支差额后仍然存在的赤字被称为（   ）。
    A. 实赤字 B. 虚赤字
    C. 硬赤字 D. 软赤字

581. 因弥补财政赤字而导致私人部门投资以及个人消费的减少，这种现象被称为财政赤字的（   ）。
    A. 收入效应 B. 替代效应
    C. 木桶效应 D. 排挤效应

582. 某国政府根据社会经济运行的不同情况有选择地使用相应的措施来调节经济，该国政

府所运用的财政政策是( )。
A. 自动稳定的财政政策　　　　B. 相机抉择的财政政策
C. 扩张性财政政策　　　　　　D. 功能财政政策

583. 在总供给与总需求大体相适应时，( )政策可以解决投资过旺、消费不足问题。
A. "双紧"　　　　　　　　　　B. "双松"
C. 紧财政、松货币　　　　　　D. 松财政、紧货币

584. 政府推行赤字财政政策扩张经济的必然结果是( )。
A. 主动赤字　　　　　　　　　B. 被动赤字
C. 周期性赤字　　　　　　　　D. 结构性赤字

585. 占我国全部国有资产总量的2/3左右的是( )，它是我国国有资产中最重要的组成部分。
A. 资源性国有资产　　　　　　B. 行政单位国有资产
C. 经营性国有资产　　　　　　D. 事业单位国有资产

586. 通过立法制定财政政策具有法律效力，在执行中具有的特点是( )。
A. 强制性　　　　　　　　　　B. 直接性
C. 间接性　　　　　　　　　　D. 固定性

587. 政府有意识地运用财政政策手段来调节社会总供求，利用国家财力干预经济运行，称为( )。
A. 自动稳定的财政政策　　　　B. 相机抉择的财政政策
C. 周期平衡的财政政策　　　　D. 健全财政政策

588. 关于财政平衡的说法，错误的是( )。
A. 财政收支在数量上的绝对平衡才是财政平衡
B. 财政收支略有结余可视为财政基本平衡
C. 财政收支略有赤字可视作财政大体平衡
D. 财政收支平衡是指财政收支之间的对比关系

589. 下列弥补财政赤字的方式中，属于凭空创造购买力，一般不宜采用的是( )。
A. 发行公债　　　　　　　　　B. 向中央银行借款或透支
C. 动用结余　　　　　　　　　D. 增收节支

590. 财政在社会经济发展过程中对某些行业采取的低税或免税政策所发挥的政策功能是( )。
A. 控制功能　　　　　　　　　B. 导向功能
C. 协调功能　　　　　　　　　D. 稳定功能

591. 被称为"斟酌使用的财政政策"是( )。
A. 自动稳定的财政政策　　　　B. 周期性财政政策
C. 相机抉择的财政政策　　　　D. 微观财政政策

592. 在财政赤字的弥补方式中，通常只是购买力的转移，不会凭空增加购买力的方式是( )。
A. 增收减支　　　　　　　　　B. 动用结余
C. 发行公债　　　　　　　　　D. 向中央银行透支或借款

593. 通过对物质利益的调整，发挥对个人和企业的经济行为以及国民经济发展方向的引导

作用,这是指财政政策的( )。
A. 控制功能 B. 导向功能
C. 协调功能 D. 稳定功能

594. 最终能够形成各种类型固定资产的财政政策工具是( )。
A. 税收 B. 政府预算
C. 公债 D. 政府投资

595. 以下属于"松"的财政货币政策措施的是( )。
A. 减少政府投资 B. 减税
C. 压缩信贷支出 D. 提高再贴现率

596. 世界各国普遍使用的弥补财政赤字的做法是( )。
A. 增收减支 B. 动用结余
C. 发行公债 D. 向中央银行透支或借款

597. 政府利用加速折旧的税收政策促使企业进行设备投资,发挥财政政策的( )。
A. 协调功能 B. 控制功能
C. 稳定功能 D. 导向功能

598. 下列选项中,不属于政府运用的财政政策工具的是( )。
A. 税收 B. 公债
C. 贴现率 D. 公共支出

刷进阶

599. 关于中央银行从金融市场上买进有价证券的说法,错误的是( )。
A. 是中央银行进行公开市场操作 B. 会增加货币供应量
C. 可以刺激证券需求 D. 会减少商业银行的可贷资金来源

600. 充分利用财政资源,但又要防止从财政渠道引发通货膨胀的做法就是要坚持( )。
A. 财政收入大于财政支出 B. 财政支出大于财政收入
C. 财政收支平衡 D. 货币供求平衡

601. 西方经济学家将通过发行公债来弥补财政赤字的方法称为( )。
A. 债务平衡化 B. 赤字债务化
C. 债务软化 D. 债务硬化

602. 一般来说,造成通货膨胀的重要原因是( )。
A. 连年的财政赤字 B. 累积的财政结余
C. 持续的财政紧缩 D. 阶段性的货币政策

603. 作为一种控制财政收支及其差额的机制,在各种财政政策手段中居于核心地位,这是指( )。
A. 政府预算 B. 公债
C. 税收政策 D. 财政补贴

604. 以下不属于财政政策发挥作用的最重要的传导媒介体的是( )。
A. 收入分配 B. 货币供应
C. 价格 D. 财政支出

605. 关于财政政策的说法,错误的是( )。

A. 财政政策运用不当会引起经济波动
B. 财政政策是国家宏观调控的重要杠杆
C. 财政政策具有导向功能
D. 财政政策不具有控制功能

606. 关于物价稳定的说法，错误的是(　　)。
    A. 物价稳定就是指物价固定不变
    B. 物价稳定就是物价水平短期内没有显著波动
    C. 物价稳定是指物价总水平基本稳定
    D. 物价稳定是把物价总水平控制在社会可以承受的限度内

607. 关于税收在资源配置中所起作用的说法，错误的是(　　)。
    A. 税收调节积累和消费的比例
    B. 税收调节产业之间的资源配置
    C. 税收调节资源在国际间的配置
    D. 税收调节资源在政府部门和非政府部门之间的配置

608. 关于公债调节作用的说法，错误的是(　　)。
    A. 公债可以调节国民收入的使用结构
    B. 公债可以调节产业结构
    C. 公债可以调节资金供求和货币流通
    D. 公债可以调节居民个人收入

609. 财政赤字的排挤效应是否明显主要受(　　)的制约。
    A. 货币供给和储蓄对利率的弹性大小
    B. 货币需求和投资对利率的弹性大小
    C. 财政结余和消费对收入的弹性大小
    D. 通货膨胀和消费对需求的弹性大小

610. 当政府过多发行债券时，有可能对市场产生的影响是(　　)。
    A. 马太效应　　　　　　　　B. 木桶效应
    C. 破窗效应　　　　　　　　D. 排挤效应

611. 货币供应量超过经济过程对货币的实际需要量，其功能是刺激社会总需求增长的货币政策类型是(　　)。
    A. 适度从紧的财政政策　　　B. 中性货币政策
    C. 紧缩性货币政策　　　　　D. 扩张性货币政策

612. 中央银行实现其职能的核心所在是(　　)。
    A. 发行货币　　　　　　　　B. 制定利率
    C. 监管金融机构　　　　　　D. 制定货币政策

613. 税收调节资源在政府部门与非政府部门之间的配置，主要通过(　　)来实现。
    A. 调整税收结构
    B. 确定适度的宏观税率
    C. 增加税收收入
    D. 根据实际情况调整非政府部门的税收负担

多项选择题

多项选择题 答题技巧

多项选择题在各类题型中得分率较低。根据考试要求，多项选择题的5个备选项中，有2~4个选项符合题意，至少有1个错项。错选，该题不得分；少选，所选的每个选项得0.5分。面对这种评分标准，考生要认真审题，在不犯低级错误的前提下，快速答题。千万不要在多选题上浪费太多时间。如果遇到不会做的题目，宁可少选，也别贪多。针对多选题，目标就是拿到50%以上的分数，不要给自己太大的压力。

第一章 公共财政与财政职能

刷基础

紧扣大纲 夯实基础

614. 在市场经济条件下，财政职能有(　　)。
A. 资源配置职能　　　　B. 经济稳定职能
C. 对外经济平衡职能　　D. 充分就业职能
E. 收入分配职能

615. 下列属于社会公平准则的有(　　)。
A. 保证生存权准则　　　B. 效率与公平兼顾的准则
C. 共同富裕准则　　　　D. 社会地位平等
E. 收入均等化

616. 调节居民个人收入水平的财政手段有(　　)。
A. 财产税　　　　　　　B. 社会保障支出
C. 财政补贴支出　　　　D. 违章罚款
E. 个人所得税

617. 关于公共物品的说法，正确的有(　　)。
A. 公共物品具有共同受益与消费的特点
B. 公共物品受益具有非排他性的特征
C. 对公共物品的享用，增加一个消费者，其边际成本等于零
D. 政府提供公共物品着眼于经济效益最大化
E. 公共物品的效用是不能分割的

618. 财政"内在稳定器"的政策工具有(　　)。
A. 规范的增值税　　　　B. 累进的所得税
C. 社会保险支出　　　　D. 财政补贴支出
E. 社会福利支出

619. 以下属于准公共物品的有( )。
　　A. 公安　　　　　　　　　　B. 教育
　　C. 医疗　　　　　　　　　　D. 防疫
　　E. 环保

刷进阶　　　　　　　　　　　　　　　　　　　　　高频进阶
　　　　　　　　　　　　　　　　　　　　　　　　　　强化提升

620. 公共物品所具有的特征中占据核心地位的有( )。
　　A. 效用的不可分割性　　　　B. 受益的非排他性
　　C. 取得方式的非竞争性　　　D. 提供目的的非营利性
　　E. 外部效应内部化

621. 财政收入分配职能的实现途径有( )。
　　A. 调节不同地区之间的收入水平　　B. 调节不同产业部门之间的收入水平
　　C. 调节企业利润水平　　　　　　　D. 调节个人收入水平
　　E. 充分利用财政内在稳定器的功能

622. 财政的积累性支出有( )。
　　A. 国防费支出　　　　　　　　B. 基本建设支出
　　C. 国家物资储备支出　　　　　D. 生产性支农支出
　　E. 企业挖潜改造支出

623. 下列属于公共物品特征的有( )。
　　A. 效用不可分割　　　　　　　B. 非物质产品
　　C. 受益非排他　　　　　　　　D. 以非竞争手段取得
　　E. 提供公共物品不追求盈利

第二章　财政支出理论与内容

刷基础　　　　　　　　　　　　　　　　　　　　　紧扣大纲
　　　　　　　　　　　　　　　　　　　　　　　　　　夯实基础

624. 政府财政投资的决策标准有( )。
　　A. 成本—效益最大化标准　　　　B. 资本—产出比率最小化标准
　　C. 资本—劳动力最大化标准　　　D. 资本—利润最大化标准
　　E. 就业创造标准

625. 关于社会保障制度的说法，正确的有( )。
　　A. 社会保险是现代社会保障制度的核心内容
　　B. 社会福利的资金来源大部分是国家预算拨款
　　C. 社会优抚是对革命军人及其家属提供的社会保障
　　D. 对"五保户"的生活保障属于社会救助的内容
　　E. 发放失业救济金属于社会优抚的内容

626. 下列基础设施建设项目中，应由政府独资建设的有( )。
　　A. 关系国计民生的重大项目
　　B. 维护国家安全的需要的项目
　　C. 反垄断的项目

D. 具有明显的非排他性或很高的排他成本、单项投资不大、数量众多的基础设施
E. 工期长、施工比较困难的项目

627. 我国的社会救助主要包括( )。
    A. 对被终止劳动合同的职工支付的救济金
    B. 对无依无靠的绝对贫困者提供的基本保障
    C. 对聋哑社会成员给予的物质帮助
    D. 对生活水平低于国家最低标准的家庭提供的最低生活保障
    E. 对因天灾而陷于绝境的家庭提供的最低生活保障

628. 下列关于文教、科学、卫生事业费支出的表述中，正确的有( )。
    A. 义务教育是纯公共物品，由政府提供
    B. 公共卫生支出应由政府财政承担
    C. 应用科学研究的经费应由政府财政提供
    D. 目前我国对事业单位的财政管理方法为全额拨款
    E. 高等教育属于混合物品，可以向受教育者收费，也可以由私人举办

629. 关于政府投资的说法，正确的有( )。
    A. 政府投资可以不盈利
    B. 财政投资即为政府投资
    C. 政府投资包括生产性投资和非生产性投资
    D. 经济发达国家政府投资在社会总投资中所占比重较大
    E. 政府投资可以投资长期项目

630. 关于文教、科学、卫生事业费支出的说法，正确的有( )。
    A. 科学支出属于生产性支出
    B. 教育支出是消费性支出
    C. 义务教育的经费应当由政府提供和保证
    D. 高等教育的经费不能全部由政府财政承担
    E. 基础科学的研究经费应当由政府承担

631. 以下属于社会救济型社会保障制度的特点的有( )。
    A. 受保人不用缴纳任何费用
    B. 按人人有份的原则举办
    C. 受保人享受保障计划的津贴需要经过家庭收入及财产调查并符合条件
    D. 受保人之间风险分担，互助互济
    E. 雇主和雇员都必须按规定缴费

632. 关于财政支出收益分析的"公共劳务"收费法，下列说法中正确的有( )。
    A. "公共劳务"收费法，是通过制定和调整"公共劳务"的价格或收费标准，来改进"公共劳务"的使用状况，使之达到提高财政支出效益的目的
    B. 繁华地段的机动车停车收费可采用平价政策
    C. "公共劳务"收费法只适用于可以买卖的、适于采用定价收费方法管理的公共服务部门
    D. 运用"公共劳务"收费法必须制定正确的价格政策，才能达到社会资源最佳分配的目的

E. "公共劳务"收费法一般包括两个方面：纯公共定价和管制定价

633. 财政投融资的基本特征包括( )。
    A. 财政投融资要有严格的预算管理程序
    B. 财政投融资是一种政策性融资
    C. 财政投融资的范围有严格的限制
    D. 财政投融资的管理由国家设立的专门机构负责
    E. 财政投融资的资本金是政府投入的

634. 关于购买性支出与转移性支出的经济影响的说法，正确的有( )。
    A. 购买性支出对政府的效益约束较强
    B. 购买性支出对政府的效益约束较弱
    C. 转移性支出直接影响社会生产和就业
    D. 转移性支出对政府的效益约束较强
    E. 转移性支出对政府的效益约束较弱

635. 关于社会保障的说法，正确的有( )。
    A. 社会保障制度是由法律规定的
    B. 现代社会保障制度由德国首创
    C. 社会保障支出是社会公共需求的组成部分
    D. 我国养老保险筹资模式基本上属于完全基金式
    E. 社会保障制度的实施主体是国家

636. 在财政支出效益分析中，使用"最低费用选择法"的财政支出项目有( )。
    A. 军事   B. 电力
    C. 行政   D. 文化
    E. 铁路

刷进阶

637. 关于社会保障的说法，错误的有( )。
    A. 现收现付的筹资模式是代际之间的收入转移
    B. 与养老保险相比较，失业保险基金征收额度较少
    C. 社会救助的对象主要是下岗失业职工
    D. 生育保险的对象是已婚妇女劳动者
    E. 我国社会保障筹资模式基本上属于现收现付式

638. 以下属于财政积累性支出的有( )。
    A. 国防费支出   B. 基本建设支出
    C. 国家物资储备支出   D. 生产性支农支出
    E. 企业挖潜改造支出

639. 政策性银行的资金来源中，能够形成其负债的有( )。
    A. 长期性建设公债   B. 财政拨款
    C. 集中邮政储蓄   D. 对商业银行发行金融债券
    E. 对非银行金融机构发行金融债券

640. 政府财政支出效益分析与微观经济组织生产经营支出效益分析的差别有( )。

A. 计算所费与所得的范围不同 B. 衡量效益的标准不同
C. 衡量效益的时间长短不同 D. 择优的标准不同
E. 衡量效益的规模不同

641. 关于企业亏损补贴的说法，正确的有( )。
   A. 企业亏损补贴与工业生产资料有关
   B. 企业亏损补贴是生产环节的补贴
   C. 企业亏损补贴是直接列入财政支出的项目
   D. 企业亏损补贴的直接受益人是相关企业
   E. 企业亏损补贴仅限于国有企业

642. 下列各项财政支出项目中，属于社会消费性支出的有( )。
   A. 国防费 B. 科学卫生事业费
   C. 文教费 D. 行政管理费
   E. 财政农业投资支出

643. 税收支出的形式有( )。
   A. 盈亏相抵 B. 加速折旧
   C. 抵扣进项税额 D. 税收抵免
   E. 优惠税率

第三章 税收理论

刷基础

644. 税收的职能包括( )。
   A. 财政职能 B. 经济职能
   C. 保障职能 D. 救济职能
   E. 监督职能

645. 税法的正式渊源包括( )。
   A. 税收法律 B. 税收法规
   C. 国际税收条约 D. 税收判例
   E. 税收习惯

646. 现代税收的财政原则包括( )。
   A. 充裕原则 B. 配置原则
   C. 公平原则 D. 中性原则
   E. 弹性原则

647. 关于国际重复征税免除的说法，正确的有( )。
   A. 低税法是对本国居民的国外所得单独制定较低的税率征税
   B. 低税法下，当税率趋于零时，国际重复征税能彻底免除
   C. 扣除法是将本国居民的国外所得作为费用在应纳税所得中扣除
   D. 免税法不能彻底解决国际重复征税的问题
   E. 实行税收饶让后，居住国政府对其居民在国外得到的所得税减免优惠部分，视同在国外实际缴纳的税款给予税收抵免

648. 关于税收制度基本要素的说法，正确的有( )。
    A. 纳税人是直接负有纳税义务的单位和个人，规定了税款的直接承担者
    B. 不同的纳税人缴纳相同的税种
    C. 征税对象是一种税区别于另一种税的主要标志
    D. 凡是列入征税范围的，都应征税
    E. 体现征税广度的是税目

649. 关于税负转嫁的说法，正确的有( )。
    A. 当商品需求完全有弹性时，税负将全部由需求方承担
    B. 所得税较易转嫁
    C. 商品需求弹性越大，税负后转的量越大
    D. 商品供给弹性越大，税负前转的量越大
    E. 当商品的需求弹性大于供给弹性时，则税负由需求方负担的比例小于由供给方负担的比例

650. 现代税收的经济原则包括( )。
    A. 财政原则
    B. 配置原则
    C. 效率原则
    D. 公平原则
    E. 弹性原则

651. 宏观税收负担衡量指标包括( )。
    A. 国民生产总值负担率
    B. 国民收入负担率
    C. 企业综合税收负担率
    D. 企业流转税税收负担率
    E. 纯收入直接税税收负担率

652. 可以作为测定纳税人纳税能力大小的指标有( )。
    A. 收入
    B. 财产
    C. 家庭人口
    D. 年龄
    E. 消费支出

653. 关于税负转嫁形式的说法，正确的有( )。
    A. 前转多发生在货物和劳务征税上
    B. 前转形式下，实际上税收负担者是货物或劳务的出售者
    C. 税收资本化多发生资本品的交易中
    D. 当市场供求条件不允许纳税人提高商品价格时，逆转便会发生
    E. 通过改善经营管理，将税负自行消化的形式是消转

654. 税收制度的基本要素包括( )。
    A. 纳税人
    B. 纳税环节
    C. 纳税期限
    D. 征税对象
    E. 税率

655. 影响税收负担的税制因素包括( )。
    A. 计税依据
    B. 征税对象
    C. 减免税
    D. 附加和加成
    E. 收入

656. 关于税收财政原则的说法，正确的有( )。

A. 通过征税获得的收入要充分
B. 税收收入应能随着财政支出的需要进行调整
C. 税收的建立应有利于社会公平
D. 税收制度要保持相对稳定
E. 税制的建立应有利于保护国民经济

刷进阶

657. 解决国际重复征税的方法有（　　）。
    A. 低税法　　　　　　　　　　B. 扣除法
    C. 免税法　　　　　　　　　　D. 抵消法
    E. 抵免法

658. 关于税收的说法，正确的有（　　）。
    A. 征税权利归国家所有　　　　B. 税收的职能具有客观性
    C. 监督职能是税收的首要职能　D. 税收可以调节居民消费结构
    E. 税收的监督职能涉及宏观和微观两个层次

659. 现代税收的公平原则包括（　　）。
    A. 普遍原则　　　　　　　　　B. 效率原则
    C. 平等原则　　　　　　　　　D. 确定原则
    E. 节约原则

660. 德国19世纪社会政策学派创始人瓦格纳提出的"四端九项"原则中，属于税务行政原则的有（　　）。
    A. 收入充分原则　　　　　　　B. 确定原则
    C. 弹性原则　　　　　　　　　D. 便利原则
    E. 节约原则

661. 下列项目属于税负转嫁的条件有（　　）。
    A. 商品经济的存在　　　　　　B. 自由的价格体制
    C. 社会分工的存在　　　　　　D. 需求弹性较小的商品的存在
    E. 社会产品生产规模的扩大

662. 关于税收的便利原则，下列说法中正确的有（　　）。
    A. 税收要使纳税人付出的"奉行费用"较少，必须确立尽可能方便纳税人纳税的税收制度
    B. 要确立尽可能简化和便利的纳税期限和缴纳方法
    C. 税收制度应由民意机关参与制定
    D. 税收制度应经常调整
    E. 税务机关内部机构设置要合理，人员要精干

663. 以下属于横向公平的要求的有（　　）。
    A. 排除特权阶级免税　　　　　B. 对不同来源的收入加以区分
    C. 公私经济均等课税　　　　　D. 对本国人和外国人在课税上一视同仁
    E. 自然人和法人均需纳税

第四章 货物和劳务税制度

刷基础

664. 以下适用依3%征收率减按2%征收增值税的有（　　）。
    A. 一般纳税人销售自己使用过的2009年以前购入的除固定资产以外的物品
    B. 一般纳税人销售自己使用过的固定资产
    C. 一般纳税人销售旧货
    D. 小规模纳税人销售自己使用过的固定资产
    E. 小规模纳税人销售旧货

665. 关于委托加工应税消费品计税依据的说法，正确的有（　　）。
    A. 委托加工应税消费品的纳税人，必须在委托加工合同上如实注明（或以其他方式提供）材料成本，凡未提供材料成本的，受托方主管税务机关有权核定其材料成本
    B. 委托加工应税消费品组成计税价格计算公式中的"加工费"，是指受托方加工应税消费品向委托方所收取的全部费用，不包括代垫辅助材料的成本
    C. 以委托加工收回的已税化妆品为原料生产的化妆品，委托加工收回的化妆品已纳消费税可以扣除
    D. 委托加工的应税消费品，优先按照受托方同类消费品的销售价格计算纳税
    E. 自2015年6月1日起，纳税人将委托加工收回的白酒销售给销售单位，消费税计税价格低于销售单位对外销售价格（不含增值税）70%以下，并无正当理由的，应该按照规定的核价办法，核定消费税最低计税价格

666. 甲企业销售给乙企业一批货物，约定在当月支付货款，至月底乙企业因资金紧张无法支付，经双方协商，乙企业用自产的产品抵顶货款，双方按规定互开专用发票，则下列税务处理中，错误的有（　　）。
    A. 甲企业应作购销处理，核算销售额和购进额，并计算销项税额和进项税额
    B. 乙企业应作购销处理，核算销售额和购进额，并计算销项税额和进项税额
    C. 甲企业收到乙企业的抵顶货物不应作购货处理
    D. 乙企业发出抵顶货款的货物不应作销售处理，不应计算销项税额
    E. 甲、乙双方发出货物都作销售处理，但收到货物所含增值税额一律不能计入进项税额

667. 下列应税消费品中，准予扣除外购已税消费品已纳消费税的有（　　）。
    A. 以已税烟丝为原料生产的卷烟
    B. 以已税珠宝玉石为原料生产的贵重首饰
    C. 以已税摩托车为原料连续生产的摩托车
    D. 以已税润滑油为原料生产的润滑油
    E. 以已税化妆品为原料生产的化妆品

668. 关于增值税计税依据的说法，正确的有（　　）。
    A. 受托加工应征消费税的消费品所代收代缴的消费税不包括在增值税销售额中
    B. 延期付款利息、包装费属于价外费用
    C. 纳税人采用折扣方式销售货物，以折扣后的销售额为计税依据

D. 采取以旧换新方式销售除金银首饰以外的货物，按新货物的同期销售价格确定销售额

E. 纳税人销售货物时出租出借包装物而收取的单独核算的押金，逾期不退还的，并入销售额征收增值税

669. 以下可以作为委托加工的应税消费品的消费税计税依据的有(　　)。

　　A. 委托方同类消费品的销售价格

　　B. 受托方同类消费品的销售价格

　　C. 同类消费品的市场平均价格

　　D. 关联方同类消费品的销售价格

　　E. 组成计税价格

670. 下列行为中，既缴纳增值税又缴纳消费税的有(　　)。

　　A. 酒厂将自产的白酒赠送给协作单位

　　B. 卷烟厂将自产的烟丝移送用于生产卷烟

　　C. 日化厂将自产的香水精移送用于生产护肤品

　　D. 汽车厂将自产的应税小汽车赞助给某艺术节组委会

　　E. 地板厂将自产的新型实木地板奖励给有突出贡献的职工

671. 纳税人以自产的应税消费品用于下列(　　)情形的，按规定应以纳税人同类应税消费品的最高销售价格作为计税依据。

　　A. 抵债　　　　　　　　　B. 对外投资入股

　　C. 馈赠　　　　　　　　　D. 换取消费资料

　　E. 换取生产资料

672. 关于增值税计税销售额规定的说法，正确的有(　　)。

　　A. 以物易物方式销售货物，由多交付货物的一方以差价计算缴纳增值税

　　B. 以旧换新方式销售货物，以实际收取的不含增值税的价款计算缴纳增值税(金银首饰除外)

　　C. 还本销售方式销售货物，以实际销售额计算缴纳增值税

　　D. 折扣方式销售货物，如果折扣额另开发票，不得从销售额中扣减折扣额

　　E. 对因逾期未收回包装物不再退还的押金，要按所包装货物的适用税率征收增值税

673. 关于消费税纳税义务发生时间的说法，正确的有(　　)。

　　A. 某酒厂销售葡萄酒20箱，直接收取价款4 800元，纳税义务发生时间为收款当天

　　B. 某汽车厂自产自用3台小汽车，纳税义务发生时间为小汽车移送使用的当天

　　C. 某烟花企业采用托收承付结算方式销售焰火，纳税义务发生时间为发出焰火并办妥托收手续的当天

　　D. 某化妆品厂采用赊销方式销售化妆品，合同规定收款日期为6月23日，7月20日收到货款，纳税义务发生时间为6月份

　　E. 某高档手表厂采取预收货款方式销售高档手表，其纳税义务发生时间为销售合同规定的收款日期的当天

674. 下列各项自产应税消费品中，应当征收消费税的有(　　)。

　　A. 用于本企业连续生产应税消费品的应税消费品

　　B. 用于奖励代理商销售业绩的应税消费品

C. 用于本企业生产性基建工程的应税消费品

D. 用于捐助国家指定的慈善机构的应税消费品

E. 用于职工福利的应税消费品

675. 根据关税的有关规定，进口货物中可享受法定免税的有（　　）。

  A. 有商业价值的进口货样

  B. 外国政府无偿赠送的物资

  C. 科贸公司进口的科教用品

  D. 贸易公司进口的残疾人专用品

  E. 关税税额在人民币 50 元以下的一票货物

刷进阶

676. 关于增值税纳税义务发生时间、纳税期限和纳税地点的说法，正确的有（　　）。

  A. 委托其他纳税人代销货物，未收到代销清单不发生纳税义务

  B. 以 1 个季度为纳税期限的规定仅适用于增值税小规模纳税人

  C. 固定业户到外县（市）提供劳务并已向主管税务机关报告外出经营事项，应向劳务发生地主管税务机关申报纳税

  D. 固定业主的分支机构与总机构不在同一县（市）的，应当分别向各自所在地的主管税务机关申报纳税

  E. 非固定业户应向销售地或劳务发生地主管税务机关申报纳税

677. 根据《中华人民共和国进出口关税条例》，下列说法正确的有（　　）。

  A. 出口货物的关税完税价格不包括出口关税

  B. 进口货物的保险费无法确定时，海关应按照售价的 5% 计算保险费

  C. 进口货物成交价格"FOB"的含义是"船上交货"的价格术语简称，又称"离岸价格"

  D. 进口货物成交价格"CFR"的含义是"到岸价格"的价格术语简称

  E. 进口货物成交价格"CIF"的含义是"成本加运费、保险费"的价格术语简称

678. 关于增值税计税依据的说法，正确的有（　　）。

  A. 经营金融保险业务的机构发放贷款后，自结息日起 90 天内发生的应收未收利息按现行规定缴纳增值税

  B. 直接收费金融服务，以提供服务收取的手续费、佣金、酬金、转托管费等费用为销售额

  C. 金融商品转让，以卖出价扣除买入价的余额为销售额

  D. 转让金融商品出现的正负差，按盈亏相抵后的余额为销售额

  E. 金融商品转让，可以开具增值税专用发票

679. 自 2015 年 5 月 10 日起，纳税人兼营卷烟批发和零售业务的，关于其消费税税务处理的说法正确的有（　　）。

  A. 应当分别核算批发和零售环节的销售额、销售数量

  B. 未分别核算批发和零售环节销售额、销售数量的，按照全部销售额、销售数量计征批发环节消费税

  C. 未分别核算批发和零售环节销售额、销售数量的，由主管税务机关确定销售额、销售数量计征批发环节消费税

D. 未分别核算批发和零售环节销售额、销售数量的，加计50%计征批发环节消费税

E. 未分别核算批发和零售环节销售额、销售数量的，按照同类产品的销售额、销售数量计征批发环节消费税

680. 依据相关规定，下列行为中，属于物流辅助服务的有(　　)。

A. 打捞救助服务　　　　　　　B. 缆车运输服务

C. 装卸搬运服务　　　　　　　D. 仓储服务

E. 收派服务

681. 下列消费品中，应当征收消费税的有(　　)。

A. 化妆品厂作为样品赠送给客户的高档化妆品

B. 用于产品质量检验耗费的高尔夫球杆

C. 白酒生产企业向百货商场销售的新型白酒

D. 汽车厂移送本市非独立核算门市部待销售的小汽车

E. 卷烟厂将自产烟丝连续生产卷烟

682. 关于增值税的纳税义务发生时间和纳税地点的说法，正确的有(　　)。

A. 纳税人发生视同销售货物行为的，纳税义务发生时间为货物移送的当天

B. 委托其他纳税人代销货物，未收到代销清单不发生纳税义务

C. 固定业户到外县(市)销售货物或者劳务，应当向其机构所在地的主管税务机关报告外出经营事项，并向其机构所在地的主管税务机关申报纳税

D. 固定业户的分支机构与总机构不在同一地方的，应当分别向各自所在地主管税务机关申报纳税

E. 非固定业户销售货物或者劳务，应当向销售地或劳务发生地的主管税务机关申报纳税；未向销售地或者劳务发生地的主管税务机关申报纳税的，由其机构所在地或者居住地的主管税务机关补征税款

第五章　所得税制度

刷基础

683. 根据企业所得税法，关于固定资产加速折旧的说法，正确的有(　　)。

A. 固定资产由于技术进步，确需加速折旧的，可以缩短折旧年限

B. 加速折旧不可以采取双倍余额递减法

C. 某企业2020年新购进的单位价值为300万元的设备，可以一次性扣除

D. 某企业2014年新购进的专门用于研发的设备，单位价格120万元，可一次性税前扣除

E. 采取缩短折旧年限方法的，折旧年限不得低于税法规定最低折旧年限的60%

684. 根据企业所得税法，符合条件的非营利组织的收入为免税收入，这些收入包括(　　)。

A. 接受个人捐赠的收入

B. 税法规定的财政拨款

C. 向政府提供服务取得的收入

D. 国债利息收入孳生的银行存款利息收入

E. 按照省级以上民政、财政部门规定收取的会费

685. 非上市公司授予本公司员工的股票期权、股权期权、限制性股票和股权奖励，符合规定条件的，可实行递延纳税政策。下列说法正确的有(   )。
   A. 须经主管税务机关批准
   B. 员工在取得股权激励时可暂不纳税，递延至转让该股权时纳税
   C. 递延纳税时，按照股权转让收入减除股权取得成本及合理税费后的差额纳税
   D. 递延纳税时，按照"财产转让所得"项目纳税
   E. 递延纳税时，按20%的税率纳税

686. 关于企业所得税税前扣除项目的说法，正确的有(   )。
   A. 企业发生的合理的工资、薪金支出，准予扣除
   B. 企业拨缴的工会经费，不超过工资薪金总额2%的部分，准予扣除
   C. 企业发生的职工教育经费支出，不超过工资薪金总额14%的部分，准予扣除
   D. 企业支付的补充保险不超过工资薪金总额5%的部分，准予扣除
   E. 非金融企业向非金融企业借款的利息支出，不超过按照金融企业同期同类贷款利率计算的数额的部分，准予扣除

687. 下列行业的企业发生的研究开发费用，不适用企业所得税税前加计扣除政策的有(   )。
   A. 房地产业   B. 烟草制造业
   C. 批发和零售业   D. 生物药品制造业
   E. 租赁和商务服务业

688. 根据我国现行企业所得税法，符合企业重组特殊性税务处理条件的有(   )。
   A. 企业重组具有合理的商业目的
   B. 企业重组不以减少、免除或者推迟缴纳税款为主要目的
   C. 企业重组后的连续6个月内不改变重组资产原来的实质性经营活动
   D. 企业重组交易对价中股权支付额不低于交易支付总额的80%
   E. 企业重组取得的股权支付的原主要股东，在重组后连续12个月内不得转让所取得的股权

689. 根据个人所得税法的相关规定，区分居民纳税人和非居民纳税人的判断标准包括(   )。
   A. 国籍   B. 居住时间
   C. 住所   D. 个人身份
   E. 收入金额

690. 关于企业发生的公益性捐赠支出的企业所得税处理的说法，正确的有(   )。
   A. 不超过当年销售(营业)收入12%的部分，准予扣除
   B. 不超过年度利润总额12%的部分，准予扣除
   C. 超过按规定准予扣除的部分，不得扣除
   D. 超过当年销售(营业)收入12%的部分，准予结转以后五年内在计算应纳税所得额时扣除
   E. 超过年度利润总额12%的部分，准予结转以后三年内在计算应纳税所得额时扣除

691. 个人的下列所得中，可以按规定免征个人所得税的有(   )。

A. 科技部颁发的科技创新奖金 B. 救济金
C. 福利彩票中奖所得 D. 国债利息
E. 信托投资收益

692. 企业取得下列各项所得，可以免征企业所得税的有( )。
    A. 林产品的采集所得 B. 海水养殖、内陆养殖所得
    C. 香料作物的种植所得 D. 农作物新品种的选育所得
    E. 牲畜家禽的饲养所得

693. 个人所得经国务院财政部门批准可以减征个人所得税的，减征的幅度和期限可以由( )规定。
    A. 国务院财政部门 B. 省人民政府
    C. 地级市人民政府 D. 自治区财政部门
    E. 直辖市人民政府

694. 根据企业所得税法，国务院规定的专项用途财政性资金可以作为不征税收入。这类财政性资金必须符合的条件有( )。
    A. 企业从省级以上人民政府的财政部门或其他部门取得
    B. 企业能够提供规定资金专项用途的资金拨付文件
    C. 财政部门或其他拨付资金的政府部门对该资金有专门的资金管理办法或具体管理要求
    D. 企业对该资金单独进行核算
    E. 企业对该资金发生的支出单独进行核算

刷进阶

695. 对于在中国境内未设立机构、场所的，或者虽设立机构、场所但取得所得与其所设机构、场所没有实际联系的非居民企业的所得，关于其应纳税所得额确定的说法，正确的有( )。
    A. 权益性投资收益所得，以收入全额扣除投资成本后的余额为应纳税所得额
    B. 租金所得以收入全额减去发生的合理费用后的余额为应纳税所得额
    C. 转让财产所得，以收入全额减除财产净值后的余额为应纳税所得额
    D. 特许权使用费所得以收入全额为应纳税所得额
    E. 利息所得以收入全额为应纳税所得额

696. 根据个人所得税法，下列各项中属于可以减征个人所得税的有( )。
    A. 福利费、抚恤金
    B. 因自然灾害遭受重大损失
    C. 残疾人的所得
    D. 烈属的所得
    E. 孤老人员的所得

697. 企业所得税法规定，资产划转行为适用特殊性税务处理的条件有( )。
    A. 100%间接控制的居民企业之间划转资产
    B. 100%直接控制的非居民企业之间划转资产
    C. 具有合理商业目的

D. 划出方企业在会计上确认损益

E. 资产划转后连续 12 个月内不改变被划转资产原来实质性经营活动

698. 企业通过捐赠、投资、非货币性资产交换、债务重组等方式取得的固定资产，其所得税计税基础包括(   )。

A. 同类商品的市场价格
B. 该固定资产的公允价值
C. 支付的相关税费
D. 原所有人取得时的价格
E. 同类固定资产的重置完全价值

699. 下列各项中，在计算应纳税所得额时有加计扣除规定的包括(   )。

A. 企业开展研发活动中实际发生的研发费用

B. 创业投资企业从事国家需要重点扶持和鼓励的创业投资项目

C. 企业综合利用资源，生产符合国家产业政策规定的产品

D. 企业按规定安置残疾人员所支付的工资

E. 企业购置的用于节能节水项目专用设备的投资额

700. 根据《企业所得税法》，对固定资产采取加速折旧方法的，可以采取的折旧方法有(   )。

A. 双倍余额递减法
B. 年数总和法
C. 直线法
D. 平均年限法
E. 工作量法

701. 根据企业所得税法，股权、资产划转适用特殊性税务处理的条件包括(   )。

A. 100%间接控制的居民企业之间划转股权或资产

B. 按账面净值划转股权或资产

C. 具有合理的商业目的

D. 股权或资产划转后连续 6 个月内不改变原来的实质性经营活动

E. 划出方企业在会计上已确认损益

第六章　其他税收制度

刷基础　　　　　　　　　　　　　　　　　　　紧扣大纲　夯实基础

702. 下列各项中，免征房产税的有(   )。

A. 因大修导致连续停用半年以上的房屋

B. "三北"地区供热企业为居民供热所使用的厂房

C. 农贸市场专门用于经营农产品的自有房产

D. 按政府规定价格出租的公有住房

E. 公园、名胜古迹中附设的营业单位及出租房产

703. 纳税人在购买房屋时，下列与房屋相关的附属设施属于契约征收范围的有(   )。

A. 自行车库
B. 储藏室
C. 停车位
D. 顶层阁楼
E. 制冷设备

704. 根据现行政策，下列土地免征城镇土地使用税的有(   )。

A. 公租房建设期间用地及其建成后占用的土地

B. 城市轨道交通系统运营用地
C. 军队的自用土地
D. 国家机关、人民团体、财政补助事业单位、居民委员会、村民委员会拥有的体育场馆，用于体育活动的土地
E. 企业拥有并运营管理的大型体育场馆，其用于体育活动的土地

705. 下列各项中，免征契税的有(   )。
A. 城镇职工按规定第一次购买的公有住房(未超国家规定标准面积)
B. 因不可抗力灭失住房而重新购买的住房
C. 承受荒山、荒沟、荒丘土地使用权，并用于农、林、牧、渔业生产的
D. 被撤销的金融机构在财产清理中催收债权时，接收债务方取得土地使用权、房屋所有权发生的权属转移所涉及的契税
E. 在婚姻关系存续期间，房屋权属原归夫妻一方所有，变更为另一方所有的

706. 采取从量定额征收方式征收资源税的，纳税人不能准确提供应税产品销售数量的，可以作为课税数量确定依据的有(   )。
A. 应税产品的产量
B. 应税产品产量的50%
C. 主管税务机关确定的折算比换算成的数量
D. 应税产品的销售额
E. 应税产品的销售额乘以折算率

707. 关于土地增值税税收优惠的说法，正确的有(   )。
A. 纳税人建造高级公寓出售，增值额未超过扣除项目金额20%的，免征土地增值税
B. 对企事业单位、社会团体以及其他组织转让旧房作为改造安置住房房源，且增值额未超过扣除项目金额30%的，免征土地增值税
C. 因国家建设需要依法征用、收回的房地产，免征土地增值税
D. 因城市实施规划、国家建设的需要而搬迁，由纳税人自行转让原房地产的，免征土地增值税
E. 自2008年11月1日起，对居民个人销售住房免征土地增值税

708. 以下不属于城镇土地使用税纳税人的有(   )。
A. 土地的实际使用人   B. 农用耕地的承包人
C. 拥有土地使用权的单位   D. 土地使用权共有的各方
E. 林地的承包人

709. 以下不属于城市维护建设税计税依据的有(   )。
A. 销售产品缴纳的增值税税额   B. 实际缴纳的企业所得税税款
C. 购买房屋缴纳的契税税额   D. 进口产品缴纳的关税税额
E. 减免的消费税税款

710. 根据资源税暂行条例，下列说法正确的有(   )。
A. 出口的应税矿产品免征资源税
B. 自2015年5月1日起，铁矿石减按规定税额标准的40%征收
C. 资源税采取从量定额的办法计征
D. 纳税人的减免税项目无需单独核算销售额或销售数量

E. 对衰竭煤矿开采的煤炭，资源税减征 30%

711. 下列凭证中，应缴纳印花税的有（　　）。
    A. 财产所有人将财产赠给学校所立的书据
    B. 合同的正本
    C. 房地产管理部门与个人订立的租房合同
    D. 农民专业合作社与本社成员签订的农业产品和农业生产资料购销合同
    E. 外国政府或国际金融组织向我国企业提供优惠贷款所书立的合同

712. 以下属于经财政部批准免征房产税的有（　　）。
    A. 房地产开发企业未出售的商品房　　B. 经鉴定已停止使用的危房
    C. 老年服务机构自用的房产　　　　　D. 权属有争议的房产
    E. 大修停止使用三个月的房产

713. 关于城镇土地使用税的说法，正确的有（　　）。
    A. 在征税范围内单独建造的地下建筑用地，暂按应征税款的 50% 征收城镇土地使用税
    B. 妇幼保健机构自用的土地免征城镇土地使用税
    C. 免税单位无偿使用纳税单位的土地，免征城镇土地使用税
    D. 对盐场、盐矿的生产厂房用地，免征城镇土地使用税
    E. 机场飞行区用地和飞行区四周排水防洪设施用地，免征城镇土地使用税

刷进阶　　　　　　　　　　　　　　　　　　　　　　　高频进阶　强化提升

714. 对保险保障基金公司的下列行为中，免征印花税的有（　　）。
    A. 新设立的资金账簿
    B. 与商业银行签订的贷款合同
    C. 在对保险公司进行风险处置和破产救助过程中签订的产权转移书据
    D. 在对保险公司进行风险处置过程中与中国人民银行签订的再贷款合同
    E. 以保险保障基金自有财产和接收的受偿资产与保险公司签订的财产保险合同

715. 关于房产税纳税人的说法，正确的有（　　）。
    A. 产权属于全民所有的房屋，国家为纳税人
    B. 产权属于集体所有的房屋，该集体单位为纳税人
    C. 产权属于个人所有的营业用房屋，该个人为纳税人
    D. 产权出典的房屋，出典人为纳税人
    E. 纳税单位和个人无租使用免税单位的房产，由使用人代为缴纳房产税

716. 某房地产公司出售一幢已办理竣工结算的商用写字楼，获得 6 000 万元。根据税收法律制度的有关规定，以下属于该公司此项售楼业务的应缴纳的税种有（　　）。
    A. 契税　　　　　　　　　　　　　　B. 消费税
    C. 印花税　　　　　　　　　　　　　D. 土地增值税
    E. 城镇土地使用税

717. 环境保护税的征税范围包括（　　）。
    A. 噪声　　　　　　　　　　　　　　B. 固体废物
    C. 水污染物　　　　　　　　　　　　D. 大气污染物

E. 光污染物

718. 下列用途的土地，应缴纳城镇土地使用税的有（　　）。
    A. 建立在城市、县城、建制镇和工矿区以外的企业用地
    B. 学校附设的影剧院用地
    C. 军队的训练场用地
    D. 农副产品加工场地
    E. 企业厂区内的绿化用地

719. 下列房产免征房产税的有（　　）。
    A. 经批准停止使用的危房
    B. 大修停用三个月以上的房产
    C. 公园中的冷饮屋
    D. 非营利性医疗机构自用的房产
    E. 个人所有的营业用房

第七章　税务管理

刷基础

720. 关于税务机关实施税收保全措施的说法，正确的有（　　）。
    A. 税收保全措施仅限于从事生产、经营的纳税人
    B. 只有在事实全部查清，取得充分证据的前提下才能进行
    C. 冻结纳税人的存款时，其数额要以相当于纳税人应纳税款的数额为限
    D. 个人及其扶养家属维持生活必需的住房和用品，不在税收保全措施的范围之内
    E. 税务机关对单价10 000元以下的其他生活用品，不采取税收保全措施

721. 关于纳税申报的说法，正确的有（　　）。
    A. 纳税人、扣缴义务人可采用邮寄申报的方式申报纳税
    B. 纳税人和扣缴义务人不论当期是否发生纳税义务都必须办理纳税申报
    C. 纳税人依法享受免税政策，在免税期间应按规定办理纳税申报
    D. 纳税人因不可抗力不能按期办理纳税申报的，可在不可抗力情形消除后15日内办理
    E. 纳税人未按规定的期限办理纳税申报和报送纳税资料，且情节严重的，税务机关可以处2 000元以上1万元以下的罚款

722. 关于税务机关实施税收强制执行措施的说法，正确的有（　　）。
    A. 税收强制执行措施仅限于从事生产、经营的纳税人
    B. 在执行强制执行措施时，对纳税人未缴纳的滞纳金可以同时强制执行
    C. 冻结纳税人的存款时，其数额要以相当于纳税人应纳税款的数额为限
    D. 个人及其扶养家属维持生活必需的住房和用品，不在税收强制执行措施范围之内
    E. 税务机关对单价5 000元以下的其他生活用品，不在强制执行措施范围内

723. 根据《税收征收管理法》的规定，下列属于税收强制执行措施的有（　　）。
    A. 书面通知纳税人开户银行或者其他金融机构冻结纳税人的金额相当于应纳税款的存款
    B. 扣押、查封、拍卖纳税人价值相当于应纳税款的商品、货物或者其他财产，以拍卖所得抵缴税款

C. 书面通知纳税人开户银行或者其他金融机构从其存款中扣缴税款

D. 扣押、查封纳税人的价值相当于应纳税款的商品、货物或其他财产

E. 经县以上税务局(分局)局长批准

724. 关于账簿设置的说法，正确的有(   )。

A. 扣缴义务人应在税收法律、行政法规规定的扣缴义务发生之日起10日内，按照所代扣、代收的税种，分别设置代扣代缴、代收代缴税款账簿

B. 账簿的保存期限，除另有规定外，至少保存20年

C. 纳税人、扣缴义务人会计制度健全，能够通过计算机正确、完整计算其收入和所得或者代扣代缴、代收代缴税款情况的，其计算机输出的完整的书面会计记录，可视同会计账簿

D. 生产、经营规模小又确无建账能力的纳税人，聘请专业机构或者人员有实际困难的，经县以上税务机关批准，可以按照规定建立收支凭证粘贴簿、进货销货登记簿或者使用税控装置

E. 纳税人会计制度不健全，不能通过计算机正确、完整计算其收入和所得的，应当建立总账及与纳税有关的明细账等其他账簿

725. 企业因法人资格被依法终止，在办理注销税务登记之前，应履行的手续有(   )。

A. 缴销发票
B. 结清应纳税款
C. 结清税收滞纳金
D. 缴纳税收罚款
E. 缴销企业所得税纳税申报表

726. 纳税人的下列行为中，属于税务机关有权核定其应纳税额的有(   )。

A. 依照法律法规的规定可以不设置账簿的

B. 虽设置了账簿，但账目混乱难以查账的

C. 发生纳税义务，未按照规定期限办理纳税申报的

D. 纳税人申报的计税依据明显偏低，但有正当理由的

E. 擅自销毁账簿的

727. 某企业因法人资格被依法终止，现委托税务师事务所办理注销税务登记，则注册税务师应当向主管税务机关提供(   )等凭证资料之后，方可依法办理注销税务登记。

A. 缴销发票
B. 缴销企业所得税纳税申报表
C. 缴销原税务登记证件
D. 缴销发票领购簿
E. 缴销账簿

728. 关于税收保全与税收强制执行的说法，正确的有(   )。

A. 二者都需要经县级以上税务局(分局)局长的批准才能实施

B. 采取税收保全时，税务机关应当面通知纳税人开户银行冻结纳税人的金额相当于应纳税款的存款

C. 采取税收强制执行时，税务机关应书面通知纳税人开户银行从其存款中扣缴税款

D. 只有在事实全部查清，取得充分证据的前提下才能实施税收保全措施

E. 对扣缴义务人、纳税担保人不能实施税收保全措施，但可以实施税收强制执行措施

729. 以下属于税款征收方式的有(   )。

A. 限额征收
B. 查定征收

C. 查验征收 D. 定期定额征收
E. 查账征收

730. 企业变更税务登记适用的范围包括(　　)。
A. 改变纳税人名称的 B. 增减注册资金的
C. 改变经济性质或企业类型的 D. 因住所变动而改变税务登记机关的
E. 改变法定代表人的

刷进阶　　　　　　　　　　　　　　　　　　　　高频进阶 强化提升

731. 关于税收强制执行措施的说法，正确的有(　　)。
A. 个人唯一住房不在强制执行范围内
B. 税收强制执行措施只能由公安机关做出
C. 如果纳税人未按照规定期限缴纳税款，税务机关就采取税收强制执行措施
D. 税务机关采取强制执行措施可书面通知纳税人开户银行从其存款中扣缴税款
E. 税务机关采取强制执行措施时，主要针对纳税人未缴纳税款，不包括其未缴纳税款的滞纳金

732. 关于税收征收管理形式适用情形的说法，正确的有(　　)。
A. 行业管理一般适用于工商户集中、行业分工清楚、归口管理明确的一些城市的税收征收管理
B. 区域管理适用于大城市和县城的管理
C. 按经济性质管理适用于大中城市和县城工商户的征收管理
D. 巡回管理一般适用于大型企业或重点税源单位的税收征管
E. 驻厂管理一般适用于农村和集贸市场的税收征管

733. 下列选项中，属于不征不退的范畴的有(　　)。
A. 来料加工 B. 进料加工
C. 保税区内加工企业 D. 来样加工
E. 生产企业自营出口自产货物

734. 关于发票管理的说法，不正确的有(　　)。
A. 发票要全联一次填写
B. 纳税人进行电子商务交易必须开具或取得发票
C. 发票可跨省开具
D. 开具发票时是否加盖发票专用章，视情况而定
E. 从事生产活动的个人在购买商品取得发票时，可以要求变更品名和金额

735. 减免税种类包括(　　)。
A. 法定减免 B. 特案减免
C. 临时减免 D. 公开减免
E. 强制减免

736. 在税款征收方式中，适用查账征收的纳税单位主要包括(　　)。
A. 账册不够健全 B. 财务会计制度较为健全
C. 能够控制原材料或进销货 D. 能够认真履行纳税义务
E. 经营品种比较单一

第八章 纳税检查

刷基础

737. 以下属于存货项目的有(　　)。
   A. 原材料　　　　　　　　　　B. 低值易耗品
   C. 自制半成品　　　　　　　　D. 发出商品
   E. 递延资产

738. 下列关于包装物计税的表述中正确的有(　　)。
   A. 随同货物出售单独计价的包装物取得的销售收入应按所包装货物适用税率计征增值税
   B. 单独销售包装物取得的销售收入应计征消费税
   C. 货物销售同时收取的包装物租金应计征消费税
   D. 货物销售同时收取的包装物租金应计征增值税
   E. 企业将包装物作为资产单独出租收取的租金应计征增值税

739. 关于纳税检查的说法正确的有(　　)。
   A. 纳税检查的主体是税务机关
   B. 纳税检查的客体包括代扣代缴义务人
   C. 查询从事生产、经营的纳税人的银行存款账户只需经税务所所长的批准
   D. 查询从事生产、经营的纳税人的银行存款账户需凭全国统一格式的检查存款账户许可证明
   E. 经县税务局局长批准，可以查询案件涉嫌人员的储蓄存款

740. 根据企业所得税法，销售收入确认的条件包括(　　)。
   A. 收入的金额能够可靠地计量
   B. 已发生或将发生的销售方的成本能够可靠地核算
   C. 企业已在财务上做销售处理
   D. 相关经济利益已流入
   E. 销售合同已签订，并将商品所有权相关的主要风险和报酬转移给购货方

741. 下列会计凭证中，属于外来原始凭证的有(　　)。
   A. 购货发票　　　　　　　　　B. 进账单
   C. 领料单　　　　　　　　　　D. 差旅费报销单
   E. 汇款单

742. 关于企业所得税收入项目确认的说法，正确的有(　　)。
   A. 以分期收款方式销售货物的，按照实际收到货款的日期确认收入的实现
   B. 转让股权收入，应于转让协议生效且完成股权变更手续时确认收入的实现
   C. 债务重组收入，应当在债务重组合同或协议生效时确认收入的实现
   D. 权益性投资收益，按照被投资方做出利润分配决定的日期确认收入的实现
   E. 采取产品分成方式取得收入的，按照企业分得产品日期确认收入的实现

743. 增值税一般纳税人在"应交增值税"明细账内设置的专栏包括(　　)。
   A. 待认证进项税额　　　　　　B. 待转销项税额

C. 已交税金 D. 出口退税
E. 代扣代交增值税

744. 某合伙企业将自产的高档化妆品用于职工福利，该项行为应缴纳的税种包括(　　)。
    A. 增值税 B. 消费税
    C. 企业所得税 D. 城市维护建设税
    E. 教育费附加

745. 甲公司为增值税一般纳税人，在2019年5月15日与乙公司签订经营租赁合同，合同约定甲公司向乙公司出租一台机器设备，租期10个月，租赁开始日为6月1日，同时还约定乙公司要在5月20日向甲公司一次性支付全额租金。5月20日，甲公司收到乙公司支付的不含税租金10万元和相应税款。甲公司收取预收款时的会计分录为
    借：银行存款　　　　　　　　　　　　　　　　　　113 000
    　　贷：预收账款　　　　　　　　　　　　　　　　　　　113 000
    关于该公司该项业务的会计处理的说法，正确的有(　　)。
    A. 该公司应于收到预收款的当天计提销项税额
    B. 采取预收款方式销售租赁服务的企业，应于发生服务时，确认收入及补收款项，计提增值税销项税额
    C. 甲公司5月20日应做的正确会计分录为
    借：银行存款　　　　　　　　　　　　　　　　　　113 000
    　　贷：预收账款　　　　　　　　　　　　　　　　　　　100 000
    　　　　应交税费—应交增值税(销项税额)　　　　　　　　13 000
    D. 该公司出租机器设备属于提供有形动产租赁服务，适用13%税率
    E. 从6月1日起，在租赁期限内的每月月末，甲公司应分别确认收入，会计分录为
    借：预收账款　　　　　　　　　　　　　　　　　　10 000
    　　贷：其他业务收入　　　　　　　　　　　　　　　　　10 000

746. 以下属于企业销售费用的有(　　)。
    A. 广告费 B. 管理费
    C. 运输费 D. 包装费
    E. 展览费

747. 以下属于增值税一般纳税人应在"应交增值税"明细账内设置的专栏的有(　　)。
    A. "出口抵减内销产品应纳税额"
    B. "转出未交增值税"
    C. "销项税额"
    D. "未交增值税"
    E. "进项税额转出"

748. 2020年5月，某汽车制造厂(增值税一般纳税人)购买一栋办公楼，价税合计金额3 270万元，当月用银行存款支付了款项，办妥了相关产权转移手续，取得了增值税专用发票并认证相符。下列说法正确的有(　　)。
    A. 购买办公楼的进项税额可以抵扣
    B. 2020年5月应借记"应交税费—应交增值税(进项税额)"2 700 000元
    C. 2020年5月应借记"应交税费—应交增值税(进项税额)"1 620 000元

D. 购入办公楼进项税额的 60% 准予抵扣

E. 购入办公楼进项税额的 40% 不得抵扣

749. 某化妆品厂为增值税一般纳税人。2020 年 6 月新试制一批高档化妆品用于职工福利，无同类产品的对外售价，已知该批产品的生产成本 10 000 元，当月无进项税额。企业账务处理为

　　借：应付职工薪酬　　　　　　　　　　　　　　　　　　　　　　　10 000

　　　　贷：库存商品　　　　　　　　　　　　　　　　　　　　　　　　10 000

已知化妆品的全国平均成本利润率为 5%，消费税税率为 15%，增值税税率为 13%。下列关于该笔账务处理的说法，正确的有（　　）。

A. 少计算增值税 1 300 元　　　　B. 少计算增值税 1 365 元

C. 少计算增值税 1 605.88 元　　　D. 少计算消费税 3 150 元

E. 少计算消费税 1 852.94 元

刷进阶　　　　　　　　　　　　　　　　　　　　　　　高频进阶　强化提升

750. 以下属于构成生产成本内容的有（　　）。

A. 直接材料　　　　　　　　　B. 直接人工

C. 制造费用　　　　　　　　　D. 管理费用

E. 销售费用

751. 按照与检查资料之间的相互关系，纳税检查的基本方法分为（　　）。

A. 顺查法　　　　　　　　　　B. 分析法

C. 联系查法　　　　　　　　　D. 逆查法

E. 侧面查法

752. 某企业被国家市场监督管理机关处以惩罚 10 000 元，正确的涉税会计处理有（　　）。

A. 记入"营业外支出"科目

B. 不得在税前列支

C. 记入"利润分配"科目

D. 不超过利润总额 12% 的部分，可以税前列支

E. 冲减"营业外收入"科目

753. 以下属于纳税检查依据的有（　　）。

A. 税收法规　　　　　　　　　B. 会计法规

C. 企业财务制度　　　　　　　D. 行业惯例

E. 公司章程

754. 增值税暂行条例中规定，应视同销售货物行为征收增值税的有（　　）。

A. 将自产货物用于在建工程

B. 外购货物用于集体福利

C. 将自产货物用于企业内部职工消费

D. 电信企业提供通讯服务的同时销售手机

E. 将购进货物无偿赠送他人

755. 纳税检查的范围包括（　　）。

A. 纳税人应纳税的商品

B. 扣缴义务人的财产

C. 扣缴义务人代扣代缴税款账簿

D. 经税务所长批准,查询纳税人的银行存款账户

E. 经县以上税务局局长批准,查询案件涉嫌人员的储蓄存款

756. 检查转让固定资产收入,主要是对( )等科目的账户进行检查。
    A. 资产减值准备 B. 固定资产清理
    C. 累计折旧   D. 资产处置收益
    E. 其他业务收入

757. 总分类账的审查分析,主要包括( )。
    A. 账账关系的审核 B. 账表关系的审核
    C. 账证关系的审核 D. 纵向关系的审核
    E. 横向关系的审核

第九章　公债

刷基础

758. 关于公债市场功能的说法,正确的有( )。
    A. 公债既是财政政策工具,又是货币政策工具
    B. 公债作为财政政策工具,公债市场具有调节社会资金运行的功能
    C. 公债作为货币政策工具,公债市场具有顺利实现公债发行和偿还的功能
    D. 承销团制度保证了公债发行的平稳进行
    E. 在公债二级市场上公债承销机构和公债认购者及公债持有者从事的直接交易,是社会资金的再分配过程

759. 关于公债发行市场与公债流通市场的说法,正确的有( )。
    A. 公债发行市场以公债流通市场为前提
    B. 只有在公债发行市场才能创造出新的资产
    C. 公债流通市场的交易分为证券交易所交易和场外交易
    D. 公债流通市场是公债交易的第二阶段
    E. 公债市场主要是指公债流通市场

760. 关于政府直接债务和或有债务的说法,正确的有( )。
    A. 直接债务是在任何情况下都要承担的债务
    B. 虽然或有债务政府不能完全控制,但最终会完全转化为财政负担
    C. 日益加重的失业救济负担属于我国政府的直接隐性债务
    D. 国有企业未弥补亏损属于我国政府的或有隐性债务
    E. 公债属于政府直接显性债务

761. 关于公债的说法正确的有( )。
    A. 公债是政府及政府所属机构所承担的债务
    B. 随着商品经济的发展,公债的存在越来越依赖于商品经济和信用经济的发展
    C. 公债仅存在于资本主义经济
    D. 发行公债应根据社会经济状况而定,必须有利于社会经济的稳定和发展,体现了公

债发行的稳定市场秩序原则

E. 协调公债发行者与认购者双方利益目标的手段是公债的发行条件，包括票面利率、偿还期限和发行价格

762. 关于公债制度的说法，正确的有(　　)。
　　A. 我国地方公债由四级组成
　　B. 发行有度是发行公债应遵循的原则之一
　　C. 商业银行持有公债是成熟的公债市场的主要标志之一
　　D. 居民个人也是应债资金的主要来源
　　E. 地方政府可以为国有企业的债务提供担保

763. 从我国目前的情况看，主要的或有显性债务包括(　　)。
　　A. 公共部门的债务　　　　　　B. 粮食收购和流通中的亏损挂账
　　C. 欠发职工工资而形成的债务　　D. 金融机构不良资产
　　E. 公债投资项目的配套资金

刷进阶

高频进阶
强化提升

764. 下列属于我国直接隐性债务的有(　　)。
　　A. 失业救济负担所形成的债务
　　B. 粮食收购和流通中的亏损挂账
　　C. 养老保险资金缺口所形成的债务
　　D. 公共部门的债务
　　E. 金融机构不良资产

765. 公债的发行原则主要包括(　　)。
　　A. 景气发行原则　　　　　　　B. 稳定市场秩序原则
　　C. 发行成本最小原则　　　　　D. 发行有度原则
　　E. 筹措资金最大原则

766. 世界各国通用的公债发行方式主要有(　　)。
　　A. 直接发行方式　　　　　　　B. 承购包销方式
　　C. 公募招标方式　　　　　　　D. 连续发行方式
　　E. 间断发行方式

767. 政府直接显性债务包括(　　)。
　　A. 政府性金融债券　　　　　　B. 乡镇财政债务
　　C. 欠发公办学校教师工资　　　D. 金融机构不良资产
　　E. 国有企业未弥补亏损

第十章　政府预算理论与管理制度

刷基础

紧扣大纲
夯实基础

768. 政府预算的资金供给方的行为特征包括(　　)。
　　A. 有追求预算资金最大化的冲动
　　B. 具有双重委托—代理关系

C. 可以为各方提供充分交换意见的平台
D. 具有委员会决策机制的特点
E. 预算分配中有诱发设租寻租收益的可能

769. 以下属于部门预算原则的有(　　)。
   A. 真实性原则
   B. 及时性原则
   C. 完整性原则
   D. 重点性原则
   E. 透明性原则

770. 关于复式预算的说法，正确的有(　　)。
   A. 复式预算的优点在于能反映预算的整体性、统一性
   B. 政府以资产所有者身份取得的收入列为经常预算
   C. 政府保障国家安全与稳定的支出列为经常预算
   D. 国家特定用于投资方面的某些收入和直接用于国家投资方面的支出，列为资本预算
   E. 资本预算应保持收支平衡并略有结余，结余额转入经常预算的收入项

771. 政府预算的决策是对公共偏好的选择，其特征有(　　)。
   A. 公共偏好以个人偏好为基础
   B. 公共偏好以国家偏好为基础
   C. 公共偏好由公民直接决策
   D. 公共偏好由政治程序决策
   E. 公共偏好由国家进行归集

772. 关于政府预算所具有的含义的说法正确的有(　　)。
   A. 从形式上看，政府预算是以政府财政收支计划的形式存在的
   B. 从性质上看，经立法机关审批的预算是具有法律效力的文件
   C. 从内容上看，政府预算反映政府集中支配财力的分配过程
   D. 从作用上看，政府预算是政府调控经济和社会发展的重要手段
   E. 从结果上看，政府预算是政府决算的依据

773. 以下不属于我国国库集中收付制度改革主要内容的有(　　)。
   A. 改革账户管理体系
   B. 改革税收管理制度
   C. 改革资金收缴方式
   D. 改革资金支付方式
   E. 改革资产管理方式

774. 关于我国各种性质预算间资金往来关系的说法，正确的有(　　)。
   A. 一般公共预算可以补助社会保险基金预算
   B. 政府性基金项目中结转较多的资金调入一般公共预算
   C. 社会保险基金预算可以用于平衡一般公共预算
   D. 国有资本经营预算必要时可以安排赤字
   E. 国有企业上缴利润列入一般公共预算中

775. 最早实行复式预算的国家有(　　)。
   A. 中国
   B. 英国
   C. 丹麦
   D. 瑞典
   E. 印度

776. 关于复式预算的说法，正确的有(　　)。

A. 复式预算的典型形式是双重预算

B. 复式预算包括经常预算和资本预算

C. 复式预算便于立法机构的审议和监督

D. 复式预算有利于反映预算的整体性

E. 复式预算的产生是政府职责范围扩大的结果

777. 关于政府预算的说法，正确的有(　　)。

A. 政府预算是政府年度财政收支计划

B. 国家行政机关审批政府预算

C. 经相关机关审批的政府预算是具有法律效力的文件

D. 政府预算反映政府职能范围

E. 政府预算是政府调控经济和社会发展的重要手段

778. 关于国有资本经营预算与一般公共预算区别的说法，正确的有(　　)。

A. 一般公共预算的分配主体是作为社会管理者的政府

B. 国有资本经营预算的分配主体是作为生产关系代表的政府

C. 一般公共预算以资本所有权为分配依据

D. 一般公共预算在性质上属于经营性预算

E. 与一般公共预算相比，目前国有资本经营预算的收支规模还很小

☑ 刷进阶　　　　　　　　　　　　　　　　　　高频进阶　强化提升

779. 国际上社会保障预算编制的模式主要有(　　)。

A. 基金预算　　　　　　　　　B. 政府公共预算

C. 一揽子社会保障预算　　　　D. 资本预算下的二级预算

E. 政府公共预算下的二级预算

780. 国际上对预算年度的预算收入和支出进行预测时的技术手段主要包括(　　)。

A. 专家预测法　　　　　　　　B. 趋势预测法

C. 决定因子预测法　　　　　　D. 计量预测法

E. 主成分预测法

781. 国际上社会保障预算的编制模式主要有(　　)。

A. 基金预算　　　　　　　　　B. 政府公共预算

C. 一揽子社会保障预算　　　　D. 资本预算下的二级预算

E. 公共预算下的二级预算

782. 政府预算政治决策程序的强制性主要表现在(　　)。

A. 预算标准的强制性　　　　　B. 偏好表达的强制性

C. 投票规则的强制性　　　　　D. 政策意志的强制性

E. 决策结果的强制性

783. 下列原则中，属于基本支出预算的编制原则的是(　　)。

A. 综合预算的原则　　　　　　B. 成本效益的原则

C. 优先保障的原则　　　　　　D. 追踪问效的原则

E. 定员定额管理的原则

第十一章 政府间财政关系

刷基础

784. 以下属于政府间转移支付特点的有（   ）。
     A. 范围只限于政府之间
     B. 范围仅限于中央与地方之间
     C. 是无偿的支出
     D. 范围仅限于地方之间
     E. 并非政府的终极支出

785. 政府间财政支出划分的原则有（   ）。
     A. 与事权相对称的原则
     B. 公平性原则
     C. 效率性原则
     D. 考虑支出性质特点的原则
     E. 权责结合的原则

786. 下列选项中，属于基本公共服务领域中央与地方财政事权和支出责任划分改革方案的基本原则的有（   ）。
     A. 坚持以人民为中心
     B. 坚持财政事权划分由中央决定
     C. 坚持保障标准合理适度
     D. 坚持统一化共同分担
     E. 坚持积极稳妥推进

787. 分税制的含义包括（   ）。
     A. 分事
     B. 分税
     C. 分权
     D. 分管
     E. 分利

788. 以下属于政府间事权划分的原则有（   ）。
     A. 外部性原则
     B. 公平性原则
     C. 激励相容原则
     D. 经济利益原则
     E. 信息复杂性原则

789. 下列选项中，属于医疗卫生领域中央与地方财政事权和支出责任划分改革方案的基本原则的有（   ）。
     A. 坚持政府主导，促进人人公平享有
     B. 坚持遵循规律，适度强化中央权责
     C. 坚持问题导向，统筹兼顾突出重点
     D. 坚持积极稳妥，分类施策扎实推进
     E. 坚持依靠人民，发挥基层政府职责

790. 以下属于税收收入划分原则的有（   ）。
     A. 效率原则
     B. 恰当原则
     C. 适应原则
     D. 集权与分权相结合的原则
     E. 经济利益原则

791. 关于我国政府间转移支付制度改革和完善的说法，正确的有（   ）。
     A. 我国中央对地方转移支付的类型包括一般性转移支付和专项转移支付
     B. 在中央对地方转移支付制度的改革中，要清理整合专项转移支付
     C. 根据十八大的精神，改革政府间转移支付制度要从严控制专项转移支付

D. 中央对地方转移支付预算安排及执行情况在全国人大批准后30日内由财政部向社会公开,并对重要事项做出说明
E. 根据规定,要增加一般性转移支付的规模和比例,逐步将其占比提高到60%以上

792. 在中央和地方政府间划分税收收入称为"税收分割",主要包括(　　)。
   A. 分割税额　　　　　　　　B. 分割税率
   C. 分割税种　　　　　　　　D. 分割税制
   E. 分割税基

793. 我国财政支出划分的具体做法中,使地方支出与其组织的收入挂钩的形式有(　　)。
   A. 统收统支　　　　　　　　B. 收入分类分成
   C. 总额分成　　　　　　　　D. 分税制
   E. 定额上缴

刷进阶　　　　　　　　　　　　　　　　　　　　　　　　　　　　　　　　　高频进阶　强化提升

794. 我国改革和完善中央对地方转移支付制度的措施有(　　)。
   A. 优化转移支付结构
   B. 完善一般性转移支付制度
   C. 从严控制专项转移支付、规范专项转移支付分配和使用
   D. 强化转移支付预算管理
   E. 增加转移支付金额

795. 我国新修订的《预算法》对规范专项转移支付的规定包括(　　)。
   A. 建立专项转移支付稳定增长机制　　B. 建立专项转移支付定期评估机制
   C. 建立专项转移支付退出机制　　　　D. 规范资金分配
   E. 取消地方资金配套要求

796. 在多级政府体系中,政府间事权划分的基本依据有(　　)。
   A. 外部性原则　　　　　　　B. 俱乐部理论
   C. 信息复杂性原则　　　　　D. 公共财政理论
   E. 激励相容原则

797. 我国中央对地方转移支付类型包括(　　)。
   A. 一般性转移支付　　　　　B. 特殊性转移支付
   C. 专项转移支付　　　　　　D. 平衡性转移支付
   E. 集约性转移支付

798. 根据我国的现实以及政府间事权划分的原则,下列各中应由中央管理的有(　　)。
   A. 医疗保险　　　　　　　　B. 义务教育支出
   C. 跨境重点交通建设支出　　D. 界河管理支出
   E. 失业保险

第十二章　国有资产管理

刷基础　　　　　　　　　　　　　　　　　　　　　　　　　　　　　　　　　紧扣大纲　夯实基础

799. 关于资源性国有资产管理的说法,正确的有(　　)。

A. 资源的所有权由国家管理，各单位行使
B. 勘察资源时征求有关部门的同意即可勘察
C. 资源的开采权不得买卖、出租，但可以抵押给政府部门
D. 乡镇集体企业和个人开采自然资源，应依法申请批准
E. 自然资源由全民所有

800. 国有企业取得的下列收入中，属于国有资产收益的有( )。
   A. 各项税收　　　　　　　　B. 企业利润
   C. 资产租金　　　　　　　　D. 投资分红
   E. 资产占用费

801. 以下情形中，事业单位应当对相关国有资产进行评估的有( )。
   A. 整体或部分改制为企业
   B. 以非货币性资产对外投资
   C. 合并、分立、清算
   D. 整体或部分资产租赁给国有单位
   E. 确定涉讼资产价值

802. 国有流动资产的具体形态包括( )。
   A. 机器设备　　　　　　　　B. 银行存款
   C. 短期投资　　　　　　　　D. 存货
   E. 待处理财产

803. 国有无形资产包括( )。
   A. 专利权　　　　　　　　　B. 土地使用权
   C. 商标权　　　　　　　　　D. 非专利技术
   E. 应收及预付款项

804. 行政单位应当对下列( )等资产进行评估。
   A. 行政单位取得的没有原始价格凭证的资产
   B. 拍卖国有资产
   C. 无偿转让国有资产
   D. 置换国有资产
   E. 国有资产发生非正常损失

805. 行政单位国有资产管理活动，应当遵循( )原则。
   A. 资产管理与财务管理相结合
   B. 政府管理与地方管理相结合
   C. 实物管理与价值管理相结合
   D. 市场管理与计划管理相结合
   E. 资产管理与预算管理相结合

806. 国有资产管理部门对国有资产管理的主要内容包括( )。
   A. 对企业负责人进行管理
   B. 对企业重大事项进行管理

C. 对企业日常经营进行直接管理

D. 对企业国有资产进行管理

E. 对企业国有资产进行监督

807. 行政事业单位国有资产主要存在于( )。
   A. 人民团体　　　　　　　　B. 国家机关
   C. 军队　　　　　　　　　　D. 国有企业
   E. 国有控股企业

808. 国有资产基础管理包括( )。
   A. 清产核资　　　　　　　　B. 产权界定
   C. 资产处置　　　　　　　　D. 产权登记
   E. 经营方式

第十三章　财政平衡与财政政策

刷基础

809. 根据在国民经济总量方面的不同功能，财政政策可以分为( )。
   A. 宏观财政政策　　　　　　B. 扩张性财政政策
   C. 微观财政政策　　　　　　D. 紧缩性财政政策
   E. 中性财政政策

810. 财政政策对国民经济运行调节的特点有( )。
   A. 间接性　　　　　　　　　B. 直接性
   C. 自愿性　　　　　　　　　D. 强制性
   E. 挤出性

811. 以下属于选择性货币政策工具的有( )。
   A. 消费者信用控制　　　　　B. 不动产信用控制
   C. 优惠汇率　　　　　　　　D. 预缴出口保证金
   E. 证券市场信用控制

812. 为控制通货膨胀可采取的财政政策有( )。
   A. 减少公共支出　　　　　　B. 增加公共投资
   C. 增加税收　　　　　　　　D. 减少税收
   E. 提高法定存款准备金率

813. 下列政策工具中，属于财政政策的工具有( )。
   A. 利息率　　　　　　　　　B. 政府预算
   C. 税收　　　　　　　　　　D. 再贴现率
   E. 公共支出

814. 关于财政政策与货币政策统一性的说法，正确的有( )。
   A. 二者的调控目标都是宏观经济调控目标
   B. 二者都是供给管理政策
   C. 从经济运行的统一性来看，财政、信贷与货币发行之间有着不可分割的内在联系，任何一方的变化，都会引起其他方面的变化

D. 二者的政策主体都是中央政府
　　E. 如果两个政策目标不统一协调，必然造成政策效应的相悖

815. 关于财政赤字的说法，正确的有(　　)。
　　A. 硬赤字和软赤字是根据统计口径的不同对财政赤字进行的分类
　　B. 主动赤字是政府推行赤字财政政策的必然结果
　　C. 预算执行结果收不抵支会产生决算赤字
　　D. 总赤字与充分就业赤字的差额是周期性赤字
　　E. 决算赤字只能通过举借债务来弥补

816. 财政管理实践中坚持财政收支平衡的意义有(　　)。
　　A. 保证社会总需求和总供给平衡
　　B. 有利于实现无通货膨胀的经济运行
　　C. 保证财政收入的及时取得
　　D. 能够增加债务收入
　　E. 有利于减少汇兑损失

刷进阶

817. 公债作为一种财政政策工具，其调节作用主要表现在(　　)。
　　A. 调节企业效益　　　　　　B. 调节地区差异
　　C. 调节国民收入的使用结构　　D. 调节产业结构
　　E. 调节资金供求和货币流通

818. 税收在调节个人收入分配不公方面，真正发挥作用的税种有(　　)。
　　A. 个人所得税　　　　　　　B. 社会保障税
　　C. 契税　　　　　　　　　　D. 房产税
　　E. 印花税

819. 属于内在稳定器的财政政策有(　　)。
　　A. 增加财政支出　　　　　　B. 减少税收收入
　　C. 累进税制度　　　　　　　D. 失业保险制度
　　E. 调整财政补贴

820. 税收的调节作用主要通过(　　)等体现出来。
　　A. 利率调整　　　　　　　　B. 税负分配
　　C. 税收优惠　　　　　　　　D. 税收惩罚
　　E. 税制改革

刷 案例分析题

案例分析题 答题技巧

《专业知识与实务》中的案例分析题的得分规则与多项选择题类似。每题的4个备选项中，有1~3个选项符合题意，至少有1个错项。错选，该题不得分；少选，所选的每个选项得0.5分。本着谨慎原则，不确定的项目不选，拿满分很困难，拿60%~70%左右的分数相对较容易。关键在于协调好答题时间，不在前面不会的题目（尤其是多项选择题）上浪费时间，案例分析题只要拿到二十几分，加上前面题型最基本的分数，那么通过考试十拿九稳。

第四章 货物和劳务税制度

举一反三
高效通关

（一）

某首饰商城为增值税一般纳税人，2020年4月发生以下业务。

（1）零售金银首饰与镀金首饰组成的套装礼盒，取得收入29万元，其中金银首饰收入20万元，镀金首饰收入9万元。

（2）采取"以旧换新"方式向消费者销售金项链2000条，新项链每条零售价0.25万元，旧项链每条作价0.22万元，每条项链取得差价款0.03万元。

（3）为个人定制加工金银首饰，由个人提供原料含税金额30.42万元，商场取得个人支付的含税加工费收入4.38万元（商城无同类首饰价格）。

（4）用300条银基项链抵偿债务，该批项链账面成本为39万元，零售价69.6万元。

（5）外购金银首饰一批，取得普通发票，注明价款400万元；外购镀金首饰一批，取得增值税专用发票，注明价款50万元、增值税6.5万元。

其他相关资料：金银首饰零售环节消费税税率5%；成本利润率6%。

821. 该商城销售成套礼盒应缴纳消费税（　　）万元。
   A. 0.855　　　　　　　　　　B. 1
   C. 1.283　　　　　　　　　　D. 1.463

822. "以旧换新"方式销售金项链应缴纳消费税（　　）万元。
   A. 2.65　　　　　　　　　　B. 3
   C. 21.37　　　　　　　　　　D. 25

823. 为个人定制加工金银首饰应缴纳消费税（　　）万元。
   A. 1.5　　　　　　　　　　B. 1.62
   C. 1.6　　　　　　　　　　D. 1.85

824. 用银基项链抵偿债务应缴纳消费税( )万元。
    A. 3.51   B. 3.08
    C. 2.16   D. 2.05

825. 商城4月份应缴纳增值税( )万元。
    A. 12.28   B. 28.54
    C. 37.04   D. 38

(二)

某工业企业为增值税一般纳税人,生产销售机床,适用增值税率为13%。2020年5月发生下列业务。

(1)购进原材料一批,取得增值税专用发票,注明价款40万元、增值税5.2万元,材料已经验收入库,款项尚未支付。

(2)购进低值易耗品一批,取得增值税专用发票,注明价款5万元、增值税0.65万元,款项已经支付,低值易耗品尚未验收入库。

(3)销售机床给甲公司,开出增值税专用发票,价款90万元,增值税11.7万元;同时收取包装物押金3.39万元。

(4)将产品投资入股20万元(成本价),该企业没有同类产品售价,适用成本利润率10%。

(5)销售2010年1月购入的一台设备,取得全部销售收入2.26万元。

(6)该企业附设一非独立核算的维修部,取得产品维修费全部收入1.13万元。

826. 本月销售给甲公司的机床应计提增值税销项税额( )元。
    A. 4 800   B. 117 000
    C. 148 800   D. 149 568

827. 本月允许抵扣增值税进项税额( )元。
    A. 64 000   B. 68 000
    C. 58 500   D. 80 000

828. 视同销售的投资入股产品的增值税计税价格为( )元。
    A. 20 000   B. 220 000
    C. 240 000   D. 260 000

829. 销售设备应计提增值税销项税额( )元。
    A. 450   B. 681
    C. 900   D. 2 600

830. 本月应缴纳增值税( )元。
    A. 110 400   B. 91 000
    C. 113 600   D. 116 800

(三)

某生产性企业为增值税一般纳税人,主要生产高档自行车,适用增值税税率为13%,2020年2月份有关会计资料如下。

(1)采取分期收款方式销售自行车1 000辆,每辆不含税价格为1 000元,按合同规定本月应收总价款的50%。但是由于对方企业资金紧张,企业未收到货款。

(2)销售自行车100辆给小规模纳税人,同时收取包装费10 000元,单独记账核算的包装物押金20 000元,合同规定三个月后包装物退回时返还押金。
(3)采用以旧换新方式销售自行车10辆,旧货折价每辆100元。
(4)企业购进原材料,取得的增值税专用发票上注明价款100 000元,税款13 000元。
(5)从小规模纳税人处购进原材料,取得的普通发票上注明价款20 000元。
(6)为购进上述原材料发生运费支出,取得增值税专用发票,注明运费2 500元,增值税225元。款项已支付。

831. 该企业当月的应税销售额包括( )。
    A. 分期收款方式销售合同规定的本月应收款
    B. 销售自行车收取的包装费
    C. 销售自行车收取的包装物押金
    D. 购进原材料发生的运费支出

832. 本月销项税额为( )元。
    A. 20 152.99   B. 20 400
    C. 54 400   D. 80 450.44

833. 当月的全部进项税额为( )元。
    A. 16 000   B. 16 140
    C. 13 225   D. 20 045.98

834. 当月应纳增值税( )元。
    A. 2 842.99   B. 36 842.99
    C. 37 260   D. 67 225.44

835. 关于增值税的说法,正确的有( )。
    A. 一般纳税人从小规模纳税人处购买的商品,进项税额一律不得扣除
    B. 一般纳税人购买货物支付的运费,进项税额按6%扣除率计算
    C. 目前,一般纳税人与小规模纳税人的界限越来越模糊
    D. 一般纳税人收购农产品,取得农产品收购发票,按9%税率计算进项税额

(四)
北京某货运公司(增值税一般纳税人)2019年11月发生如下业务。
(1)购入新载货车,取得增值税专用发票注明税额5.1万元。
(2)购买成品油,取得增值税专用发票注明税额4.25万元。
(3)购买材料、低值易耗品,取得增值税专用发票注明税额5.92万元。
(4)修理载货车,取得增值税专用发票注明税额2.32万元。
(5)货运业务取得含税收入116.55万元。
(6)装卸搬运服务取得含税收入12.72万元。
(7)经营性出租载货车(不配司机)业务取得含税收入70.2万元(租赁合同约定每月租赁费23.4万元,二季度租赁费在季度初一次性支付)。
(8)销售旧载货车(2010年3月购入,且未抵扣进项税额),取得含税收入20.8万元。

836. 该货运公司当月应该抵扣进项税额( )万元。
    A. 10.17   B. 11.69
    C. 15.72   D. 17.59

837. 该货运公司当月销项税额( )万元。

A. 16.07 B. 18.42
C. 22.87 D. 23.27

838. 该货运公司当月销售旧载货车业务应纳增值税( )万元。
 A. 0 B. 0.4
 C. 0.404 D. 0.416

839. 该货运公司当月应纳增值税( )万元。
 A. 0 B. 5.20
 C. 1.234 D. 3.666

840. 关于该货运公司涉税业务的说法，正确的有( )。
 A. 购入新载货车属于固定资产，不能抵扣进项税额
 B. 货运和装卸搬运服务均按9%税率计算销项税额
 C. 销售旧载货车不涉及货物和劳务税问题
 D. 经营性出租载货车应按13%税率缴纳增值税

(五)

某白酒生产企业为增值税一般纳税人，2020年6月的业务如下。

(1)向某烟酒专卖店销售粮食白酒30吨，开具普通发票，取得收入350万元。

(2)将外购价值6万元的贡酒委托乙企业加工散装药酒1 000千克，收回时向乙企业支付不含增值税的加工费1万元，乙企业无同类产品售价，但已代收代缴消费税。

(3)委托加工收回后将其中700千克散装药酒继续加工成瓶装药酒1 500瓶，与自产粮食白酒组成成套礼盒对外销售，每套礼盒中含药酒2瓶，500克白酒2瓶，共出售750套礼盒，每套含税销售价255.2元；将200千克散装药酒馈赠给相关单位；剩余100千克散装药酒作为福利分给职工。同类药酒的含税销售价为每千克150元。

已知：药酒的消费税率为10%；白酒的消费税税率为20%，0.5元/500克。

841. 白酒生产企业向专卖店销售白酒应缴纳消费税( )万元。
 A. 73.00 B. 70.00
 C. 62.83 D. 64.95

842. 乙企业已代收代缴消费税( )万元。
 A. 0 B. 0.778
 C. 0.800 D. 1.282

843. 白酒生产企业本月销售成套礼盒应纳消费税( )万元。
 A. 3.4 626 B. 3.3 000
 C. 2.2 403 D. 1.6 500

844. 白酒生产企业本月馈赠散装药酒应纳增值税( )万元。
 A. 0 B. 0.3 846
 C. 0.3 451 D. 0.9 000

845. 关于白酒生产企业涉税处理的说法，正确的有( )。
 A. 若白酒生产企业额外收取品牌使用费，不缴纳增值税、消费税
 B. 若白酒生产企业额外收取品牌使用费，应计算缴纳增值税
 C. 若白酒生产企业额外收取品牌使用费，应计算缴纳消费税
 D. 白酒生产企业本月分给职工散装药酒，应视同销售计算缴纳增值税

（六）

北京地区的某服装厂为增值税一般纳税人，2019年10月份发生如下经济业务。

(1)购进布料一批，取得的增值税专用发票上注明价款300万元、税额39万元；购进生产设备两台，取得的增值税专用发票上注明价款20万元、税额2.6万元；取得甲运输公司开具的运费增值税专用发票上注明运费0.5万元、税额0.045万元；购进装修办公室所用材料(假设一次抵扣进项税额)，取得的增值税专用发票上注明价款6万元、税额0.78万元，同时取得乙运输公司开具的增值税专用发票上注明运费2万元、税额0.18万元。

(2)本月销售服装，开具的增值税专用发票注明价款合计1 000万元，该厂门市部直接销售给消费者个人服装，收取现金合计11.3万元。

(3)本月将自产新款服装一批交给工会组织作为职工福利，该批服装生产成本25万元，市场不含税售价为40万元。

(4)本月对外临时出租仓库两间，一次性收取含税租金收入10万元，企业选择简易计税方法计税。

846. 该服装厂当月增值税进项税额为( )万元。
　　A. 42.61　　　　　　　　　B. 42.38
　　C. 40.01　　　　　　　　　D. 39.05

847. 该服装厂当月增值税销项税额为( )万元。
　　A. 130.0　　　　　　　　　B. 131.3
　　C. 135.2　　　　　　　　　D. 136.5

848. 该服装厂当月出租仓库应纳增值税( )万元。
　　A. 0　　　　　　　　　　　B. 0.3
　　C. 0.48　　　　　　　　　 D. 0.5

849. 该服装厂当月应缴纳增值税( )万元。
　　A. 94.37　　　　　　　　　B. 94.60
　　C. 93.07　　　　　　　　　D. 95.67

850. 下列说法符合现行税法规定的有( )。
　　A. 由于我国目前实行的是生产型增值税，所以该服装厂购进生产设备支付的增值税额不能抵扣进项税额
　　B. 从2014年1月1日起，运输企业全部纳入"营改增"范围，所以，该服装厂外购货物取得运输公司开具的增值税专用发票上注明的税额符合规定的，均作为当期进项税额准予抵扣
　　C. 该服装厂通过门市部对外销售取得的现金收入也要作为应税收入，按照规定计算缴纳增值税
　　D. 该服装厂当月对外出租仓库取得的收入应按照有形资产租赁业务计算缴纳增值税

（七）

某农机生产企业为增值税一般纳税人，2019年10月发生以下业务。

(1)外购原材料，取得普通发票，注明价税合计50 000元，原材料已入库；另支付给一般纳税人运输企业运输费用3 000元，取得增值税专用发票。

(2)外购农机零配件，取得增值税专用发票，注明价款140 000元，本月生产领用价

90 000元的农机零配件;另支付给小规模纳税人运输企业运输费用5 000元,取得由税务机关代开的增值税专用发票。

(3)生产领用8月份外购的钢材一批,成本85 000元;企业在建食堂领用9月份外购的钢材一批,成本70 000元,其中含运费成本2 790元(当地一般纳税人运输企业提供运输服务,并收到其开具的增值税专用发票),已抵扣进项税。

(4)销售农用机械一批,取得不含税销售额430 000元,另收取包装费15 000元。

(5)销售一批农机零部件,取得含税销售额39 000元。

(6)提供农机维修业务,开具普通发票,注明价税合计37 700元。

企业取得的增值税专用发票均在当月通过认证。

851. 本月该企业的销项税额为(　　)元。
　　A. 86 046.16　　　　　　　　B. 68 392.33
　　C. 66 666.67　　　　　　　　D. 48 762.43

852. 本月该企业购进货物准予抵扣进项税额(　　)元。
　　A. 18 550.00　　　　　　　　B. 24 150.00
　　C. 18 620.00　　　　　　　　D. 31 624.96

853. 本月该企业进项税转出额为(　　)元。
　　A. 6 947.30　　　　　　　　B. 7 975.56
　　C. 8 988.40　　　　　　　　D. 9 911.84

854. 本月该企业应纳增值税(　　)元。
　　A. 39 130.83　　　　　　　　B. 44 217.89
　　C. 55 844.93　　　　　　　　D. 55 878.03

855. 若该纳税人采用特殊销售方式销售其产品,下列说法不正确的有(　　)。
　　A. 自产货物用于实物折扣的,应视同销售货物,该实物款额不得从货物销售额中扣除
　　B. 采取还本销售货物,不得从销售额中减除还本支出
　　C. 采取以旧换新方式销售货物,以实际收取的不含增值税价款确定销售额
　　D. 采取以物易物方式销售货物,双方都不得抵扣换进货物的进项税额

(八)

北京某工业企业为增值税一般纳税人,主要生产销售各种型号发电机组。2019年9月的有关资料如下。

(1)本月发出8月份以预收货款方式销售给某机电设备销售公司的发电机组3台,每台不含税售价30 000元,另向购买方收取包装物租金3 390元。

(2)企业采取分期收款方式销售给某单位大型发电机组1台,开具普通发票,金额为237 300元。书面合同规定9月、10月、11月三个月每月付款79 100元。

(3)委托某代理商代销10台小型发电机组,协议规定,代理商按每台含税售价25 000元对外销售,并按该价格与企业结算,手续费按每台500元计算,在结算货款时抵扣。产品已发给代理商,代理商本月无销售。

(4)为本企业职工食堂专门自制发电机组1台,本月移送并开始安装。该设备账面成本为35 000元,无同类型产品销售价。

(5)外购原材料一批,增值税专用发票上注明的进项税额为1 000元,货款已经支付,材料已验收入库。

(6)进口原材料一批,关税完税价折合人民币 120 000 元,假设进口关税税率为 50%。另从报关地运到企业,支付运费 5 000 元,取得增值税专用发票。原材料已验收入库。已知取得的作为增值税扣除依据的相关凭证均在本月认证并申报抵扣。

根据以上资料,回答下列问题。

856. 该企业采用预收货款方式销售发电机组的销项税额是( )元。
 A. 0 B. 14 400
 C. 12 090 D. 14 956.8

857. 该企业采取分期收款方式销售发电机组,本月的销项税额是( )元。
 A. 9 100 B. 12 992
 C. 27 300 D. 38 976

858. 该企业委托代销发电机组的销项税额是( )元。
 A. 0 B. 3 448.27
 C. 34 482.76 D. 35 172.41

859. 进口原材料的进项税额是( )元。
 A. 22 600 B. 22 755
 C. 23 850 D. 23 865

860. 该企业当月应纳增值税税额是( )元。
 A. 1 345 B. 1 399
 C. 1 420 D. 2 380

(九)

餐饮企业甲 2019 年 6 月发生如下业务。

(1)实现餐饮营业收入 770 万元。

(2)转让一栋房产,该房产是 5 年前由债务人抵债而得,当时冲抵的债务金额是 650 万元,此次售价 800 万元(该企业选择适用简易计税办法计税)。

(3)授权境内中餐馆乙使用其字号,当月取得特许权使用费收入 50 万元。

(4)将一辆使用 7 年、未抵扣进项税额的小轿车出售,售价 19.57 万元。

(5)当月购进商品取得增值税专用发票注明增值税税额为 41.82 万元。

甲企业已登记为增值税一般纳税人,以上收入均为含税收入,增值税专用发票已经通过主管税务机关的认证,计算结果以万元为单位,保留小数点后两位,假设该企业不符合加计抵减政策。

861. 甲企业餐饮营业收入应确认的增值税销项税额为( )万元。
 A. 23.10 B. 36.67
 C. 43.58 D. 46.20

862. 甲企业转让房产应确认的增值税税额为( )万元。
 A. 7.14 B. 7.50
 C. 4.37 D. 40.00

863. 甲企业取得的特许权使用费应确认的增值税销项税额为( )万元。
 A. 0 B. 2.83
 C. 3.00 D. 8.50

864. 甲企业当月应缴纳的增值税税额为( )万元。

A. 4.97 B. 7.80
C. 11.73 D. 12.11

865. 关于甲企业税务处理的说法，正确的是(　　)。
   A. 甲企业提供餐饮服务，可以选择简易计税方法
   B. 甲企业现场制作食品并直接销售给消费者，按照餐饮服务缴纳增值税
   C. 甲企业授权中餐馆乙使用甲企业字号，可以选择简易计税方法
   D. 甲企业处置使用7年的小轿车，可以选择简易计税方法

第五章　所得税制度

刷通关　　　　　　　　　　　　　　　　　　　举一反三 高效通关

（十）

中国居民张先生2020年1月从中国境内取得收入的情况如下。
(1)从任职公司取得工资收入16 500元。
(2)出租闲置商用临街店铺取得租金收入80 000元。
(3)取得国家发行的金融债券利息收入40 000元。
(4)购买彩票1 000元，取得中奖所得12 000元。
(5)取得保险赔款30 000元。
(6)取得国债利息收入5 000元。
(7)转让六年前购买的符合条件的住房一套，售价1 500 000元，支付相关税费合计30 000元。房屋购买时价格为300 000元(含税费)。
其他资料：张先生每月专项扣除金额为3 000元。

866. 张先生1月份的工资收入应预扣预缴个人所得税(　　)元。
   A. 255 B. 640
   C. 890 D. 940

867. 张先生的房屋租赁收入应纳个人所得税(　　)元。
   A. 8 960 B. 11 200
   C. 12 800 D. 16 000

868. 张先生的金融债券利息收入应纳个人所得税(　　)元。
   A. 0 B. 6 400
   C. 8 000 D. 9 600

869. 张先生的中奖所得应纳个人所得税(　　)元。
   A. 0 B. 1 280
   C. 1 600 D. 2 400

870. 关于张先生涉税实务的说法，正确的有(　　)
   A. 张先生取得的国债利息收入应缴纳1 000元的个人所得税
   B. 张先生取得的保险赔款属于偶然所得，适用个人所得税20%税率
   C. 张先生转让房产所得应纳税额为23.4万元
   D. 张先生的工资收入属于综合所得，适用超额累进税率

(十一)

湖北某高新技术企业，为增值税一般纳税人，2019年度该企业有关经营资料如下。

(1)取得产品销售收入2 300万元，股票发行溢价收入150万元，国库券利息收入160万元。

(2)职工工资100万元，职工教育经费10万元；产品销售成本1 100万元，销售费用450万元(含业务宣传费200万元)；财务费用220万元，其中年初向银行借款500万元用于建造厂房，期限1年，该厂房于10月31日完工结算，计划从明年开始投入使用，向银行支付的本年借款利息30万元全部计入财务费用；管理费用300万元，其中含关联企业管理费用60万元。

(3)"营业外支出"账户记载金额45万元，其中合同违约金5万元，通过红十字会向希望小学捐赠40万元。

871. 企业税前准予扣除职工教育经费( )万元。
    A. 2   B. 2.5
    C. 7.5   D. 8

872. 该企业税前可以扣除的销售费用、财务费用、管理费用之和为( )万元。
    A. 970   B. 885
    C. 910   D. 952.5

873. 今年企业所得税前可以扣除营业外支出( )万元。
    A. 12   B. 28.2
    C. 36.2   D. 45

874. 该企业应纳企业所得税( )万元。
    A. 25.62   B. 39
    C. 42.7   D. 65

875. 该企业的下列固定资产可以计算折旧扣除的有( )。
    A. 未使用的房   B. 以经营租赁方式租入的设备
    C. 以融资租赁方式租出的厂房   D. 单独估价作为固定资产入账的土地

(十二)

A企业所在地为甘肃兰州，属于西部地区鼓励类产业企业。2019年A企业部分财务数据如下所示：实际支付合理的工资薪金总额400万元，实际发生职工福利费70万元，职工教育经费30万元。另外，企业为全体员工购买补充养老保险支付60万元，购买补充医疗保险支付25万元。

876. 不考虑其他因素，该企业适用的企业所得税税率为( )
    A. 10%   B. 15%
    C. 20%   D. 25%

877. 该企业本年度不得税前扣除的职工福利费为( )万元。
    A. 0   B. 14
    C. 56   D. 70

878. 该企业本年度准予税前扣除的职工教育经费为( )万元。
    A. 20   B. 28
    C. 30   D. 32

879. 该企业本年度针对补充养老保险费的纳税调整金额为( )万元。
    A. 0   B. 20
    C. 40   D. 60

880. 该企业本年度允许税前扣除的补充医疗保险费金额为( )万元。
    A. 10   B. 15
    C. 20   D. 25

(十三)

一家天津注册的技术先进型服务企业，2019年度支付合理的工资薪金总额300万元（其中，残疾职工工资50万元），实际发生职工教育经费50万元。本年6月，购入电脑10台，单价4 500元，当月投入使用。另外，企业当年购置节能节水专用设备800万元，购置完毕即投入使用。

881. 该企业本年度允许税前扣除工资薪金( )万元。
    A. 250   B. 300
    C. 350   D. 400

882. 该企业本年度允许税前扣除职工教育经费( )万元。
    A. 5   B. 24
    C. 26   D. 50

883. 该企业本年度允许税前扣除电脑折旧( )万元。
    A. 0.75   B. 1.50
    C. 4.50   D. 6.75

884. 根据企业所得税法，企业购置并实际使用节能节水专用设备，可以按设备投资额的一定比例抵免企业当年的应纳税额，则该企业当年至多可以抵免应纳税额( )万元。
    A. 40   B. 80
    C. 320   D. 800

885. 根据企业所得税法，税务机关在对企业发生的工资薪金进行合理性确认时，应该掌握的原则包括( )。
    A. 企业制定了较为规范的员工工资薪金制度
    B. 企业所制定的工资薪金制度不一定符合行业水平
    C. 企业在一定时期所发放的工资薪金可以随机调整
    D. 有关工资薪金的安排，不以减少税款为目的

(十四)

某跨地区经营汇总缴纳企业所得税的企业，总公司设在北京，在上海和南京分别设有一个分公司，2019年6月共实现应纳税所得额2 000万元，假设企业按月预缴，企业所得税税率为25%，另外，上海分公司上年度的营业收入、职工薪酬和资产总额分别为400万元、100万元、500万元；南京分公司上年度的营业收入、职工薪酬和资产总额分别为1 600万元、300万元和2 000万元。营业收入、职工薪酬和资产总额的权重依次为0.35、0.35和0.30。7月，该企业按规定在总机构和分支机构之间计算分摊税款就地预缴。

886. 该企业2019年6月应纳企业所得税( )万元。
    A. 300   B. 400

C. 500   D. 600

887. 总公司在北京就地分摊预缴企业所得税( )万元。
    A. 50   B. 150
    C. 200   D. 250

888. 上海分公司就地分摊预缴企业所得税( )万元。
    A. 54.375   B. 75.000
    C. 87.500   D. 125.000

889. 南京分公司就地分摊预缴企业所得税( )万元。
    A. 125.000   B. 162.000
    C. 175.000   D. 195.625

890. 关于跨地区(指跨省、自治区、直辖市和计划单列市)经营汇总纳税企业所得税征收管理的说法，正确的有( )。
    A. 总机构和二级分机机构，就地分摊缴纳企业所得税
    B. 二级分支机构不就地分摊企业汇算清缴应缴应退税款
    C. 企业所得税分月或者分季预缴，由总机构和二级分支机构所在地主管税务机关分别核定
    D. 总机构应将本期企业应纳所得税额的50%部分，在每月或季度终了后15天内就地申报预缴

(十五)

我国居民李某2020年的收入情况如下。
(1)1月份与一家培训机构签订了半年的劳务合同，合同规定，从1月起每周六为该培训中心授课一次，每次报酬300元，当月为培训中心授课4次。
(2)8月份与某出版社签订出版合同，李某的一篇学术论文由该出版社出版，并且在市场上热销，取得稿酬40 000元。
(3)9月份出租闲置住房取得收入5 000元。
(4)10月购买福利彩票，中奖所得7 000元。
(5)12月获得联合国环境保护方面的荣誉并获得奖金人民币1 003元。

891. 李某1月份授课收入应预扣预缴个人所得税( )元。
    A. 0   B. 56
    C. 80   D. 240

892. 李某8月取得的稿酬所得共应预扣预缴个人所得税( )元。
    A. 3 910   B. 4 480
    C. 5 488   D. 6 400

893. 李某出租房屋所得应纳个人所得税( )元。
    A. 560   B. 10 000
    C. 840   D. 800

894. 李某购买彩票的中奖收入应缴纳个人所得税( )元。
    A. 1 000   B. 1 400
    C. 1 820   D. 2 000

895. 李某从联合国获得的奖金应纳个人所得税( )元。

A. 0　　　　　　　　　　　　B. 80
C. 90　　　　　　　　　　　　D. 170

（十六）

一家在北京设立的高新技术企业，上年度实际支付合理的工资薪金总额 300 万元，实际发生职工福利费 60 万元，职工教育经费 20 万元。另外，企业为全体员工购买补充养老保险支付 50 万元，购买补充医疗保险支付 20 万元。

896. 不考虑其他因素，该企业适用企业所得税税率（　　）。
　　A. 10%　　　　　　　　　　B. 15%
　　C. 20%　　　　　　　　　　D. 25%

897. 该企业上年度职工福利费调增应纳税所得额（　　）万元。
　　A. 0　　　　　　　　　　　B. 18
　　C. 42　　　　　　　　　　　D. 60

898. 该企业上年度允许税前扣除职工教育经费（　　）万元。
　　A. 4.5　　　　　　　　　　B. 6
　　C. 7.5　　　　　　　　　　D. 20

899. 该企业上年度针对补充养老保险费调增应纳税所得额（　　）万元。
　　A. 0　　　　　　　　　　　B. 15
　　C. 35　　　　　　　　　　　D. 50

900. 该企业上年度允许税前扣除补充医疗保险费（　　）万元。
　　A. 7.5　　　　　　　　　　B. 10
　　C. 12　　　　　　　　　　　D. 15

（十七）

王某是一位作家，2020 年度取得以下收入。
(1) 3 月出版一本短篇小说集，取得稿费 50 000 元。
(2) 3 月份为国内某单位讲座，取得酬金 6 000 元；5 月份为另一单位讲座，取得酬金 30 000 元。
(3) 6 月受某企业聘请，任职该企业技术顾问取得劳务报酬 3 000 元。
(4) 7 月份将市区内闲置的一处住房出租用于他人居住，租期 1 年，每月租金 2 000 元，房产原值 70 万元。当地政府规定按房产原值一次扣除 30% 后的余值计征房产税。
(5) 9 月获得国家发行的某金融债券利息收入 60 000 元。

901. 王某取得的稿酬所得及改编许可费所得应预扣预缴个人所得税（　　）元。
　　A. 6 720　　　　　　　　　B. 5 600
　　C. 8 000　　　　　　　　　D. 9 600

902. 王某的国内讲座取得的酬金应预扣预缴个人所得税（　　）元。
　　A. 5 760　　　　　　　　　B. 6 160
　　C. 6 640　　　　　　　　　D. 8 800

903. 王某 6 月受聘为技术顾问的收入应预扣预缴个人所得税（　　）元。
　　A. 0　　　　　　　　　　　B. 440
　　C. 480　　　　　　　　　　D. 600

904. 王某今年出租房屋应缴纳房产税（　　）元。

A. 0　　　　　　　　　　　　B. 480
C. 960　　　　　　　　　　　D. 3 420

905. 9月获得的金融债券利息收入应缴纳个人所得税（　　）元。
A. 0　　　　　　　　　　　　B. 672
C. 960　　　　　　　　　　　D. 1 200

（十八）

某自行车制造企业，2019年实现产品销售收入2 000万元，支付合理的工资薪金总额200万元（其中，残疾职工工资50万元），实际发生职工福利费60万元，为全体员工支付补充医疗保险费40万元，发生广告费和业务宣传费500万元。另外，企业当年购置安全生产专用设备500万元，购置完毕即投入使用。

906. 该企业本年度允许税前扣除的工资薪金数额为（　　）万元。
A. 150　　　　　　　　　　　B. 200
C. 250　　　　　　　　　　　D. 300

907. 该企业本年度不得税前扣除的职工福利费为（　　）万元。
A. 28　　　　　　　　　　　　B. 32
C. 55　　　　　　　　　　　　D. 60

908. 该企业本年度允许税前扣除的补充医疗保险费为（　　）万元。
A. 40　　　　　　　　　　　　B. 30
C. 10　　　　　　　　　　　　D. 5

909. 该企业本年度允许税前扣除的广告费和业务宣传费为（　　）万元。
A. 200　　　　　　　　　　　B. 300
C. 500　　　　　　　　　　　D. 600

910. 企业所得税法规定，企业购置并实际使用环境保护专用设备，可以按设备投资额的一定比例抵免企业当年的应纳所得税额，则该企业至多可以抵免本年的应纳所得税额为（　　）万元。
A. 25　　　　　　　　　　　　B. 50
C. 200　　　　　　　　　　　D. 500

第六章　其他税收制度

（十九）

甲企业系煤炭开采企业，2019年相关情况如下。
(1)共计拥有土地65 000平方米，其中企业内部绿化占地2 000平方米。
(2)开采煤炭150万吨，销售100万吨，销售收入300万元。
(3)甲企业共有房产原值4 000万元，1月1日起甲企业将原值200万元、占地面积400平方米的一栋仓库出租给本市乙企业存放货物，租赁合同约定租期1年，每月租金收入1.5万元。
(4)8月10日甲企业对委托施工单位建设的加工车间办理验收手续，由在建工程转入固定资产原值500万元。

已知：甲企业所在地城镇土地使用税4元/平方米，煤炭资源税税率2%，房产税计税余值的扣除比例20%。

911. 关于甲企业纳税的说法，正确的有( )。
    A. 甲企业内部绿化占地不缴纳城镇土地使用税
    B. 甲企业厂区以外绿化占地暂免征收城镇土地使用税
    C. 甲企业自用房产不缴纳房产税
    D. 与乙企业签的租赁合同不缴纳印花税

912. 甲企业应缴纳城镇土地使用税( )万元。
    A. 23.52   B. 24.32
    C. 25.52   D. 26

913. 甲企业出租仓库应缴纳房产税( )万元。
    A. 1.08   B. 1.68
    C. 2   D. 2.16

914. 甲企业应缴纳房产税( )万元。
    A. 36.48   B. 37.44
    C. 40.24   D. 42.36

915. 甲企业应缴纳资源税( )万元。
    A. 0   B. 2
    C. 3   D. 6

(二十)

今年年初甲企业共有生产经营用房产原值5 000万元。其中，原值500万元的房产是1月1日从乙企业承典过来的。另有原值100万元的房产是以融资租赁方式承租的丙企业的房产，双方于去年12月签订融资租赁合同，租期10年，并支付今年租金12万元。今年7月1日起甲企业将其中原值1 000万元、占地面积4 000平方米的一栋仓库出租给某商场存放货物，租期1年，每月租金收入10万元，本年共收取租金60万元。8月25日职工宿舍完工由在建工程转入固定资产原值500万元。(当地规定房产计税余值扣除比例为20%)

916. 关于甲企业承典的乙企业房产的房产税缴纳的说法，正确的是( )。
    A. 甲企业按房产原值缴纳房产税6万元
    B. 甲企业按房产余值缴纳房产税4.8万元
    C. 乙企业按房产原值缴纳房产税6万元
    D. 乙企业按房产余值缴纳房产税4.8万元

917. 该企业生产经营自用的房屋应缴纳房产税( )万元。
    A. 43.2   B. 48
    C. 38.4   D. 36

918. 该企业全年应缴纳房产税( )万元。
    A. 50.4   B. 44.8
    C. 56.8   D. 52

919. 关于房产税的说法，错误的是( )。
    A. 房产税以房产的计税余值或房产租金收入为计税依据

B. 从价计征是按房产的原值减除一定比例后的余值计征

C. 房产税实行按年计算、分期缴纳的征收方法

D. 纳税人委托施工企业建设的房屋，从办理验收手续的当月起，缴纳房产税

920. 关于甲企业以融资租赁方式承租的丙企业房产的房产税的说法，正确的是（　　）。

A. 由丙企业以房产租金收入为依据计算缴纳房产税

B. 甲企业自去年12月起以房产原值扣除折旧后的余额为依据计算缴纳房产税

C. 甲企业自今年1月1日起以房产余值为依据计算缴纳房产税

D. 甲、丙企业都不需要缴纳房产税

（二十一）

某市居民赵甲乙有三套住房，一套住房自家使用。因做生意需要资金周转，将一套住房出售给居民钱丙丁，成交价格为300万元。又将另一套三室两厅两卫的住房与居民孙戊己交换，同时，孙戊己向赵甲乙支付差价款120万元。此后，赵甲乙将此住房按照市场价格出租给居民李庚辛居住，本年全年租金为4万元。假设该省规定按房产原值一次扣除30%后的余值计征房产税，契税税率为5%。

根据以上材料，回答下列问题。

921. 应缴纳契税的居民有（　　）。

A. 赵甲乙　　　　　　　　B. 钱丙丁

C. 孙戊己　　　　　　　　D. 李庚辛

922. 赵甲乙与孙戊己用一套三室两厅两卫的住房交换，并将其出租给李庚辛居住，则下列说法正确的是（　　）。

A. 李庚辛无需缴纳房产税

B. 李庚辛应缴纳房产税0.32万元

C. 李庚辛应缴纳房产税0.24万元

D. 李庚辛应缴纳房产税0.16万元

923. 赵甲乙出租房屋应缴纳的房产税为（　　）万元。

A. 0　　　　　　　　　　B. 0.16

C. 0.32　　　　　　　　　D. 0.64

924. 赵甲乙与孙戊己的房屋交换应缴纳的契约为（　　）万元。

A. 0　　　　　　　　　　B. 6

C. 15　　　　　　　　　　D. 21

925. 以下情形中，免征契税的有（　　）。

A. 城镇职工按规定第一次购买公有住房

B. 金融租赁公司开展售后回租业务，售后回租合同期满，承租人回购原房屋、土地权属的

C. 个人购买家庭唯一住房，面积在90平方米及以下的

D. 在婚姻关系存续期间，房屋权属原归夫妻一方所有，变更为夫妻双方共有

（二十二）

甲公司为2019年新成立的企业，营业账簿中记载实收资本300万，资本公积200万元，新启用其他营业账簿4本，本年发生活动如下。

(1) 因改制签订产权转移书据2份(改制符合相关条件)。

(2) 签订以物易物合同一份，用库存 7 000 元的 A 材料换取对方同等金额的 B 材料。
(3) 签订贴息借款合同一份，总金额 50 万元。
(4) 签订采购合同一份，合同金额为 6 万元，但因故合同未能兑现。

已知：购销合同的印花税税率为 0.03%。

926. 甲公司设置营业账簿应缴纳印花税（　　）元。
　　A. 1 250　　　　　　　　　　B. 1 270
　　C. 1 500　　　　　　　　　　D. 1 520

927. 甲公司签订产权转移书据应缴纳印花税（　　）元。
　　A. 0　　　　　　　　　　　　B. 5
　　C. 10　　　　　　　　　　　 D. 15

928. 甲公司签订以物易物合同应缴纳印花税（　　）元。
　　A. 0　　　　　　　　　　　　B. 2.1
　　C. 4.2　　　　　　　　　　　D. 6.0

929. 甲公司签订的贴息借款合同应缴纳印花税（　　）元。
　　A. 0　　　　　　　　　　　　B. 25
　　C. 150　　　　　　　　　　　D. 250

930. 甲公司签订采购合同应缴纳印花税（　　）元。
　　A. 0　　　　　　　　　　　　B. 18
　　C. 30　　　　　　　　　　　 D. 60

(二十三)

某市房地产开发企业甲现有未出售房产 A、B、C 三套，A 房产建于今年年初，原值 4 000 万元（含地价 600 万），闲置待售；B 房产已完工三年，原值 600 万元，1 月初借给乙企业，乙企业将其作为办公楼使用，合同约定出租期为一年，前两个月为免租期，后 10 个月租金共 100 万元；C 房产于今年 5 月份完工，因公司扩张，在该房产出售前使用该房产作为办公楼，当年使用 6 个月，已知房产原值 800 万元，市场价年租金 10 万元，当地规定按房产原值一次扣缴 30% 后的余值计税。

乙企业去年 12 月底经批准征用一块耕地，占地面积 5 000 平方米，五等地段，用于厂区内绿化。去年 12 月底经批准征用一块非耕地，占地面积 3 000 平方米，属于三等地段。其中医院、托儿所各占 1 000 平方米，其余为工作区。三等地段年城镇土地使用税税额 3 元/平方米，五等地段年城镇土地使用税税额 2 元/平方米。

931. 甲企业就 A 房产今年应缴纳房产税（　　）万元。
　　A. 48.00　　　　　　　　　　B. 33.60
　　C. 28.56　　　　　　　　　　D. 0

932. 甲企业就 B 房产今年应缴纳房产税（　　）万元。
　　A. 12.84　　　　　　　　　　B. 12.00
　　C. 0.84　　　　　　　　　　 D. 0

933. 甲企业就 C 房产今年应缴纳房产税（　　）万元。
　　A. 6.72　　　　　　　　　　 B. 4.5
　　C. 1.2　　　　　　　　　　　D. 7.2

934. 乙企业绿化用地今年全年应缴纳城镇土地使用税（　　）元。

A. 15 000　　　　　　　　　　B. 12 500
C. 10 000　　　　　　　　　　D. 0

935. 乙企业征用的非耕地今年全年应缴纳城镇土地使用税(　　)元。

A. 6 000　　　　　　　　　　B. 3 000
C. 1 000　　　　　　　　　　D. 0

(二十四)

王某长年经营个体运输业务,2019年的相关业务如下。

(1)年初王某签订了20份货物运输合同,合计金额200万元,又将2辆货车出租给某运输队,双方签订了租赁合同,租金为每辆每月1 000元,租期一年。

(2)1月王某将其自用的两处房产分别出租,其中一处为库房,租给某公司,每月取得租金收入2 500元,由于特殊情况,于5月初收回进行大修理,大修理时间为8个月;另一处为住房,王某将一层出租给某餐馆,每月租金3 000元,二层租给邻居李某居住,每月租金500元。

已知:货物运输合同的印花税税率为0.5‰,财产租赁合同的印花税税率为1‰。

936. 王某年初签订的货物运输合同应缴纳印花税(　　)元。

A. 600　　　　　　　　　　B. 624
C. 1 000　　　　　　　　　D. 1 250

937. 王某签订的货车租赁合同应缴纳印花税(　　)元。

A. 2　　　　　　　　　　　B. 6
C. 12　　　　　　　　　　D. 24

938. 王某本年业务(1)应缴纳印花税(　　)元。

A. 600　　　　　　　　　　B. 1 024
C. 1 000　　　　　　　　　D. 1 250

939. 王某本年出租库房应缴纳房产税(　　)元。

A. 300　　　　　　　　　　B. 1 200
C. 1 500　　　　　　　　　D. 3 600

940. 王某本年应缴纳房产税(　　)元。

A. 1 580　　　　　　　　　B. 2 880
C. 5 760　　　　　　　　　D. 6 240

(二十五)

某高新技术企业2019年1月开业,注册资金500万元,当年领用证照及签订相关合同如下。

(1)领受工商营业执照、房屋产权证、土地使用证各一份;建账时共设8个营业账簿,其中有一本资金账簿,记载实收资本500万元,资本公积100万元。

(2)与甲公司签订了一份购销合同,约定用30万元的产品换取30万元的原材料;与乙运输公司签订一项货物运输合同,分别注明运输费10万元和装卸费1万元。

(3)以本公司财产80万元作抵押,向某银行借款100万元,合同规定年底归还,但该公司因资金周转困难,年底无力偿还借款,遂按合同规定将抵押财产产权转移给该银行,并依法签订了产权转移书据。

已知:购销合同的印花税税率0.3‰;货物运输合同、产权转移书据的印花税税率0.5‰。

941. 该企业领用证照及设立账簿应缴纳印花税( )元。
   A. 1 515 B. 2 555
   C. 3 050 D. 3 055

942. 该企业签订买卖合同和运输合同应缴纳印花税( )元。
   A. 140 B. 145
   C. 230 D. 215

943. 该企业签订借款合同和产权转移书据应缴纳印花税( )元。
   A. 100 B. 400
   C. 450 D. 550

944. 关于印花税的说法，错误的是( )。
   A. 机构投资者买卖封闭式证券基金减半征收印花税
   B. 营业账簿中记载资金的账簿，以"实收资本"与"资本公积"两项的合计金额为计税依据
   C. 印花税的税率有比例税率和定额税率两种形式
   D. 已贴花的凭证，修改后所载金额有增加的，其增加部分应当补足印花

945. 下列各项中，免征印花税的有( )。
   A. 作为正本使用的凭证副本
   B. 许可证照
   C. 个人承租住房签订的租赁合同
   D. 金融机构与小型企业、微型企业签订的借款合同

(二十六)

王某2019年2月购入一套95平方米的住房，属于家庭唯一住房，买价300万元。10月购入一套150平方米的房产，买价500万元，11月将该套房产出租给个人居住，租金每月1万元。11月份将某上市公司股票卖出，取得股权转让书据，所载售价为8万元，随后购买了封闭式证券基金10万元。

已知：当地契税税率5%，证券(股票)交易印花税税率为1‰。

946. 王某购入第一套房产需缴纳契税( )万元。
   A. 0 B. 3.0
   C. 4.5 D. 15.0

947. 王某购入第二套房产需缴纳契税( )万元。
   A. 0 B. 5.0
   C. 10.0 D. 12.5

948. 王某本年需缴纳房产税( )万元。
   A. 0 B. 0.08
   C. 0.24 D. 15.00

949. 王某卖出股票应缴纳印花税( )元。
   A. 0 B. 24
   C. 40 D. 80

950. 王某购买基金应缴纳印花税( )元。

A. 0　　　　　　　　　　　　B. 30
C. 50　　　　　　　　　　　　D. 100

（二十七）

某厂厂区实际占地50 000平方米，其中将200平方米的土地无偿提供给政府使用，厂区内还有500平方米的绿化用地。该厂与政府机关共用一栋办公楼，占地面积6 000平方米，建筑面积50 000平方米，楼高10层，政府机关占用7层。同时购进了单独建造的地下建筑物，取得了地下建筑物产权证书和土地使用证书，注明土地面积500平方米，该厂占用25%，政府机关占用75%作为内部停车场。（所在地城镇土地使用税的年税额为4元/平方米）

951. 该厂厂区占地全年应缴纳城镇土地使用税税额为（　　）元。
A. 196 000　　　　　　　　　B. 199 200
C. 193 200　　　　　　　　　D. 0

952. 该厂办公楼占地全年应缴纳城镇土地使用税税额为（　　）元。
A. 60 000　　　　　　　　　　B. 24 000
C. 7 200　　　　　　　　　　 D. 0

953. 政府机关办公楼占地全年应缴纳城镇土地使用税税额为（　　）元。
A. 200 000　　　　　　　　　B. 80 000
C. 24 000　　　　　　　　　　D. 0

954. 政府机关地下建筑物占地全年应缴纳城镇土地使用税税额为（　　）元。
A. 2 000　　　　　　　　　　B. 1 500
C. 750　　　　　　　　　　　D. 0

955. 该厂地下建筑物占地全年应缴纳城镇土地使用税税额为（　　）元。
A. 2 000　　　　　　　　　　B. 500
C. 250　　　　　　　　　　　D. 0

第八章　纳税检查

刷通关　　　　　　　　　　　举一反三
　　　　　　　　　　　　　　　　高效通关

（二十八）

某企业为增值税一般纳税人，适用增值税13%税率。2019年8月发生如下业务。
（1）将商品销售给一般纳税人，取得不含税价款100 000元。
（2）将商品销售给小规模纳税人，价税混合收取22 600元。
（3）预收货款20 000元。
（4）将自产产品用于企业在建厂房，已知其成本为50 000元，不含税对外售价为60 000元。

956. 企业销售商品给一般纳税人，正确的会计处理为（　　）。
A. 借记"主营业务收入"100 000元
B. 贷记"主营业务收入"100 000元
C. 贷记"应付账款"100 000元
D. 计提增值税销项税额13 000元

957. 企业销售商品给小规模纳税人，正确的会计处理为(　　)。
    A. 借记"主营业务收入"22 600元
    B. 贷记"主营业务收入"22 600元
    C. 贷记"应付账款"20 000元
    D. 计提增值税销项税额2 600元

958. 企业收取预收货款业务，正确的账务处理为(　　)。
    A. 借：银行存款　　　　　　　　　　　　　　　　　　　　20 000
        　贷：预收账款　　　　　　　　　　　　　　　　　　　　　20 000
    B. 借：银行存款　　　　　　　　　　　　　　　　　　　　20 000
        　贷：主营业务收入　　　　　　　　　　　　　　　　　　　20 000
    C. 借：预收账款　　　　　　　　　　　　　　　　　　　　20 000
        　贷：主营业务收入　　　　　　　　　　　　　　　　　　　20 000
    D. 借：应收账款　　　　　　　　　　　　　　　　　　　　20 000
        　贷：预收账款　　　　　　　　　　　　　　　　　　　　　20 000

959. 企业将自产产品用于本企业在建厂房，应计提增值税销项税额(　　)元。
    A. 0   B. 8 500
    C. 9 350   D. 10 200

960. 该企业8月的销项税额合计(　　)元。
    A. 17 000   B. 15 600
    C. 30 600   D. 34 000

(二十九)

甲公司为增值税一般纳税人，生产并销售A产品。2019年度有关涉税资料如下。
(1)销售A产品给小规模纳税人，价税合计收取113 000元，款项已收到。
(2)销售A产品给一般纳税人，取得不含税价款200 000元，税款26 000元。同时收取包装物押金10 000元。
(3)从小规模纳税人处购进原材料，取得普通发票，发票上注明金额50 000元，款项以银行存款支付。
(4)将自产A产品用于本企业在建厂房，该批产品成本100 000元，对外不含税售价120 000元。
(5)将去年购买的一批货物分配给股东，购买价为10 000元(不含税)。目前同类商品的市场销售价格为15 000元(不含税)。

961. 甲企业销售A产品给小规模纳税人，正确的会计账务处理为(　　)。
    A. 借：银行存款　　　　　　　　　　　　　　　　　　　　113 000
        　贷：主营业务收入　　　　　　　　　　　　　　　　　　　113 000
    B. 借：银行存款　　　　　　　　　　　　　　　　　　　　113 000
        　贷：主营业务收入　　　　　　　　　　　　　　　　　　　100 000
        　　　应交税费—应交增值税(销项税额)　　　　　　　　　　13 000
    C. 借：银行存款　　　　　　　　　　　　　　　　　　　　113 000
        　贷：主营业务收入　　　　　　　　　　　　　　　　　　　109 610
        　　　应交税费—应交增值税(销项税额)　　　　　　　　　　3 390

D. 借：银行存款　　　　　　　　　　　　　　　　　　　　　113 000
　　　贷：其他应付款　　　　　　　　　　　　　　　　　　　　113 000

962. 甲企业销售A产品给一般纳税人所收取的包装物押金，正确的处理为(　　)。
　　A. 应通过"其他应付款"科目核算
　　B. 应计算缴纳增值税
　　C. 应通过"主营业务收入"科目核算
　　D. 应通过"其他业务收入"科目核算

963. 从小规模纳税人处购进的原材料，正确的会计账务处理为(　　)。
　　A. 借：原材料　　　　　　　　　　　　　　　　　　　　　50 000
　　　　　应交税费—应交增值税（进项税额）　　　　　　　　　　6 500
　　　　贷：银行存款　　　　　　　　　　　　　　　　　　　　56 500
　　B. 借：原材料　　　　　　　　　　　　　　　　　　　　　50 000
　　　　　应交税费—应交增值税（进项税额）　　　　　　　　　　1 500
　　　　贷：银行存款　　　　　　　　　　　　　　　　　　　　51 500
　　C. 借：原材料　　　　　　　　　　　　　　　　　　　　　48 543.69
　　　　　应交税费—应交增值税（进项税额）　　　　　　　　　　1 456.31
　　　　贷：银行存款　　　　　　　　　　　　　　　　　　　　50 000
　　D. 借：原材料　　　　　　　　　　　　　　　　　　　　　50 000
　　　　贷：银行存款　　　　　　　　　　　　　　　　　　　　50 000

964. 企业将A产品用于在建厂房，正确的会计账务处理为(　　)。
　　A. 借：在建工程　　　　　　　　　　　　　　　　　　　　100 000
　　　　贷：库存商品　　　　　　　　　　　　　　　　　　　　100 000
　　B. 借：在建工程　　　　　　　　　　　　　　　　　　　　120 000
　　　　贷：库存商品　　　　　　　　　　　　　　　　　　　　120 000
　　C. 借：在建工程　　　　　　　　　　　　　　　　　　　　115 600
　　　　贷：库存商品　　　　　　　　　　　　　　　　　　　　100 000
　　　　　　应交税费—应交增值税（销项税额）　　　　　　　　　15 600
　　D. 借：在建工程　　　　　　　　　　　　　　　　　　　　135 600
　　　　贷：库存商品　　　　　　　　　　　　　　　　　　　　120 000
　　　　　　应交税费—应交增值税（销项税额）　　　　　　　　　15 600

965. 企业将去年购买的货物分配给股东的增值税处理，正确的是(　　)。
　　A. 视同销售，销项税额为1 300元
　　B. 视同销售，销项税额为1 950元
　　C. 应做进项税转出处理，进项税转出额为1 300元
　　D. 应做进项税转出处理，进项税转出额为1 950元

（三十）

某零部件生产企业为增值税一般纳税人，每件产品的不含税售价为1 000元，每件产品的成本为800元。购进原材料均能取得增值税专用发票，城市维护建设税及教育费附加暂不考虑。2019年8月份，税务机关对该企业上年度的纳税情况进行检查，有关账务资料如下。

(1)销售给 A 企业产品 10 件,同时收取包装物押金 1 000 元,包装物于一年后返还,包装物租金 2 000 元。

(2)企业购进原材料,取得的增值税专用发票上注明价款 10 000 元,税款 1 300 元。同时支付运费 500 元,取得增值税专用发票。

(3)企业在建工程部门领用产品 5 件(该项工程至今年 8 月份尚未完工),企业账务处理为

借:在建工程　　　　　　　　　　　　　　　　　　　　　　　　　　　4 000
　　贷:库存商品　　　　　　　　　　　　　　　　　　　　　　　　　　4 000

(4)企业以前月份购进的原材料被盗,已知该批原材料成本 10 000 元。

966. 向 A 企业收取的包装物押金,正确的会计和税务处理为(　　)。
A. 应记入"其他应付款"科目
B. 应记入"主营业务收入"科目
C. 不用缴纳增值税
D. 应计提增值税销项税额

967. 向 A 企业收取的包装物租金,正确的税务处理为(　　)。
A. 应计提增值税销项税额 260 元
B. 应计提增值税销项税额 230.09 元
C. 不用缴纳增值税
D. 应缴纳消费税 100 元

968. 企业购进原材料支付的运费,应计提增值税进项税额(　　)元。
A. 0　　　　　　　　　　　　　　B. 45
C. 72.65　　　　　　　　　　　　D. 85

969. 企业在建工程领用本企业生产的产品,正确的会计处理为(　　)。

A. 借:在建工程　　　　　　　　　　　　　　　　　　　　　　　　　　4 000
　　　贷:库存商品　　　　　　　　　　　　　　　　　　　　　　　　　4 000

B. 借:在建工程　　　　　　　　　　　　　　　　　　　　　　　　　　4 650
　　　贷:库存商品　　　　　　　　　　　　　　　　　　　　　　　　　4 000
　　　　　应交税费—应交增值税(销项税额)　　　　　　　　　　　　　　650

C. 借:在建工程　　　　　　　　　　　　　　　　　　　　　　　　　　5 650
　　　贷:主营业务收入　　　　　　　　　　　　　　　　　　　　　　　5 000
　　　　　应交税费—应交增值税(销项税额)　　　　　　　　　　　　　　650

D. 借:在建工程　　　　　　　　　　　　　　　　　　　　　　　　　　4 520
　　　贷:库存商品　　　　　　　　　　　　　　　　　　　　　　　　　4 000
　　　　　应交税费—应交增值税(进项税额转出)　　　　　　　　　　　　520

970. 企业原材料被盗,正确的会计处理为(　　)。

A. 借:待处理财产损益　　　　　　　　　　　　　　　　　　　　　　　11 300
　　　贷:原材料　　　　　　　　　　　　　　　　　　　　　　　　　　10 000
　　　　　应交税费—应交增值税(进项税额转出)　　　　　　　　　　　　1 300

B. 借:待处理财产损益　　　　　　　　　　　　　　　　　　　　　　　10 000
　　　贷:原材料　　　　　　　　　　　　　　　　　　　　　　　　　　10 000

C. 借：营业外支出　　　　　　　　　　　　　　　　　　　10 000
　　　贷：原材料　　　　　　　　　　　　　　　　　　　　10 000
D. 借：营业外支出　　　　　　　　　　　　　　　　　　　11 300
　　　贷：原材料　　　　　　　　　　　　　　　　　　　　10 000
　　　　　应交税费—应交增值税（销项税额）　　　　　　　　1 300

（三十一）

某市一家电生产企业为增值税一般纳税人，2019年度企业全年的销售收入为9 000万元，会计利润总额70万元。为降低税收风险，在本年度汇算清缴前，企业聘请某会计师事务所进行审计，发现有关问题如下。

(1)该公司新研发小家电30台，发给优秀职工，每台成本价5万元，不含税售价每台10万元。企业未确认收入，未转销成本。

(2)12月份转让一项自行开发专用技术的所有权，取得收入700万元，未做收入处理，该项无形资产的账面成本100万元也未转销。

(3)本年度向企业A支付管理费50万元，已全额计入管理费用中扣除。

(4)年初向企业B借款1 000万元用于购买原材料，期限2年，本年度支付利息70万元，已全额计入财务费用中扣除。已知金融机构同期同类贷款利率为6%。

(5)"营业外支出"账户中列支税收滞纳金3万元，合同违约金6万元，环境保护支出8万元，关联企业赞助支出10万元，全都如实扣除。

暂不考虑城市维护建设税和教育费附加。

971. 该企业将新研发的30台小家电发给职工的处理正确的是(　　)。
　　A. 贷记"主营业务收入"300万元
　　B. 贷记"应交税费—应交增值税（销项税额）"39万元
　　C. 结转成本
　　　　借：主营业务成本　　　　　　　　　　　　　　　　1 500 000
　　　　　　贷：库存商品　　　　　　　　　　　　　　　　　1 500 000
　　D. 不确认收入，不结转成本

972. 关于该企业转让自行开发专用技术所得的税务处理正确的是(　　)。
　　A. 调增应纳税所得额700万元　　　B. 调增应纳税所得额200万元
　　C. 调增应纳税所得额100万元　　　D. 调增应纳税所得额25万元

973. 关于该企业向企业A支付管理费用的企业所得税处理，正确的是(　　)。
　　A. 税前不得扣除
　　B. 应全额调增应纳税所得额
　　C. 准予税前全额扣除
　　D. 不超过销售收入15%的部分，准予税前扣除

974. 该企业向企业B的利息支出，允许税前扣除(　　)万元。
　　A. 10　　　　　　　　　　　　　B. 60
　　C. 70　　　　　　　　　　　　　D. 130

975. 该企业营业外支出项目应调增应纳税所得额(　　)万元。
　　A. 0　　　　　　　　　　　　　　B. 13
　　C. 31　　　　　　　　　　　　　D. 39

(三十二)

甲机械厂为增值税一般纳税人，2019年发生如下经济业务。

(1) 销售一批零部件，取得含税收入226 000元，同时收取包装物租金20 000元，包装物押金50 000元。

(2) 将自产的一台设备用于职工福利，已知其生产成本100 000元，同类产品对外售价110 000元。

(3) 本年度发生广告费支出100万元，全年销售收入1 000万元。

(4) 本年度发生合同违约金支出5万元。

976. 企业收取的包装物租金，其正确的账务处理为(　　)。
   A. 贷记"其他业务收入"17 699.11元
   B. 贷记"其他业务收入"20 000元
   C. 贷记"其他应付款"20 000元
   D. 借记"其他业务收入"17 699.11元

977. 企业收取的包装物押金，其正确的账务处理为(　　)。
   A. 贷记"其他应付款"44 247.79元
   B. 贷记"应交税费—应交增值税(销项税额)"5 752.21元
   C. 贷记"其他应付款"50 000元
   D. 贷记"其他业务收入"44 247.79元

978. 将自产设备用于职工福利，其正确的账务处理为(　　)。
   A. 借记"应付职工薪酬"110 000元　　B. 借记"应付职工薪酬"113 000元
   C. 计提增值税销项税额13 000元　　D. 计提增值税销项税额14 300元

979. 企业发生的广告费支出，其正确的账务处理为(　　)。
   A. 全额记入"销售费用"科目　　B. 全额税前扣除
   C. 不得税前扣除　　D. 税前扣除金额为15万元

980. 关于合同违约金的账务处理，正确的为(　　)。
   A. 记入"主营业务成本"科目　　B. 记入"营业外支出"科目
   C. 记入"利润分配"科目　　D. 记入"管理费用"科目

(三十三)

甲企业为增值税一般纳税人，主要生产W产品，每件产品的不含税售价为1 000元，成本为每件200元；购进原材料均能取得增值税专用发票，城市维护建设税及教育费附加不考虑。2020年5月，税务机关对甲企业去年的纳税情况进行检查，甲企业有关账务资料如下。

(1) 销售给A企业W产品10件，同时收取包装物租金1 000元，账务处理为

借：银行存款　　　　　　　　　　　　　　　　　　　　　　　12 300
　　贷：资本公积　　　　　　　　　　　　　　　　　　　　　　11 300
　　　　其他业务收入　　　　　　　　　　　　　　　　　　　　 1 000

(2) 销售给B企业(小规模纳税人)W产品2件，账务处理为

借：银行存款　　　　　　　　　　　　　　　　　　　　　　　 2 260
　　贷：其他应付款　　　　　　　　　　　　　　　　　　　　　 2 260

(3) 职工福利部门领用W产品5件，用于改善工作环境，账务处理为

借：应付职工薪酬　　　　　　　　　　　　　　　　　　　　　　1 000
　　贷：库存商品　　　　　　　　　　　　　　　　　　　　　　　　　1 000

(4)在建职工宿舍领用生产用原材料10 000元(该项目工程至2020年5月尚未完工)账务处理为

借：在建工程　　　　　　　　　　　　　　　　　　　　　　　　10 000
　　贷：原材料　　　　　　　　　　　　　　　　　　　　　　　　　10 000

981. 甲企业销售给A企业产品，正确的涉税处理为(　　)。
　　A. 核对外售价计算主营业务收入
　　B. 计算增值税销项税额
　　C. 生产A产品所用原材料的进项税额不得抵扣
　　D. 生产A产品所用原材料的进项税额作转出处理

982. 甲企业向A企业收取的包装物租金应调增增值税销项税额为(　　)元。
　　A. 0　　　　　　　　　　　　B. 50.26
　　C. 115.04　　　　　　　　　 D. 170.71

983. 甲企业销售产品给B企业应调增的增值税销项税额为(　　)元。
　　A. 0　　　　　　　　　　　　B. 70.2
　　C. 260　　　　　　　　　　　D. 397.8

984. 甲企业职工福利部门领用产品应作的正确账务调整为(　　)。
　　A. 借：应付职工薪酬　　　　　　　　　　　　　　　　　　　5 000
　　　　　贷：以前年度损益调整　　　　　　　　　　　　　　　　　 5 000
　　B. 借：应付职工薪酬　　　　　　　　　　　　　　　　　　　　 650
　　　　　贷：应交税费—应交增值税(销项税额)　　　　　　　　　　 650
　　C. 借：应付职工薪酬　　　　　　　　　　　　　　　　　　　5 650
　　　　　贷：以前年度损益调整　　　　　　　　　　　　　　　　　 5 650
　　D. 借：应付职工薪酬　　　　　　　　　　　　　　　　　　　　 130
　　　　　贷：应交税费—应交增值税(销项税额)　　　　　　　　　　 130

985. 甲企业职工宿舍领用原材料应作的正确账务调整为(　　)。
　　A. 借：在建工程　　　　　　　　　　　　　　　　　　　　　1 300
　　　　　贷：应交税费—应交增值税(进项税额转出)　　　　　　　　1 300
　　B. 借：在建工程　　　　　　　　　　　　　　　　　　　　　1 452.99
　　　　　贷：应交税费—应交增值税(销项税额)　　　　　　　　　　1 452.99
　　C. 借：在建工程　　　　　　　　　　　　　　　　　　　　　1 300
　　　　　贷：应交税费—应交增值税(销项税额)　　　　　　　　　　1 300
　　D. 借：在建工程　　　　　　　　　　　　　　　　　　　　　1 452.99
　　　　　贷：应交税费—应交增值税(进项税额转出)　　　　　　　　1 452.99

(三十四)

甲企业为增值税一般纳税人，主要生产并销售A产品，A产品对外含税售价为每件800元，成本为每件500元，原材料核算采用实际成本法。2019年8月，甲企业的有关财务资料如下。

(1)销售产品100件给小规模纳税人，开具普通发票。

(2)将自产产品200件用于本企业在建仓库。
(3)销售产品1 000件给一般纳税人,同时收取包装物使用费20 000元。另外收取包装物押金10 000元,合同规定三个月后退回,款项已收到并送交银行。
(4)企业从小规模纳税人处购进原料,取得普通发票,注明金额1 000 000元。

986. 甲企业销售产品给小规模纳税人,应做的账务处理为(   )。
   A. 贷记"主营业务收入"80 000元
   B. 贷记"主营业务收入"77 669.9元
   C. 贷记"主营业务收入"70 796.46元
   D. 贷记"应交税费—应交增值税(销项税额)"2 330.1元

987. 甲企业将自产产品用于本企业在建仓库,应做的账务处理为(   )。
   A. 贷记"主营业务收入"130 000元
   B. 贷记"库存商品"100 000元
   C. 贷记"应交税费—应交增值税(销项税额)"20 800元
   D. 贷记"应交税费—应交增值税(销项税额)"1 888.89元

988. 甲企业收取的包装物使用费,应做的账务处理为(   )。
   A. 贷记"应付账款"20 000元
   B. 贷记"应交税费—应交增值税(销项税额)"2 600元
   C. 贷记"应交税费—应交增值税(销项税额)"582.52元
   D. 贷记"应交税费—应交增值税(销项税额)"2 300.88元

989. 甲企业收取的包装物押金,应做的账务处理为(   )。
   A. 借记"银行存款"10 000元
   B. 贷记"其他应付款"10 000元
   C. 贷记"其他应付款"8 620.69元
   D. 贷记"应交税费—应交增值税(销项税额)"1 150.44元

990. 甲企业从小规模纳税人处购进原材料,应做的财务处理为(   )。
   A. 借记"应交税费—应交增值税(进项税额)"130 000元
   B. 借记"应交税费—应交增值税(进项税额)"160 000元
   C. 借记"应交税费—应交增值税(进项税额)"30 000元
   D. 借记"原材料"1 000 000元

(三十五)

某市一家电生产企业为增值税一般纳税人,2019年度企业全年实现收入总额9 000万元,扣除的成本、费用、税金和损失总额8 930万元,会计利润总额70万元,已缴纳企业所得税17.5万元。为降低税收风险,在本年度汇算清缴前,企业聘请某会计师事务所进行审计,发现有关问题如下。
(1)已在成本费用中列支的实发工资总额为1 000万元,并按实际发生数列支了福利费210万元,上缴工会经费20万元并取得《工会经费专用拨缴款收据》,职工教育经费95万元。
(2)收入总额9 000万元,其中国债利息收入5万元,居民企业M的股息收入10万元(居民企业M的股票于2015年1月购入)。
(3)当年1月向银行借款200万元购建固定资产,借款期限2年。购建的固定资产于当年8月31日完工并交付使用(不考虑该项固定资产折旧),企业支付给银行的年利息费用共计12万元,全部计入了财务费用。

(4)企业全年发生的业务招待费65万元,业务宣传费80万元,技术开发费32万元,全都据实作了扣除。

991. 关于该企业发生的工会经费、职工福利费和职工教育经费的所得税处理,正确的是( )。

   A. 调减应纳税所得额130万元 B. 调减应纳税所得额85万元
   C. 调增应纳税所得额130万元 D. 调增应纳税所得额85万元

992. 关于该企业的国债利息、从居民企业M取得的投资收益的企业所得税处理,正确的是( )。

   A. 调减应纳税所得额5万元 B. 调减应纳税所得额15万元
   C. 调增应纳税所得额5万元 D. 调增应纳税所得额15万元

993. 关于该企业发生的财务费用的企业所得税处理,正确的是( )。

   A. 无需调整 B. 调减应纳税所得额12万元
   C. 调增应纳税所得额12万元 D. 调增应纳税所得额8万元

994. 关于该企业发生的业务招待费用、业务宣传费的企业所得税处理,正确的是( )。

   A. 业务招待费调增应纳税所得额26万元
   B. 准予扣除的业务招待费为44.925万元
   C. 准予扣除的业务宣传费为1 347.75万元
   D. 业务宣传费无需做纳税调整

995. 该企业应补缴企业所得税( )万元。

   A. 20 B. 24.52
   C. 32.75 D. 36.75

(三十六)

甲企业为增值税一般纳税人,主要从事钢材生产及销售业务。2019年9月份的部分财务资料如下。

(1)采用分期收款方式销售一批钢材,不含税价款为1 000 000元,成本为800 000元,合同规定货款分别于2020年9月、2021年9月和2022年9月三次等额支付。已知该批钢材的现销价格为900 000元。

(2)委托乙企业代销一批钢材,成本为800 000元,代销价格为1 000 000元(不含增值税)。

(3)销售给丙企业一批钢材,收取货款时另向丙企业收取延期付款利息为100 000元,企业的账务处理为

借:银行存款   100 000
　　贷:财务费用   100 000

(4)购入一栋办公楼,取得的增值税专用发票上注明价款为10 000 000元,增值税税款为900 000元,当月用银行存款支付了款项,办妥了相关产权转移手续,发票已认证通过。

(5)企业购进一批材料用于职工食堂建设,取得的增值税专用发票上注明的价款100 000元,税款13 000元,款项已支付。

996. 企业采用分期收款方式发出商品时，其正确的会计分录为(　　)。
　　A. 贷记"主营业务收入"1 000 000 元
　　B. 贷记"主营业务收入"900 000 元
　　C. 贷记"应交税费—应交增值税(销项税额)"130 000 元
　　D. 贷记"应交税费—待转销项税额"130 000 元

997. 企业发出代销商品时，其正确的会计分录为(　　)。
　　A. 借：委托代销商品　　　　　　　　　　　　　　　　　800 000
　　　　　贷：库存商品　　　　　　　　　　　　　　　　　　　800 000
　　B. 借：委托代销商品　　　　　　　　　　　　　　　　1 000 000
　　　　　贷：主营业务收入　　　　　　　　　　　　　　　1 000 000
　　C. 借：应收账款　　　　　　　　　　　　　　　　　　1 130 000
　　　　　贷：主营业务收入　　　　　　　　　　　　　　　1 000 000
　　　　　　　应交税费—应交增值税(销项税额)　　　　　　　130 000
　　D. 借：委托代销商品　　　　　　　　　　　　　　　　1 130 000
　　　　　贷：主营业务收入　　　　　　　　　　　　　　　1 000 000
　　　　　　　应交税费—应交增值税(销项税额)　　　　　　　130 000

998. 关于甲企业向丙企业收取延期付款利息的账务处理，正确的账务调整为(　　)。
　　A. 借：财务费用　　　　　　　　　　　　　　　　　　　100 000
　　　　　贷：主营业务收入　　　　　　　　　　　　　　　　100 000
　　B. 借：财务费用　　　　　　　　　　　　　　　　　　　　13 000
　　　　　贷：应交税费—应交增值税(销项税额)　　　　　　　　13 000
　　C. 借：财务费用　　　　　　　　　　　　　　　　　　　　 6 000
　　　　　贷：应交税费—应交增值税(销项税额)　　　　　　　　 6 000
　　D. 借：财务费用　　　　　　　　　　　　　　　　　　　11 504.42
　　　　　贷：应交税费—应交增值税(销项税额)　　　　　　　11 504.42

999. 企业购入办公楼时，正确的会计处理为(　　)。
　　A. 借：固定资产　　　　　　　　　　　　　　　　　　10 900 000
　　　　　贷：银行存款　　　　　　　　　　　　　　　　　10 900 000
　　B. 借：固定资产　　　　　　　　　　　　　　　　　　10 000 000
　　　　　　应交税费—应交增值税(待抵扣进项税额)　　　　　900 000
　　　　　贷：银行存款　　　　　　　　　　　　　　　　　10 900 000
　　C. 借：固定资产　　　　　　　　　　　　　　　　　　10 000 000
　　　　　　应交税费—应交增值税(进项税额)　　　　　　　　900 000
　　　　　贷：银行存款　　　　　　　　　　　　　　　　　10 900 000
　　D. 借：固定资产　　　　　　　　　　　　　　　　　　10 000 000
　　　　　　应交税费—应交增值税(进项税额)　　　　　　　　540 000
　　　　　　应交税费—待抵扣进项税额　　　　　　　　　　　360 000
　　　　　贷：银行存款　　　　　　　　　　　　　　　　　10 900 000

1000. 企业购进材料用于职工食堂建设，其正确的会计处理为(　　)。
　　A. 借：在建工程　　　　　　　　　　　　　　　　　　　113 000

    贷：银行存款   113 000
 B. 借：在建工程   100 000
    应交税费—应交增值税（进项税额）   13 000
    贷：银行存款   113 000
 C. 借：在建工程   100 000
    应交税费—待抵扣进项税额   13 000
    贷：银行存款   113 000
 D. 借：在建工程   113 000
    贷：主营业务收入   100 000
      应交税费—应交增值税（销项税额）   13 000

参考答案及解析

刷 单项选择题

第一章 公共财政与财政职能

刷基础

1. B （解析）本题考查政府干预。政府干预的渠道和手段主要包括：(1)政府的宏观调控。(2)立法和行政手段。(3)组织公共生产和提供公共物品。(4)财政手段。

2. A （解析）本题考查公共物品的特征。公共物品的特征为：效用的不可分割性、取得方式的非竞争性、受益的非排他性、提供目的的非营利性。

3. B （解析）本题考查收入分配职能。收入分配的目标是实现公平分配。

4. B （解析）本题考查财政的职能。财政"内在稳定器"在收入方面，主要是实行累进所得税制。

5. B （解析）本题考查公共物品的特征。公共物品受益的非排他性是指某个人或者集团对公共物品的消费，并不影响或妨碍其他个人或者集团同时消费该公共物品，也不会影响其他个人或集团消费该公共物品的数量和质量。

6. C （解析）本题考查财政的职能。社会总需求大于社会总供给时，实行国家预算收入大于支出的结余政策进行调节；社会总供给大于社会总需求时，实行国家预算支出大于收入的赤字政策进行调节；社会总供求平衡时，国家预算应该实行收支平衡的中性政策。

7. C （解析）本题考查公共物品的特征。公共物品的特征：效用的不可分割性，即公共物品的效用为整个社会的成员所共同享有，不能被分割为若干部分；受益的非排他性，消费者增加不会降低公共物品的受益程度；取得方式的非竞争性，消费者的增加，边际成本为零；提供目的的非营利性，提供公共物品不以营利为目的，而是追求社会效益和社会福利的最大化。

8. B （解析）本题考查财政的资源配置职能。在市场经济体制下，起决定性作用的是市场资源配置。

9. C （解析）本题考查市场失灵与公共财政。市场失灵突出表现在以下几个方面：(1)公共物品缺失；(2)外部效应；(3)不完全竞争；(4)收入分配不公；(5)经济波动与失衡。

10. C （解析）本题考查市场失灵与公共财政。选项C错误，在市场经济条件下，收入分配是由每个人提供的生产要素的数量及其市场价格决定的，由于人们所拥有的生产要素的数量及其质量的差异，分配往往是很不公平的。

11. C （解析）本题考查财政的职能。国际收支平衡是指一国在进行国际经济交往时，其经常项目和资本项目的收支合计大体保持平衡。

12. C （解析）本题考查市场失灵与公共财政。外部效应是指私人费用与社会费用之间或私人收益与社会收益之间的非一致性，其关键是指某个人或经济组织的行为活动影响了其他个人或经济组织，却没有为之承担应有的成本或没有获得应有的收益。

13. B （解析）本题考查财政职能。财政调节居民的个人收入水平的手段：(1)税收，如个人所得税、社会保障税、财产税、遗产税、赠与税；(2)转移支付，如社会保障支出、财政补贴支出等。

14. D （解析）本题考查公共物品。选项D错误，公共物品与私人物品的区别主要是就消费该物品的不同特征来加以区别的，并不是指物品的所有制性质。

15. D （解析）本题考查财政的经济稳定职能。财政的内在稳定器作用主要表现在财政收入和财政支出两方面的制度。在财政收入方面，主要是实行累进所得税制；在支出方面，主要体现在转移性支出（社会保障支出、财政补贴支出、税收支出）的安排上。

16. B （解析）本题考查财政的职能。调整投资结构是财政资源配置职能的主要内容之一，其途径有两个：一是调整投资结构；二是调整资产存量结构，进行资产重组。

刷进阶 高频进阶 强化提升

17. B （解析）本题考查财政的职能。财政收入分配职能主要是通过调节企业的利润水平和居民的个人收入水平来实现的。

18. C （解析）本题考查财政的职能。充分就业是指有工作能力且愿意工作的劳动者能够找到工作。

19. B （解析）本题考查市场失灵与公共财政。市场失灵问题，个人和经济组织是无能为力的，需要以政府为主体的财政介入，用非市场方式解决市场失灵问题。

20. C （解析）本题考查财政资源配置职能。实现公共物品资源配置效率的基本途径是完善民主、科学的财政决策体制。

21. D （解析）本题考查财政的资源配置职能。调节资源在政府部门和非政府部门之间的配置，体现在财政收入占国内生产总值比重的高低。

22. B （解析）本题考查财政的经济稳定职能。当社会总需求大于社会总供给时，可以通过实行国家预算收入大于支出的结余政策进行调节；而当社会总供给大于社会总需求时，可以通过实行国家预算支出大于收入的赤字政策进行调节；当社会供求总量平衡时，国家预算应通过实行收支平衡的中性政策与之相对应。

23. C （解析）本题考查公共物品的概念及其特征。美国经济学家萨缪尔森认为，纯公共物品是这样的物品——每个人消费这种物品不会导致他人对该物品消费的减少。

24. C （解析）本题考查市场失灵与公共财政。不完全竞争是指某些行业因具有经营规模越大、经济效益越好、边际成本不断下降、规模报酬递增的特点，而可能为少数企业所控制，从而产生垄断现象。

第二章 财政支出理论与内容

刷基础

25. A **解析** 本题考查财政支出的分类。积累性支出是财政直接增加社会物质财富及国家物资储备的支出,主要包括基本建设支出、国家物资储备支出、生产性支农支出等。

26. B **解析** 本题考查财政支出规模的增长趋势。瓦格纳得出结论,政府活动不断扩张所带来的公共支出不断增长,是社会经济发展的一个客观规律。

27. C **解析** 本题考查我国财政支出规模的分析。1978年我国进入改革开放时期,财政支出占国内生产总值以及中央财政支出占全国财政支出总额的比重都呈现出明显的下降趋势。

28. A **解析** 本题考查政府财政投资的特点。选项B错误,财政投资可以不盈利或微盈利,可以从事社会效益好而经济效益一般的投资。选项C、D错误,政府财力雄厚,而且资金来源多半是无偿的,可以投资于大型项目和长期项目。

29. C **解析** 本题考查财政投融资制度。选项C错误,财政投融资的管理由国家设立的专门机构(政策性金融机构)负责统筹管理和经营。

30. A **解析** 本题考查财政补贴的分类。企业亏损补贴作为冲减财政收入处理。

31. A **解析** 本题考查财政支出效益分析的方法。免费和低价政策可以促进社会成员最大限度地使用这些"公共劳务",使之获得极大的社会效益。

32. D **解析** 本题考查财政支出规模的增长趋势。"经济发展阶段论":在经济发展的中期阶段,政府应加强对经济的干预。

33. D **解析** 本题考查财政支出效益分析的方法。最低费用选择法以成本最低为择优的标准,该方法适用于军事、行政、文化、卫生等支出项目。

34. A **解析** 本题考查文教、科学、卫生事业费支出。事业单位财务制度体系由三个层次组成,即事业单位财务规则、行业事业单位财务管理制度和事业单位内部财务管理具体规定。其中,事业单位财务规则是整个事业单位财务制度体系中最基本、最高层次的法规,是所有国有事业单位必须遵守的行为规范。

35. C **解析** 本题考查政府财政投资的决策标准。资本—劳动力最大化标准是指政府投资应选择使边际人均投资额最大化的投资项目。这种标准强调政府应投资于资本密集型项目。

36. A **解析** 本题考查影响财政支出规模的宏观因素。从历史和现实来看,经济性因素始终是影响财政支出规模的主要因素,甚至是决定性因素。

37. D **解析** 本题考查社会保障制度的类型。节俭基金型的保障计划虽然没有任何收入再分配功能,但却具有强制储蓄的功能,它实际上是政府举办的一种强制储蓄计划。

38. C **解析** 本题考查政府财政投资的决策标准。资本—劳动力最大化标准是指政府投资应选择使边际人均投资额最大化的投资项目,强调政府应投资于资本密集型项目。

39. B **解析** 本题考查财政支出的经济影响。购买性支出直接影响社会的生产和就业,对国民收入分配的影响是间接的。购买性支出对微观经济主体的预算约束是硬的。

40. D **解析** 本题考查行政管理费用支出。选项D错误,行政管理费支出是财政用于国家各级权力机关、行政管理机关和外事机构行使其职能所需的费用,包括行政支出、公安支出、国家安全支出、司法检察支出和外交支出。

41. C **解析** 本题考查财政支出的效益分析。选项C错误,对于微观经济组织来说,所得大于所费，即可以说其生产经营活动是有效益的。而在衡量财政支出效益时，必须确定经济效益与社会效益的并重的效益标准。

42. C 【解析】本题考查政府财政投资。选项C错误，投资乘数与边际消费倾向同方向变化，同边际储蓄倾向呈反向变化。

43. B 【解析】本题考查社会保障支出。选项B错误，经济社会要正常运行，除了必须保证有持续稳定的经济增长率来提供越来越丰富的物质财富外，还必须有一个安定的社会环境，这便是社会保障存在的前提条件。

44. D 【解析】本题考查财政支出的分类。按经济性质，财政支出分为购买性支出和转移性支出。

45. C 【解析】本题考查财政支出规模的衡量指标。反映财政支出规模变化的指标包括：财政支出增长率、财政支出增长弹性系数、财政支出增长边际倾向。

46. D 【解析】本题考查财政支出规模的增长趋势。选项D错误，根据"经济发展阶段论"，当经济发展进入中期阶段以后，政府的投资便开始转向对私人投资起补充作用方面，公共投资的规模虽有可能减少，但由于这一时期，市场失灵的问题日益突出，成为阻碍经济发展进入成熟阶段的关键因素，从而要求政府部门加强对经济的干预。对经济的干预显然要以公共支出的增长为前提。

47. D 【解析】本题考查财政支出效益分析的方法。负荷定价法是按不同时间段或时期的需求制定不同的价格，如电力、燃气、电信等行业。

48. D 【解析】本题考查财政投资性支出。一些基础设施，诸如市区道路、上下水管道、过街天桥等，具有明显的非排他性或很高的排他成本，单项投资不大，数量众多，适于作为纯公共物品由政府投资提供。

49. A 【解析】本题考查社会保障的内容。现收现付式的养老保险是一种靠后代养老的保险模式，上一代人并没有留下养老储备基金的积累，其养老金全部需要下一代人的缴费筹资，实际上这种保险靠的是代际之间的收入转移。

50. B 【解析】本题考查财政补贴的性质。选项B错误，企业亏损补贴不在财政支出中列支，而是作为冲减收入处理。

51. C 【解析】本题考查财政支出的分类。国债利息支出属于不可控制性支出、转移性支出、特殊利益支出。

52. B 【解析】本题考查财政支出规模的增长趋势。皮考克和魏斯曼的"公共收入增长导致论"：在正常条件下，在税收政策不变的条件下，随着经济的发展和国民收入的增加，政府所征得的税收收入必然呈现不断增长的趋势。公共支出随着收入的增加而增加，这是导致公共支出增长的内在因素。

53. D 【解析】本题考查财政支出效益分析的方法。负荷定价法是指按不同时间段或时期的需求制定不同的价格，在电力、燃气、电信等行业，按需求的季节、月份、时区的高峰和非高峰的不同，有系统地制定不同的价格，以平衡需求状况。公路运输、医疗服务适用平价政策，免疫防疫适用免费和低价政策。

54. C 【解析】本题考查财政投融资制度。一般来说，政策性银行的资本金主要应由政府预算投资形成。

55. B 【解析】本题考查社会保障制度的类型。节俭基金型的社会保障：当个人发生受保事故，政府要从其个人账户中提取资金支付保障津贴；当职工不幸去世时，其个人账户中的资金余额可以依法继承。

56. C （解析）本题考查财政补贴的性质。财政补贴的对象是企业和居民。

57. C （解析）本题考查税收支出的形式。纳税扣除是指准许企业把一些合乎规定的特殊支出，以一定的比例或全部从应税所得中扣除，以减轻其税负。

58. D （解析）本题考查财政支出的分类。创造性支出是指用于改善人民生活，使社会秩序更为良好，经济更为发达的支出。主要包括基本建设投资、文教、卫生和社会福利等支出。

59. B （解析）本题考查财政支出规模的衡量指标。财政支出增长弹性系数是支出增长率与GDP增长率之比。弹性系数大于1，表明财政支出增长率快于GDP增长率。

60. D （解析）本题考查财政支出规模的增长趋势。"经济发展阶段论"认为，在经济发展的成熟阶段，公共支出逐步转向以教育、保健和社会福利为主的支出结构。

61. C （解析）本题考查财政支出效益分析的方法。平价政策一般适用于从全社会的利益来看，无须特别鼓励使用，又无必要特别加以限制使用的"公共劳务"，如公路、公园、铁路、医疗等。

62. C （解析）本题考查财政投融资制度。选项C错误，财政投融资的预算管理比较灵活，其预算在一定范围内的追加，无须主管部门的审批。

63. C （解析）本题考查社会保障制度的类型。普遍津贴型社会保障是政府按照"人人有份"的福利原则举办的一种社会保障计划，其资金完全由政府预算拨款。

64. B （解析）本题考查税收支出的形式。税收抵免是指允许纳税人从其某种合乎奖励规定的支出中，以一定比率从其应纳税额中扣除，以减轻其税负。

65. B （解析）本题考查财政支出的分类。一般利益支出指的是全体社会成员均可享受其所提供的利益的支出，如国防支出、行政管理费用支出等，这些支出具有共同消费或联合受益的特点，所提供给每个社会成员的利益不能分别测算。

66. C （解析）本题考查财政支出规模的增长趋势。在经济发展的成熟阶段，公共支出逐步转向以教育、保健和社会福利为主的支出结构。

67. B （解析）本题考查财政支出效益分析的方法。对于那些只有社会效益，且其产品不能进入市场的支出项目（如国防支出），采用最低费用选择法衡量其支出效益。

68. D （解析）本题考查财政投融资制度。财政投融资的管理由国家设立的专门机构——政策性金融机构负责统筹管理和经营。

> 刷进阶　高频进阶　强化提升

69. A （解析）本题考查财政支出效益分析方法。对于那些有直接经济效益的支出项目（如基本建设投资支出），采用"成本—效益"分析法。

70. A （解析）本题考查财政支出的经济影响。购买性支出：直接影响生产和就业，对政府的效益约束较强，对微观经济主体的预算约束是硬的，执行资源配置的职能较强。转移性支出：间接影响生产和就业，直接影响国民收入分配，对政府的效益约束较弱，对微观经济主体的预算约束是软的，执行国民收入分配的职能较强。

71. B （解析）本题考查财政支出效益分析的方法。选项B错误，"公共劳务"收费法通过制定合理的价格与收费标准，来达到对"公共劳务"有效地、节约地使用，而不是对财政支出备选方案的选择。

72. D （解析）本题考查行政管理费支出。选项D错误，行政管理费支出是财政用于国家各级权力机关、行政管理机关和外事机构行使其职能所需的费用，包括行政支出、公安支出、国家安全支出、司法检察支出和外交支出。

73. D （解析）本题考查基础设施投资的性质。基础设施特别是大型基础设施，大都属于资本密集型行业，需要大量的资本投入，而且它们的建设周期比较长，投资形成生产能力和回收投资往往需要许多年，这些特点决定了大型的基础设施很难由个别企业的独立投资来完成，尤其在经济发展的初期阶段，没有政府的强有力支持很难有效地推动基础设施的发展。

74. C （解析）本题考查财政投融资制度。选项A错误，政策性金融机构从性质上看，不是商业银行，也不是制定政策的机关，而是执行有关长期性投融资政策的机构，是政府投资的代理人。选项B错误，一般来说，政策性银行的资本金主要应由政府预算投资形成。选项D错误，在政策性银行的负债结构中，发行长期性建设公债、集中邮政储蓄和部分保险性质的基金应占有重要份额。

75. B （解析）本题考查财政"三农"支出。选项B错误，在社会主义市场经济条件下，从长远看，农业投入的资金应当主要来自农业农村部门和农户自身的积累，国家投资只应发挥辅助的作用。

76. B （解析）本题考查税收支出的形式。选项B错误，税收抵免是指允许纳税人从其某种合乎奖励规定的支出中，以一定比率从其应纳税额中扣除，以减轻其税负。

77. C （解析）本题考查财政支出的分类。一般利益支出指的是全体社会成员均可享受其所提供的利益的支出，如国防支出、行政管理费支出等。

78. D （解析）本题考查财政支出规模的衡量指标。我们把财政支出占国民生产总值（GNP）或国内生产总值（GDP）的比重用于衡量财政分配的规模。

79. A （解析）本题考查财政支出效益分析的方法。"成本—效益"分析法是西方发达国家于20世纪40年代，把私人企业中进行投资决策的财务分析法运用到财政分配领域，成为政府进行财政支出决策，从而有效地使用财政资金的重要方法。

80. D （解析）本题考查基础设施投资的提供方式。PPP模式的优势在于使合作各方达到比单独行动预期更为有利的结果：政府的财政支出更少，企业的投资风险更小。

81. D （解析）本题考查社会保障制度的类型。选项A，社会保险型的费用要求受保人和雇主缴纳。选项B，社会救济型的费用完全由政府从政府预算中筹资。选项C，普遍津贴型受保人及其雇主均不需要缴纳任何费用。

82. A （解析）本题考查财政补贴的性质与分类。财政贴息的实质是对企业成本价格提供补贴。

83. A （解析）本题考查税收支出的形式。纳税扣除是指准许企业把一些合乎规定的特殊支出，以一定的比例或全部从应税所得中扣除，以减轻其税负。

84. B （解析）本题考查财政支出的分类。可控制性支出可解释为不受法律和契约的约束，可由政府部门根据每个预算年度的需要分别决定或加以增减的支出，即弹性较大的支出。选项A、C、D为不可控制性支出。

85. B （解析）本题考查财政支出的分类。可控制性支出可解释为不受法律和契约的约束，可由政府部门根据每个预算年度的需要分别决定或加以增减的支出，即弹性较大的支出。

86. A （解析）本题考查财政支出规模的增长趋势。提出"经济发展阶段论"的是马斯格雷夫和罗斯托。

87. C **解析** 本题考查财政支出效益分析的方法。在成本递减行业,为了使企业基本保持收支平衡,公共定价或价格管制一般采用高于边际成本的平均成本定价法。

88. D **解析** 本题考查政府财政投资的特点。选项 D 错误,企业或个人追求盈利,就只能从事周转快、见效快的短期性投资。政府财力雄厚,而且资金来源多半是无偿的,可以投资于大型项目和长期项目。

89. C **解析** 本题考查财政支出效益分析的方法。根据"公共劳务"收费法,对繁华地段的机动车停车收费应采取的政策是高价政策。

90. C **解析** 本题考查社会保障制度的类型。普遍津贴型是政府按照"人人有份"的福利原则举办的一种社会保障计划。

91. C **解析** 本题考查税收支出。延期纳税也称"税负延迟缴纳",是允许纳税人对那些合乎规定的税收,延迟缴纳或分期缴纳其应负担的税额。在实施这种方法的场合,因可延期纳税,纳税人等于得到一笔无息贷款,能在一定程度上帮助纳税人解除财务上的困难。采取这种方法,政府的负担也较轻微,因为政府只是延后收税而已,充其量只是损失一点利息。

92. C **解析** 本题考查税收支出的形式。选项 C 错误,从应用的范围来看,盈亏相抵办法通常只能适用于所得税方面。

第三章 税收理论

刷基础

93. A **解析** 本题考查税收的职能。财政职能或称收入职能是税收首要的和基本的职能。

94. A **解析** 本题考查现代税收原则。横向公平,又称"水平公平",是指对相同境遇的人课征相同的税收。

95. C **解析** 本题考查税收制度的其他要素。起征点是征税对象达到一定数额开始征税的起点。本题中起征点为 2 000 元,王先生的收入为 5 000 元,高于起征点,因此应税收入为 5 000 元。

96. A **解析** 本题考查税负转嫁的形式。前转是指纳税人在进行货物或劳务的交易时,通过提高价格的方法将其应负担的税款向前转移给货物或劳务的购买者或最终消费者负担的形式。

97. B **解析** 本题考查税收管辖权。属人主义原则是以纳税人的国籍和住所为标准确定国家行使税收管辖权范围的原则。

98. B **解析** 本题考查国际重复征税的免除。公司 A 在乙国所得的抵免限额=100×20%=20(万元),公司 A 在乙国已纳税额=100×15%=15(万元)。15<20,只能抵免 15 万元,公司 A 应向甲国缴纳所得税=20-15=5(万元)。

99. D **解析** 本题考查税收原则理论的形成与发展。选项 D 错误,阿道夫·瓦格纳的财政政策原则包括收入充分、收入弹性原则。

100. D **解析** 本题考查税法的渊源。选项 D 错误,税收地方性法规由地方人民代表大会及其常务委员会制定,地方政府制定的是税收地方规章。

101. D **解析** 本题考查税制基本要素。本级速算扣除数=(本级税率−上一级税率)×上级征税对象的最高数额+上一级速算扣除数。第一级的速算扣除数为 0。第二级的速算扣除数=(10%−5%)×1 000+0=50。第三级的速算扣除数=(15%−10%)×3 000+50=200。

102. C 【解析】本题考查税负转嫁的形式。税收资本化亦称"资本还原",即生产要素购买者将购买的生产要素未来应纳税款通过从购入价格中扣除的方法,向后转移给生产要素出售者的方式。

103. B 【解析】本题考查国际重复征税的产生与免除。甲公司在B国缴纳所得税=100×30%=30(万元)。甲公司计算在A国的应纳税额时,其来源于B国的所得免税。A国的应纳税所得额为A国所得150万元。在A国应纳所得税=150×40%=60(万元)。其总税负为60+30=90(万元)。

104. C 【解析】本题考查税负转嫁的一般规律。选项A、B错误,供给弹性较大、需求弹性较小的商品的征税较易转嫁。选项D错误,征税范围广的税种的税负较易转嫁。

105. C 【解析】本题考查税法的渊源。在我国,税法的非正式渊源主要是指习惯、判例、税收通告等。

106. D 【解析】本题考查税制基本要素。选项D错误,按全额累进税率计算的应纳税额减去相应的速算扣除数,其结果为按超额累进税率方法计算的税额,因此按超额累进税率计算的应纳税额小于等于按全额累进税率计算的应纳税额。

107. B 【解析】本题考查税收负担的衡量指标。企业所得税税收负担率=企业在一定时期实际缴纳的所得税税额/同期实现的利润总额×100%=30/200×100%=15%。

108. C 【解析】本题考查税收管辖权。选项A错误,实行居民管辖权的国家只对本国居民的全部所得拥有征税权力。选项B错误,实行地域管辖权的国家只对来自或被认为是来自本国境内的所得拥有征税权力。选项D错误,在实行收入来源地管辖权的同时也可以实行居民管辖权。

109. D 【解析】本题考查国际重复征税的产生与免除。扣除法是居住国政府对其居民取得的国内外所得汇总征税时,允许其居民将其在国外已纳的所得税视为费用在应纳税所得额中予以扣除,就扣除后的部分征税。L公司在乙国已纳所得税=60×20%=12(万元)。L公司在甲国的应纳税所得额=150−12=138(万元)。L公司在甲国应纳所得税=138×25%=34.5(万元)。

110. B 【解析】本题考查现代税收原则。检验税收经济效率原则的标准是税收额外负担最小化和额外收益最大化。

111. A 【解析】本题考查税制要素。征税对象,亦称征税客体,是指对什么征税,即国家征税的标的物。它规定了每一种税的征税界限,是一种税区别于另一种税的主要标志。

112. B 【解析】本题考查税收负担的衡量指标。企业流转税税收负担率=企业在一定时期实际缴纳的流转税税额/同期销售收入(营业收入)×100%=32/1 000×100%=3.2%。

113. A 【解析】本题考查税收负担的转嫁与归宿。前转是税负转嫁最典型和最普通的形式,多发生在货物和劳务征税上。

114. D 【解析】本题考查国际重复征税的免除。扣除法是居住国政府对其居民取得的国内外所得汇总征税时,允许其居民将其在国外已纳的所得税视为费用在应纳税所得中予以扣除,就扣除后的部分征税。M公司在乙国已缴纳所得税=20×20%=4(万元)。M公司在甲国的应纳税所得额=100−4=96(万元)。M公司在甲国应纳所得税=96×30%=28.8(万元)。

115. B 【解析】本题考查现代税收原则。充裕原则是指通过征税获得的收入要充分,能满足一定时期财政支出的需要。

116. C （解析）本题考查税法的效力与解释。选项 C 错误，税法的司法解释是指最高司法机关对如何具体办理税务刑事案件和税务行政诉讼案件所作的具体解释或正式规定。在我国，司法解释的主体只能是最高人民法院和最高人民检察院。

117. C （解析）本题考查税制要素。选项 C 错误，按超额累进税率计算的应纳税额小于按全额累进税率计算的应纳税额。

118. B （解析）本题考查税负转嫁的形式。后转亦称"逆转"，指纳税人通过压低生产要素的进价从而将应缴纳的税款转嫁给生产要素的销售者或生产者负担的形式。

119. C （解析）本题考查国际重复征税的免除。在乙国已纳税额 = 50×30% = 15（万元）。在扣除法下，在国外已纳所得税视为费用在应纳税所得中予以扣除，就扣除后的部分征税，W 公司应纳税所得额 = 50+50-15 = 85（万元），应纳税额 = 85×20% = 17（万元）。

120. B （解析）本题考查税收原则理论的形成与发展。威廉·配第提出的税收原则包括公平、简便、节省。

121. D （解析）本题考查税收饶让。选项 D 错误，税收饶让不会影响发达国家作为居住国行使居民管辖权的正当税收权益。

122. A （解析）本题考查税制其他要素。税基式减免方式包括起征点、免征额、项目扣除以及跨期结转。

123. D （解析）本题考查税负转嫁的一般规律。商品需求弹性大小与税负向前转嫁的程度成反比，与税负向后转嫁的程度成正比。商品供给弹性大小与税负向前转嫁的程度成正比，与税负向后转嫁的程度成反比。对垄断性商品课征的税较易转嫁；竞争性商品根据市场供求状况决定价格，其转嫁能力较弱。

124. C （解析）本题考查国际重复征税的免除。经营所得的抵免限额 = 100×30% = 30（万元），经营所得乙国已纳税额 = 100×20% = 20（万元），经营所得在甲国应补税 10 万元。利息所得抵免限额 = 10×10% = 1（万元），利息所得乙国已纳税额 = 10×20% = 2（万元），利息所得在甲国不用补缴所得税。因此，苏女士应在甲国应补缴 10 万元税额。

125. C （解析）本题考查现代税收原则。税收负担要公平合理地分配，体现的是税收的公平原则，而非效率原则。

126. B （解析）本题考查税法的渊源。选项 B 错误，我国税收法规的形式主要有国务院发布的有关税收的规范性决定和命令，如税收条例（包括暂行条例），由国务院或其授权主管部门制定的实施细则以及其他具有规范性内容的税收文件。

127. C （解析）本题考查税法的解释。立法解释是税收立法机关对所设立的税法的正式解释。税收的立法解释与被解释的税法具有同等法律效力。只有全国人大才具有立法权，选项 C 正确。

✅ 刷进阶

128. C （解析）本题考查税制要素。税基式减免是通过直接缩小计税依据的方式实现的减税免税。

129. D （解析）本题考查税收负担的影响因素。在不考虑其他因素（如税收转嫁、税前扣除）的情况下，若实行比例税率，则税率等于纳税人的实际负担率；若实行累进税率，则名义的边际税率与纳税人实际税负率是不同的，一般来说，税率累进的程度越大，纳税人的名义税率与实际税率、边际税率与平均税率的差距也越大。

130. A （解析）本题考查国际重复征税的免除。综合抵免限额=100 000×20%+20 000×10%=22 000(元)。在乙国已纳税额=100 000×30%+20 000×5%=31 000(元)。国外已纳税额大于抵免限额，国外所得在本国无需补缴所得税。

131. D （解析）本题考查税法的渊源。在我国，税法的非正式渊源主要是指习惯、判例、税收通告等。

132. C （解析）本题考查税收制度的其他要素。选项C错误，起征点是征税对象达到一定数额开始征税的起点。起征点是征税与否的界限，对纳税人来说，在其收入没有达到起征点的情况下，不征税。

133. B （解析）本题考查税收负担的衡量指标。企业所得税税收负担率=企业在一定时期实际缴纳的所得税税额/同期实现利润总额×100%=60/300×100%=20%。

134. A （解析）本题考查税收管辖权。A国实行收入来源地管辖权，只对来源于本国境内的所得拥有征税权力。B国实行居民管辖权，只对本国居民的所得拥有征税权力。王先生是A国居民，其所得来源于B国，因此，A、B两国对王先生的所得都没有征税权力，王先生的这笔所得应纳税款为0元。

135. C （解析）本题考查国际重复征税的免除。税收饶让是指居住国政府对其居民在国外得到的所得税减免优惠的部分，视同在国外实际缴纳的税款给予税收抵免，不再按居住国税法规定的税率进行补征。

136. D （解析）本题考查现代税收原则。对不同来源的收入加以区分，予以不同征税，也是公平原则的要求。

137. D （解析）本题考查税收制度的基本要素—税率。选项A，累进税率中使用时间较长和应用较多的是超额累进税率。选项B，累进税率中，征税对象数额或相对比例越大，规定的等级税率越高。选项C，一般来说，税率累进的程度越大，纳税人的名义税率与实际税率、边际税率与平均税率的差距也越大。

138. D （解析）本题考查税收负担的衡量指标。纯收入直接税收负担率=$\dfrac{企业(个人)一定时期缴纳的所得税(包括财产税)}{企业(个人)一定时期获得的纯收入}×100\%$。

139. D （解析）本题考查国际重复征税的免除。免税法下，甲国居民计算在甲国的应纳税额时，其来源于乙国、丙国的所得免税。所以，甲国居民在甲国缴纳的所得税为60×30%=18(万元)。

140. D （解析）本题考查国际重复征税的免除。抵免限额的规定具体有三种方法，即分国抵免限额、综合抵免限额和分项抵免限额。

141. B （解析）本题考查税收的职能。税收的经济职能亦称为调节职能。

142. B （解析）本题考查税收管辖权。属地主义原则是以纳税人的收入来源地或经济活动所在地为标准确定国家行使税收管辖权的范围的原则。

143. A （解析）本题考查税收负担的内容。纳税人通过各种途径将应缴税金全部或者部分地转给他人负担从而造成纳税人与负税人不一致的经济现象。

144. D （解析）本题考查税收负担的转嫁与归宿。D项错误，商品供给弹性大小与税负向前转嫁的程度成正比，与税负向后转嫁的程度呈反比。

145. D （解析）本题考查税收管辖权。属地主义原则是以纳税人的收入来源地或经济活动所在地为标准确定国家行使税收管辖权的范围的原则。这是各国行使税收管辖权的最基本原则。

146. A **[解析]** 本题考查税收的本质。税收是在国家产生以后,已具备了一定的社会经济条件才产生、存在和发展的。对于税收的产生、存在和发展,社会经济是内在的、根本的决定因素,国家的存在和对资金的需求则是一个必要的前提条件。

第四章 货物和劳务税制度

刷基础

147. A **[解析]** 本题考查增值税的征税范围。增值税纳税人将购买的货物分配给股东或投资者,视同销售,应计算缴纳增值税销项税额,外购货物的进项税额符合条件的可以抵扣。

148. D **[解析]** 本题考查增值税简易办法应纳税额的计算。个人出租住房应按照5%的征收率减按1.5%计算应纳税额。

149. A **[解析]** 本题考查增值税的纳税义务发生时间。选项A错误,销售服务、无形资产或不动产,未签订书面合同或书面合同未确定付款日期的,纳税义务发生时间为服务、无形资产转让完成的当天或不动产权属变更的当天。

150. D **[解析]** 本题考查消费税的计税依据。纳税人为销售货物而出租出借包装物收取的押金,单独记账核算的,不并入销售额征收增值税、消费税。对销售除啤酒、黄酒外的其他酒类产品而收取的包装物押金,无论是否返还均应并入当期销售额征收增值税、消费税。啤酒、黄酒的包装物押金不征收消费税,逾期时征收增值税。

151. D **[解析]** 本题考查消费税的计税依据。以外购的已税汽油、柴油为原料连续生产的汽油、柴油,可以在销售额中扣除外购已税消费品已纳消费税,选项A、B、C均不符合规定。

152. B **[解析]** 本题考查消费税的计算。进口卷烟组成计税价格=(关税完税价格+关税+消费税定额税)÷(1-进口卷烟消费税比例税率)=(220+220×50%+0.15)÷(1-56%)=750.34(万元),应纳消费税=750.34×56%+0.15=420.34(万元)。

153. A **[解析]** 本题考查关税的纳税人。货物的纳税人是经营进出口货物的收货人、发货人。物品的纳税人包括:入境时随身携带行李、物品的携带人;各种入境运输工具上携带自用物品的持有人;馈赠物品以及其他方式入境个人物品的所有人;进口个人邮件的收件人。

154. B **[解析]** 本题考查增值税的征税范围。选项B不是增值税视同销售行为,不属于增值税征收范围。

155. B **[解析]** 本题考查增值税的征税范围。融资性售后回租不按照融资租赁服务缴纳增值税。

156. A **[解析]** 本题考查增值税的税率。纳税人出口货物,除原油、柴油、新闻纸、糖、援外货物和国家禁止出口的货物(目前包括天然牛黄、麝香、铜、铜基合金和铂金等)外,税率为0。

157. B **[解析]** 本题考查增值税的计税依据。销售货物收取的包装物租金为价外费用,应并入当期销售额征税。应缴纳增值税=(92 600+3 000)/(1+13%)×13%=10 998.23(元)。

158. B **解析** 本题考查消费税的税率。选项B错误，纳税人兼营不同税率的应税消费品，即生产销售两种税率以上的应税消费品时，应当分别核算不同税率应税消费品的销售额或销售数量，未分别核算的，按最高税率征税。

159. D **解析** 本题考查消费税的计算。纳税人自产自用应税消费品没有同类消费品销售价格的，按组成计税价格计税。高档化妆品的组成计税价格计算公式：组成计税价格＝(成本+利润)/(1-消费税税率)。应纳税额＝组成计税价格×适用税率。应纳消费税＝35 000×(1+5%)/(1-15%)×15%+20 000×(1+5%)/(1-15%)×15%＝10 191.18(元)。

160. B **解析** 本题考查进口货物的关税完税价格。选项B错误，FOB是"船上交货"的价格术语简称，CFR是"成本加运费"的价格术语简称。

161. D **解析** 本题考查关税的税收优惠。下列进出口货物，免征关税：(1)关税税额在人民币50元以下的一票货物。(2)无商业价值的广告品和货样。(3)外国政府、国际组织无偿赠送的物资。(4)在海关放行前损失的货物。(5)进出境运输工具装载的途中必需的燃料、物料和饮食用品。

162. D **解析** 本题考查进项税额的抵扣。增值税扣税凭证是指增值税专用发票、海关进口增值税专用缴款书、农产品收购发票、农产品销售发票、机动车销售统一发票和收费公路通行费增值税电子普通发票以及完税凭证。

163. C **解析** 本题考查增值税的征税范围。选项C错误，从事货物的生产、批发或者零售的单位和个体工商户的混合销售行为，按照销售货物缴纳增值税。上述所称从事货物的生产、批发或零售的单位和个体工商户，包括以从事货物的生产、批发或零售为主，并兼营销售服务的单位和个体工商户在内。

164. D **解析** 本题考查增值税的税率。装饰服务属于建筑服务，增值税税率为9%。

165. C **解析** 本题考查进项税额的扣除。因被盗而非正常损失的购进货物及其运输费用不得抵扣进项税额，如果在购进时已经抵扣了进项税额，需要在当期做进项税额转出处理。进项税转出额＝(40 000-4 000)×13%+4 000×9%＝5 040(元)。

166. A **解析** 本题考查消费税的征收管理。采取预收货款结算方式销售货物的，消费税纳税义务发生时间为发出应税消费品的当天。

167. A **解析** 本题考查关税的完税价格和应纳税额的计算。运往境外修理的机械器具、运输工具或者其他货物，出境时已向海关报明，并且在海关规定的期限内复运进境的，应当以境外修理费和料件费为基础审查确定完税价格。完税价格＝6+15＝21(万元)，关税＝21×30%＝6.3(万元)。

168. A **解析** 本题考查增值税的征税范围。在增值税制中，拍卖行受托拍卖取得的手续费或佣金收入，按照"经纪代理服务"缴纳增值税。

169. B **解析** 本题考查增值税的征税范围。转让不动产的使用权，按照不动产经营租赁服务缴纳增值税。转让不动产所有权的业务活动按照销售不动产缴纳增值税。

170. B **解析** 本题考查增值税的税率。小规模纳税人销售自己使用过的固定资产，减按2%征收率征收增值税。小规模纳税人销售自己使用过的除固定资产以外的物品，按3%征收率征收增值税。该企业应缴纳的增值税＝80 000×3%+40 000/(1+3%)×2%＝3 176.70(元)。

171. A **解析** 本题考查增值税进项税额的检查。用于集体福利的购进货物的进项税额不得从销项税额中抵扣。

172. **C** (解析) 本题考查消费税的计税依据。白酒是复合征收消费税,其自产自用的组成计税价格=(成本+利润+自产自用数量×定额税率)/(1-消费税比例税率)。

173. **D** (解析) 本题考查消费税的征收管理。采取赊销和分期收款结算方式的,消费税纳税义务发生时间为书面合同约定的收款日期的当天,书面合同没有约定收款日期或无书面合同的,为发出应税消费品的当天。

174. **A** (解析) 本题考查进口货物的关税完税价格。运往境外修理的机械器具、运输工具或者其他货物,出境时已向海关报明,并且在海关规定的期限内复运进境的,应当以境外修理费和料件费为基础审查确定完税价格。完税价格=4+12=16(万元),关税=16×20%=3.2(万元)。

175. **B** (解析) 本题考查增值税的征税范围。选项B,外购货物的货物用于个人消费,其进项税额不得抵扣,已抵扣的要做进项税转出处理。

176. **B** (解析) 本题考查增值税应纳税额的计算。小规模纳税人销售其取得(不含自建)的不动产(不含个体工商户销售购买的住房和其他个人销售不动产),应以取得的全部价款和价外费用减去该项不动产购置原价或者取得不动产时的作价后的余额为销售额,按照5%的征收率计算应纳税额。小规模纳税人销售其自建的不动产,应以取得的全部价款和价外费用为销售额,按照5%的征收率计算应纳税额。

177. **C** (解析) 本题考查增值税的计算。增值税应纳税额=62 400/(1+13%)×13%-30 000×13%=3 278.76(元)。

178. **A** (解析) 本题考查增值税的征收管理。增值税纳税人年应税销售额超规定月份(或季度)的所属申报期结束后15日内按照税法规定办理相关手续;未按规定时限办理的,主管税务机关应当在规定期限结束后5日内制作"税务事项通知书",告知纳税人应当在5日内向主管税务机关办理相关手续。

179. **C** (解析) 本题考查消费税的计税依据。选项C错误,啤酒包装物押金不论是否逾期、是否单独核算,都不征收消费税。

180. **A** (解析) 本题考查消费税的计税依据。纳税人自产自用的应税消费品,用于连续生产应税消费品的,不缴纳消费税。

181. **B** (解析) 本题考查关税的计算。完税价格=(FOB+运费)×(1+保险费率)=(10+0.1)×(1+0.3%)=10.1 303(万英镑),10.1 303×11.5=116.49 845(万元人民币)。应纳进口关税=116.49 845×1 000×15%=17 474.7 675≈17 474.77(万元人民币)。

182. **B** (解析) 本题考查关税的税收优惠。下列进出口货物免征关税:(1)关税税额在人民币50元以下的一票货物;(2)无商业价值的广告品和货样;(3)外国政府、国际组织无偿赠送的物资;(4)在海关放行前损失的货物;(5)进出境运输工具装载的途中必需的燃料、物料和饮食用品。

183. **C** (解析) 本题考查增值税的征税范围。选项C错误,出租车公司向使用本公司自有出租车的出租车司机收取的管理费用,按陆路运输服务缴纳增值税。

184. **D** (解析) 本题考查增值税的征税范围。选项D错误,纳税人兼营销售货物、劳务、服务、无形资产或不动产,适用不同税率或征收率,未分别核算适用不同税率或征收率的销售额的,按照以下方法适用税率或征收率:(1)兼有不同税率的销售货物、劳务、服务、无形资产或不动产,从高适用税率。(2)兼有不同征收率的销售货物、劳务、服务、无形资产或不动产,从高适用征收率。(3)兼有不同税率和征收率的销售货物、加工修理修配劳务、服务、无形资产或不动产,从高适用税率。

185. D （解析）本题考查增值税的税率。一般纳税人销售自己使用过的不得抵扣且未抵扣进项税额的固定资产,依3%征收率减按2%征收增值税。

186. B （解析）本题考查增值税的计算。一般纳税人兼营免税项目或非增值税应税劳务而无法划分不得抵扣的进项税额的,按下列公式计算不得抵扣的进项税额:不得抵扣的进项税额=当期无法划分的全部进项税×(当期简易计税方法计税项目销售额+免征增值税项目销售额)÷当期全部销售额。抗生素药品的销售额=113÷1.13=100(万元);不得抵扣的进项税额=6.8×[50÷(100+50)]=2.27(万元);应纳增值税=销项税额-(进项税额-进项税转出额)=100×13%-(6.8-2.27)=8.47(万元)。

187. B （解析）本题考查增值税的减税、免税。选项B错误,直接用于科学研究、科学实验和教学的进口仪器、设备免征增值税。

188. A （解析）本题考查销项税额的检查。选项A,销售啤酒、黄酒而收取的包装物押金,无论是否逾期,均不缴纳消费税。

189. C （解析）本题考查消费税的纳税地点。纳税人到外县(市)销售或委托外县(市)代销自产应税消费品的,于应税消费品销售后,向机构所在地或者居住地主管税务机关申报纳税。纳税人的总机构与分支机构不在同一县(市)的,应当分别向各自机构所在地的主管税务机关申报纳税;经财政部、国家税务总局或者其授权的财政、税务机关批准,可以由总机构汇总向总机构所在地的主管税务机关申报纳税。委托个人加工的应税消费品,由委托方向其机构所在地或者居住地主管税务机关申报纳税。进口的应税消费品,由进口人或者其代理人向报送地海关申报纳税。

190. D （解析）本题考查进口货物的关税完税价格。运往境外加工的货物,出境时已向海关报明,并且在海关规定的期限内复运进境的,应当以境外加工费和料件费以及该货物复运进境的运输及相关费用、保险费为基础审查确定完税价格。关税=(22+10+8+11)×20%=10.2(万元)。

191. A （解析）本题考查增值税的征税范围。港口设施经营人收取的港口设施保安费按照港口码头服务缴纳增值税。

192. B （解析）本题考查增值税的计算。小规模纳税人销售货物或者应税劳务,按照销售额和规定的征收率计算应纳税额,不得抵扣进项税额。应缴纳增值税=36 000÷(1+3%)×3%=1 048.54(元)。

193. C （解析）本题考查增值税的进项税额。非正常损失的购进货物所属的进项税额不得抵扣。

194. B （解析）本题考查消费税的计税依据。纳税人自产的应税消费品用于换取生产资料和消费资料,投资入股和抵偿债务等方面,应当按纳税人同类应税消费品的最高销售价格作为消费税计税依据。将自产应税消费品用于偿还债务,增值税销售额的确定办法:按纳税人最近时期同类货物的平均销售价格确定,或按其他纳税人最近时期同类货物的平均销售价格确定,或按组成计税价格确定。

195. A （解析）本题考查消费税的计算。销售白酒收取的包装物押金,无论是否返还及会计上如何核算,均按应税消费品的适用税率征收消费税。应纳消费税=[58 000+3 000/1.13+(32 480+1 500)/1.13]×20%+(20+10)×1 000×2×0.5=48 145.13(元)。

刷进阶

196. A **解析** 本题考查消费税的纳税义务发生时间。选项A错误，纳税人自产自用应税消费品的，消费税纳税义务发生时间为移送使用的当天。

197. D **解析** 本题考查关税的征收管理。选项D错误，因纳税人违反规定而造成的少征或漏征的税款，自纳税人应缴纳税款之日起3年内可以追征，并从缴纳税款之日起按日加收少征或漏征税款万分之五的滞纳金。

198. C **解析** 本题考查增值税的征税范围。融资性售后回租业务取得的利息等收入按照贷款服务缴纳增值税。

199. C **解析** 本题考查增值税的税率。选项A错误，无运输工具承运业务按照交通运输服务缴纳增值税，税率为9%。选项B错误，航天运输服务按照航空运输服务缴纳增值税，税率为9%。选项D错误，餐饮住宿服务税率6%。

200. A **解析** 本题考查消费税的征税范围。消费税的征税范围包括烟、酒、化妆品、贵重首饰及珠宝玉石、鞭炮、焰火、成品油、摩托车、小汽车、高尔夫球及球具、高档手表、游艇、木制一次性筷子、实木地板、涂料和电池等。

201. D **解析** 本题考查消费税的计税依据。纳税人自产自用的应税消费品，用于连续生产应税消费品的，不缴纳消费税；不是用于连续生产应税消费品，而是用于其他方面的，于移送使用时纳税。

202. C **解析** 本题考查消费税的计税依据。金银首饰以旧换新，应以销售方实际收取的不含增值税价款为依据征收增值税、消费税。

203. C **解析** 本题考查消费税应纳税额的计算。进口化妆品的组成计税价格＝150＋60＋37＝247(万元)。当月可抵扣消费税＝247×80%×15%＝29.64(万元)。销售生产加工为成套化妆品应缴纳消费税＝334×15%－29.64＝20.46(万元)。

204. B **解析** 本题考查消费税的纳税地点。委托个人加工应税消费品，由委托方向其机构所在地或者居住地主管税务机关申报纳税。

205. D **解析** 本题考查增值税的征税范围。鉴证咨询服务包括认证服务、鉴证服务和咨询服务。

206. D **解析** 本题考查增值税的税率。拖拉机属于农机，适用9%低税率。鲜奶是农产品，适用9%低税率。农药适用9%低税率。农机零件不属于9%税率货物范围。

207. C **解析** 本题考查增值税的税率。小规模纳税人销售其自建的不动产，按照5%的征收率计算应纳税额。

208. A **解析** 本题考查增值税的计算。小规模纳税人销售自己使用过的固定资产，减按2%征收率征收增值税。应纳增值税＝140 000÷(1＋3%)×2%＝2 718.45(元)。

209. B **解析** 本题考查消费税的相关内容。消费税是对特定的消费品和消费行为征收的一种税。消费税的范围仅限于特定的消费品和消费行为，增值税比消费税的征税范围大。

210. B **解析** 本题考查消费税的计税依据。纳税人自产的应税消费品用于换取生产资料和消费资料、投资入股和抵偿债务等方面，应当按纳税人同类应税消费品的最高销售价格作为计税依据。应缴纳的消费税＝25.5×5×12%＝15.3(万元)。

211. D **解析** 本题考查关税的税收优惠。特定减免税也称为政策性减免税，主要包括科教用品、残疾人专用品、加工贸易产品、边境贸易进口物资、保税区进出口货物、出口加工区进出口货物、国家鼓励发展的国内投资项目和外商投资项目进口设备等。选项D属于可以暂不缴纳关税的情形。

212. D （解析）本题考查增值税的计税依据。选项A、B、C均不得开具增值税专用发票。

213. B （解析）本题考查增值税的纳税期限。纳税人进口货物，应当自海关填发缴款书之日起15内缴纳税款。

214. D （解析）本题考查增值税、消费税的计税依据。选项A、C错误，按纳税人同类应税消费品的最高销售价格作为计税依据的情形仅是纳税人自产的应税消费品用于换取生产资料和消费资料，投资入股和抵偿债务等方面。选项B错误，将自产的应税消费品用于连续生产非应税消费品，应当征收消费税，无需征收增值税。

215. B （解析）本题考查增值税的计算。用于非增值税应税项目、免征增值税项目、集体福利或者个人消费的购进货物或者应税劳务的进项税额不得抵扣。

216. D （解析）本题考查增值税的计算。非正常损失是指因管理不善造成被盗、丢失、霉烂变质的损失。

217. B （解析）本题考查增值税的减税免税。根据《增值税暂行条例》及其实施细则的规定，下列项目免征增值税：(1)农业生产者销售的自产农产品。(2)避孕药品和用具。(3)古旧图书，指向社会收购的古书和旧书。(4)直接用于科学研究、科学实验和教学的进口仪器、设备。(5)外国政府、国际组织无偿援助的进口物资和设备。(6)由残疾人的组织直接进口供残疾人专用的物品。(7)销售自己使用过的物品。

218. A （解析）本题考查消费税的计税依据。销售啤酒、黄酒而收取的包装物押金不缴纳消费税。应税消费品连同包装物销售的，无论包装物是否单独计价，也不论在财务上如何核算，均应并入应税消费品的销售额中征收消费税。除啤酒、黄酒以外的其他酒类产品企业销售酒类产品而收取的包装物押金，无论押金是否返还及会计上如何核算，均应并入酒类产品销售额中征收消费税。白酒生产企业向商业销售单位收取的"品牌使用费"是随着应税白酒的销售而向购货方收取的，属于应税白酒销售价款的组成部分，因此，不论企业采取何种方式以何种名义收取价款，均应并入白酒销售额中缴纳消费税。

219. D （解析）本题考查消费税的计税依据。委托加工应税消费品的组成计税价格=(材料成本+加工费)÷(1-消费税税率)。

220. B （解析）本题考查关税的征收管理。出口货物在货物运抵海关监管区后、装货的24小时以前，由纳税人向货物出境地海关申报，海关根据税则归类和完税价格计算应缴纳的关税和进口环节代征税，并填发税款缴款书。

221. B （解析）本题考查进口货物的关税完税价格。进口货物的保险费，应当按照实际支付的费用计算。如果进口货物的保险费无法确定或者未实际发生，海关应当按照"货价加运费"两者总额的千分之三(即0.3%)计算保险费。

第五章　所得税制度

刷基础

222. C （解析）本题考查企业所得税的税率。自2011年1月1日至2020年12月31日，对设在西部地区的鼓励类产业企业减按15%的税率征收企业所得税。鼓励类产业企业是指以《西部地区鼓励类产业目录》中规定的产业项目为主营业务，且其主营业务收入占企业收入总额的70%以上的企业。

223. A **解析** 本题考查企业所得税的税前扣除。企业依照法律、行政法规有关规定提取的用于环境保护、生态恢复等方面的专项资金，准予扣除。

224. C **解析** 本题考查抵免限额。企业可以选择按"分国（地区）不分项"或者"不分国（地区）不分项"方式计算抵免限额，一经选择，5年内不得改变。

225. D **解析** 本题考查个人所得税的自行申报。个人所得税自行申报方式：纳税人可以采用远程办税端、邮寄等方式申报，也可以直接到主管税务机关申报。

226. C **解析** 本题考查个人所得税的扣缴申报。在个人所得税的扣缴申报中，劳务报酬所得、稿酬所得、特许权使用费所得以收入减除费用后的余额为收入额，其中，稿酬所得的收入额减按70%计算。

227. C **解析** 本题考查企业所得税的纳税人。选项C错误，在中国境内设立机构、场所的非居民企业从居民企业取得与该机构、场所有实际联系的股息、红利等权益性投资收益，免征收企业所得税。

228. B **解析** 本题考查企业所得税特殊收入项目的确认。企业受托加工制造大型机械设备、船舶、飞机，以及从事建筑、安装、装配工程业务或者提供其他劳务时，持续时间超过12个月的，按照纳税年度内完工进度或者完成的工作量确认收入的实现。

229. C **解析** 本题考查企业所得税的税收优惠。企业开展研发活动中实际发生的研发费用，未形成无形资产计入当期损益的，在按规定据实扣除的基础上，在2018年1月1日至2020年12月31日期间，再按照实际发生额的75%在税前加计扣除；形成无形资产的，在上述期间按照无形资产成本的175%在税前摊销。

230. B **解析** 本题考查个人所得税的计税依据。财产租赁所得，每次收入不超过4 000元的，减除费用800元；4 000元以上的，减除20%的费用，其余额为应纳税所得额。

231. A **解析** 本题考查个人所得税的税收优惠。国债和国家发行的金融债券利息免征个人所得税。

232. B **解析** 本题考查企业所得税的税率。自2011年1月1日至2020年12月31日，对设在西部地区的鼓励类产业企业减按15%的税率征收企业所得税。鼓励类产业企业是指以《西部地区鼓励类产业目录》中规定的产业项目为主营业务，且其主营业务收入占企业收入总额的70%以上的企业。

233. B **解析** 本题考查企业所得税特殊收入项目的确认。企业受托加工制造大型机械设备、船舶、飞机，以及从事建筑、安装、装配工程业务或者提供其他劳务时，持续时间超过12个月的，按照纳税年度内完工进度或者完成的工作量确认收入的实现。

234. A **解析** 本题考查企业所得税企业重组的税务处理规定。企业重组适用特殊性税务处理规定的，要求重组交易对价中涉及股权支付金额不低于交易支付总额的85%。本题问的是"非股权"，所以是15%。

235. A **解析** 本题考查个人所得税的纳税人。选项B、C，属于在中国境内无住所又不居住的个人，属于非居民纳税人；选项D，在中国境内无住所而一个纳税年度内在中国境内居住累计不满183天的个人，属于非居民纳税人。

236. A **解析** 本题考查个人所得税。李某本月应预缴个人所得税=(15 000-5 000-2 000)×3%-0=240(元)。

· 151 ·

237. D （解析）本题考查企业所得税的纳税人。居民企业是指依法在中国境内成立，或者依照外国(地区)法律成立但实际管理机构在中国境内的企业。

238. C （解析）本题考查企业所得的税前扣除。企业发生的合理的工资、薪金支出准予据实扣除。福利费扣除限额=300×14%=42(万元)，实际发生45万元，准予扣除42万元。工会经费扣除限额=300×2%=6(万元)，实际发生5万元，可以据实扣除。职工教育经费扣除限额=300×8%=24(万元)，实际发生15万元，准予扣除15万元。税前准予扣除的工资和三项经费合计=300+42+5+15=362(万元)。

239. A （解析）本题考查企业所得税特别纳税调整。企业从其关联方接受的债权性投资与权益性投资的比例超过以下规定比例而发生的利息支出，不得在计算应纳税所得额时扣除。(1)金融企业，为5∶1。(2)其他企业，为2∶1。

240. C （解析）本题考查个人所得税的计算。应缴纳个人所得税=25 000×(1−20%)×20%=4 000(元)。

241. D （解析）本题考查个人所得税的征收管理。居民个人从中国境外取得所得的，应当在取得所得的次年3月1日至6月30日内申报纳税。

242. A （解析）本题考查企业所得税的税率。非居民企业在中国境内未设立机构、场所的，或者虽设立机构、场所但取得的所得与其机构、场所没有实际联系的，其境内所得减按10%的税率征收企业所得税。应纳所得税=30×10%=3(万元)。

243. A （解析）本题考查企业重组的税务处理。居民企业以非货币性资产对外投资确认的非货币性资产转让所得，可在不超过5年期限内，分期均匀计入相应年度的应纳税所得额，按规定计算缴纳企业所得税。该企业取得非货币性资产转让所得3 000万元，因此，本年度至少应确认非货币性资产转让所得600万元。

244. A （解析）本题考查企业所得税的检查。处置旧厂房取得的收入及转让技术所有权取得的收入，属于税法上的营业外收入。业务招待费支出按照发生额的60%扣除，但最高不得超过当年销售(营业)收入的5‰。业务招待费扣除限额=min{50×60%=30(万元)，(4 000+200)×5‰=21(万元)}=21(万元)，实际支出50万元，税前准予扣除21万元。

245. D （解析）本题考查个人所得税应纳税额的计算。按照偶然所得缴纳个人所得税。应纳税额=21 000×20%=4 200(元)。

246. A （解析）本题考查个人所得税的征税对象。在个人所得税的征税对象中，居民个人取得工资、薪金所得，劳务报酬所得，稿酬所得，以及特许权使用费所得称为综合所得，按纳税年度合并计算个人所得税。

247. C （解析）本题考查企业所得税一般收入项目的确认。"相关的经济利益很可能流入企业"这是会计上收入确认原则，但是从税法组织财政收入的角度考虑，即便经济利益不可能流入企业，也应确认为应税所得。

248. D （解析）本题考查企业所得税企业重组的税务处理。适用特殊性税务处理规定的企业重组，要求重组交易对价中涉及股权支付金额不低于交易支付总额的85%。

249. B （解析）本题考查企业所得税的税收优惠。企业从事符合条件的环境保护、节能节水项目的所得，自项目取得第一笔生产经营收入所属纳税年度起，第1年至第3年免征企业所得税，第4年至第6年减半征收企业所得税。所以2019年应纳企业所得税=100×25%×50%=12.5(万元)。

参考答案及解析

250. A **解析** 本题考查个人所得税的税率。在个人所得税的税率中，综合所得适用超额累进税率，税率为3%~45%。

251. D **解析** 本题考查个人所得税的税收优惠。选项A、B、C属于免征个人所得税的情形，选项D经批准可以减征个人所得税。

252. B **解析** 本题考查企业所得税的税率。根据企业所得税法，国家需要重点扶持的高新技术企业，减按15%的税率征收企业所得税。要求高新技术企业的近一年高新技术产品（服务）收入占企业同期总收入的比例不低于60%。

刷进阶 （高频进阶 强化提升）

253. D **解析** 本题考查企业所得税税前准予扣除的项目。非金融企业向非金融企业借款的利息支出，不超过按照金融企业同期同类贷款利率计算的数额的部分，准予扣除。可以扣除的利息费用=400×6%×10÷12=20（万元）；利息费用调增应纳税所得额=28-20=8（万元）。

254. A **解析** 本题考查企业所得税的税收优惠。从2016年12月5日起，对香港企业投资者通过深港通投资深圳证券交易所上市A股取得的转让差价所得，暂免征收企业所得税。

255. B **解析** 本题考查企业所得税的税收优惠。企业投资者持有2019—2023年发行的铁路债券取得的利息收入，减半征收企业所得税。

256. C **解析** 本题考查个人所得税的税率。利息、股息、红利所得，财产租赁所得，财产转让所得和偶然所得，适用比例税率，税率为20%。

257. C **解析** 本题考查个人所得税的税收优惠。军人转业费、保险赔款、省级人民政府颁发的体育奖金等免征个人所得税。彩票中奖属于偶然所得，适用于20%的税率。

258. C **解析** 本题考查企业所得税的纳税人。选项C错误，在中国境内设立机构、场所的非居民企业从居民企业取得与该机构、场所有实际联系的股息、红利等权益性投资收益，免征收企业所得税。

259. C **解析** 本题考查企业所得税的税率。国家需要重点扶持的高新技术企业要求最近一年销售收入小于5 000万元（含）时，最近三个会计年度的研究开发费用总额占同期销售收入总额的比例不低于5%。

260. B **解析** 本题考查企业所得税的税收优惠。企业从事国家重点扶持的公共基础设施项目投资经营的所得，自项目取得第一笔生产经营收入所属纳税年度起，第1年至第3年免征企业所得税，第4年至第6年减半征收企业所得税。2020年是第4年，应该减半征收企业所得税。应纳税额=200×25%÷2=25（万元）。

261. C **解析** 本题考查个人所得税的计税依据。房屋租赁所得每次收入4 000元以上的，准予扣除20%的费用，余为应纳税所得额。所以应纳税所得额=20 000×(1-20%)=16 000（元）。个人将其所得通过中国境内社会团体、国家机关向教育、公益事业以及遭受严重自然灾害地区、贫困地区的捐赠，捐赠额未超过纳税人申报的应纳税所得额30%的部分，可以从其应纳税所得额中扣除。所以扣除限额=16 000×30%=4 800（元）。

262. B **解析** 本题考查个人所得税的专项附加扣除。专项附加扣除，包括子女教育、继续教育、大病医疗、住房贷款利息、住房租金、赡养老人6项支出。选项B属于其他扣除。

263. B （解析）本题考查企业所得税的税前扣除。ACD 为禁止税前扣除的项目。

264. B （解析）本题考查企业所得税的税收优惠。下列行业的企业不适用税前加计扣除政策：(1)烟草制造业；(2)住宿和餐饮业；(3)批发和零售业；(4)房地产业；(5)租赁和商务服务业；(6)娱乐业；(7)财政部和国家税务总局规定的其他行业。

265. D （解析）本题考查小型微利企业。自 2019 年 1 月 1 日至 2021 年 12 月 31 日，对小型微利企业年应纳税所得额不超过 100 万元的部分，减按 25% 计入应纳税所得额，按 20% 的税率缴纳企业所得税；对年应纳税所得额超过 100 万元但不超过 300 万元的部分，减按 50% 计入应纳税所得额，按 20% 的税率缴纳企业所得税。

266. D （解析）本题考查企业所得税的税收优惠。自 2014 年 1 月 1 日起，对所有行业企业持有的单位价值不超过 5 000 元的固定资产，允许一次性计入当期成本费用在计算应纳税所得额时扣除，不再分年度计算折旧。

267. D （解析）本题考查企业所得税税前准予扣除的项目。非金融企业向非金融企业借款的利息支出，不超过按照金融企业同期同类贷款利率计算的数额的部分，准予扣除。该企业今年 3 月 1 日向非金融企业借款，今年借款期限为 10 个月，可以扣除的利息费用：$400 \times 6\% \times 10 \div 12 = 20$（万元）；利息费用调增应纳税所得额 $= 28 - 20 = 8$（万元）。

268. B （解析）本题考查企业所得税的源泉扣缴。特定扣缴：依照税法规定应当扣缴的所得税，扣缴义务人未依法扣缴或者无法履行扣缴义务的，由纳税人在所得发生地缴纳。纳税人未依法缴纳的，税务机关可以从该纳税人在中国境内其他收入项目的支付人应付的款项中，追缴该纳税人的应纳税款。

269. D （解析）本题考查企业所得税的征收管理。企业应当自清算结束之日起 15 日内，向主管税务机关报送企业清算所得税纳税申报表，结清税款。

270. C （解析）本题考查企业所得税的征收管理。企业在纳税年度内无论盈利或者亏损，都应当自年度终了之日起五个月内，向税务机关报送年度企业所得税纳税申报表，并汇算清缴，结清应缴应退税款。

第六章 其他税收制度

刷基础

271. B （解析）本题考查房产税的征税范围。农村的房产不征收房产税。

272. D （解析）本题考查契税的计算。房屋不等价交换的，按超出部分由支付差价方缴纳契税。乙应纳契税 $= (600-490) \times 3\% = 3.3$（万元）。

273. C （解析）本题考查资源税的减免。选项 C 错误，对鼓励利用的低品位矿、废石、尾矿、废渣、废水、废气等提取的矿产品，由省级人民政府根据实际情况确定是否给予减税或免税。

274. B （解析）本题考查土地增值税的税收优惠。选项 B 错误，纳税人建造普通标准住宅（高级公寓、别墅、度假村等不属于普通标准住宅）出售，增值额未超过扣除项目金额 20% 的，免征土地增值税；增值额超过扣除项目金额 20% 的，应就其全部增值额按规定计税。

275. B （解析）本题考查印花税的纳税人。选项 B 错误，适用于中国境内，并在中国境内具备法律效力的应税凭证,无论在中国境内或者境外书立,均应依照印花税的规定缴纳印花税。

276. A **解析** 本题考查房产税的计算。个人自有自用的非营业用房免征房产税,因此供自己及家人居住的原值60万元的房产免缴房产税。另一处空置房产,仅就其出租期间取得的租金收入缴纳房产税,税率4%。应缴纳房产税=1 200×4%×6=288(元)。

277. C **解析** 本题考查车船税。车船税是向车船的所有人或者管理人征收的一种税。选项A,商场待售的载货汽车不征车船税。选项B、D属于免征车船税的范围。

278. B **解析** 本题考查城镇土地使用税。对水电站的发电厂房用地(包括坝内、坝外式厂房),生产、办公、生活用地,照章征收城镇土地使用税;对其他用地给予免税照顾。水库库区用地,属于"其他用地"的范围,免征城镇土地使用税。

279. C **解析** 本题考查印花税的计税依据。选项C错误,记载资金的营业账簿,以实收资本和资本公积的两项合计金额为印花税计税依据。

280. B **解析** 本题考查房产税的减免。纳税人因房屋大修导致连续停用半年以上的,在房屋大修期间免征房产税,免征税额由纳税人在申报缴纳房产税时自行计算扣除。

281. B **解析** 本题考查契税的征税范围。房屋所有权交换,房屋交换价值不相等的,按照超出部分由支付差价方缴纳契税。居民甲需要缴纳契税=20×3%=0.6(万元)。

282. A **解析** 本题考查城镇土地使用税。国家机关自用的土地免征城镇土地使用税。

283. A **解析** 本题考查印花税的减免。自2018年1月1日至2020年12月31日,对金融机构与小型企业、微型企业签订的借款合同免征印花税。

284. A **解析** 本题考查房产税。应纳房产税=1 000 000×(1−30%)×1.2%÷12×4=2 800(元)。

285. A **解析** 本题考查车船税。境内单位和个人将船舶出租到境外的,应依法征收车船税。

286. C **解析** 本题考查城镇土地使用税。对于向社会开放的公园用地免征城镇土地使用税。应缴纳的城镇土地使用税=(80−3)×1.5=115.5(万元)。

287. A **解析** 本题考查印花税的减免。饮水工程运营管理单位为建设饮水工程取得土地使用权而签订的产权转移书据,以及与施工单位签订的建设工程承包合同,免征印花税。

288. C **解析** 本题考查房产税的纳税人。产权所有人、承典人不在房屋所在地的,由房产代管人或者使用人纳税。题中,产权所有人王某不在房屋所在地北京,由房产的使用人刘某缴纳房产税。

289. A **解析** 本题考查契税的减免。对个人购买家庭唯一住房(家庭成员范围包括购房人、配偶以及未成年子女),面积为90平方米及以下的,减按1%的税率征收契税。

290. D **解析** 本题考查城镇土地使用税。为社区提供养老、托育、家政等服务的机构自有或其通过承租、无偿使用等方式取得并用于提供社区养老、托育、家政服务的土地,免征城镇土地使用税。

291. C **解析** 本题考查印花税的计税依据。从价计征印花税的有:各类经济合同、产权转移书据、记载资金的营业账簿;从量计征印花税的有:除记载资金账簿以外的其他营业账簿和权利、许可证照,即政府部门颁发的房屋产权证、工商营业执照、商标注册证、土地使用证等。

292. C **解析** 本题考查城市维护建设税。甲企业代收代缴乙企业的增值税,应由甲企业在县城(非市区)按照5%的税率代收代缴乙企业的城市维护建设税。

293. D （解析）本题考查房产税的纳税人。选项D错误，产权属于全民的，由经营管理单位缴纳房产税。

294. D （解析）本题考查契税的征税范围。选项D错误，承受的房屋附属设施权属单独计价的，按照当地确定的适用税率征收契税。与房屋统一计价的，适用与房屋相同的契税税率。

295. D （解析）本题考查车船税。应税车船的所有人或管理人未缴纳车船税的，应由使用人代缴。

296. B （解析）本题考查资源税的纳税人。进口矿产品或盐，以及经营已税矿产品或盐的单位和个人均不属于资源税的纳税人。

297. B （解析）本题考查城镇土地使用税。选项B错误，凡是缴纳了耕地占用税的，从批准征收之日起满1年时开始征收城镇土地使用税；征用非耕地因不需要缴纳耕地占用税，应从批准征收之次月起征收城镇土地使用税。

298. A （解析）本题考查契税。选项A错误，契税以所有权发生转移的不动产为征税对象，向产权承受人征收的一种财产税。

299. C （解析）本题考查耕地占用税的税收优惠。铁路线路、公路线路、飞机场跑道、停机坪、港口、航道、水利工程占用耕地，减按每平方米2元的税额征收耕地占用税。农村居民在规定用地标准以内占用耕地新建自用住宅，按照当地适用税额减半征收耕地占用税。学校附设的小卖部占用的耕地，照章征收耕地占用税。

300. D （解析）本题考查土地增值税。选项D错误，土地增值税是四级超率累进税率：30%、40%、50%、60%，所以，土地增值税使用的最高税率为60%。

301. B （解析）本题考查印花税。免征印花税的情况有：财产所有人将财产赠给政府、社会福利单位、学校所立的书据；房地产管理部门与个人订立的房租合同；投资者买卖封闭式证券基金。对个人销售或购买住房暂免征收印花税。

刷进阶　高频进阶　强化提升

302. A （解析）本题考查房产税的减免。企业无租使用免税单位的房产，应由企业代为缴纳房产税。

303. C （解析）本题考查契税的计税依据。选项C错误，房屋交换，以交换房屋的价格差额作为计税依据。

304. C （解析）本题考查资源税。进口的矿产品和盐不征收资源税，出口应税产品不免征或退还已纳资源税。

305. C （解析）本题考查土地增值税的税收优惠。选项C错误，纳税人建造普通标准住宅出售，增值额超过扣除项目金额20%的，应就其全部增值额按规定计税。

306. D （解析）本题考查城市维护建设税。海关对进口产品代征的增值税、消费税，不征收城建税。纳税人违反增值税、消费税有关税法而加收的滞纳金和罚款，不作为城建税的计税依据。

307. C （解析）本题考查房产税的减免。选项C，公园、名胜古迹中附设的营业单位及出租的房产，应征收房产税。

308. B （解析）本题考查房产税的计税依据。房产税是以房屋为征税对象，以房屋的计税余值或租金收入为计税依据,向房屋产权所有人征收的一种财产税。

309. B （解析）本题考查契税的减免。对个人购买家庭唯一住房(家庭成员范围包括购房人、配偶以及未成年子女),面积为90平方米及以下的,减按1%的税率征收契税。面积为90平方米以上的,减按1.5%的税率征收契税。

310. A （解析）本题考查资源税的减免。对衰竭期煤矿开采的煤炭,资源税减征30%;对充填开采置换出来的煤炭,资源税减征50%。开采原油过程中用于加热的原油、天然气,免税。

311. D （解析）本题考查土地增值税的内容。转让国有土地使用权、地上的建筑物及其附着物(以下简称转让房地产)并取得收入的单位和个人,为土地增值税的纳税人。

312. A （解析）本题考查印花税。按照征税项目划分的具体纳税人是立合同人、立账簿人、立据人、领受人和使用人。

313. A （解析）本题考查城市维护建设税。对增值税和消费税实行先征后返、先征后退、即征即退办法的,除另有规定外,对随增值税和消费税附征的城市维护建设税和教育费附加,一律不予退(返)还。

314. A （解析）本题考查契税的计税依据。通过"招、拍、挂"程序承受土地使用权的,应按土地成交总价款计征契税,其中土地前期开发成本不得扣除。

315. D （解析）本题考查车船税的计税依据。车船税的计税依据中,采用净吨位为计税标准主要是船舶。

316. D （解析）本题考查资源税的征税范围。资源税的征收范围包括原油、天然气、煤炭、其他非金属矿原矿、黑色金属矿原矿、有色金属矿原矿和盐(包括固体盐和液体盐)。成品油不属于资源税征收范围。

317. D （解析）本题考查城镇土地使用的征税范围。城镇土地使用税的征税范围为城市、县城、建制镇、工矿区。

318. C （解析）本题考查土地增值税的税率。土地增值税实行四级超率累进税率。

319. A （解析）本题考查印花税的减免。对个人出租、承租住房签订的租赁合同,免征印花税。

第七章 税务管理

刷基础

320. C （解析）本题考查税务登记。自2016年10月1日起,工商营业执照、组织机构代码证、税务登记证、社会保险登记证和统计登记证"五证合一"。

321. A （解析）本题考查发票管理的内容。选项B错误,发票实行不定期换版制度。选项C错误,发票应当使用中文印制。民族自治地方的发票,可以加印当地一种通用的民族文字。有实际需要的,也可以同时使用中外两种文字印制。选项D错误,发票不得在境外印制。

322. B （解析）本题考查纳税申报。选项A错误,负有纳税义务的单位和个人,在发生纳税义务之后,按税法规定或税务机关核定的期限,如实向主管税务机关办理纳税申报。选项C错误,纳税人、扣缴义务人因不可抗力,不能按期办理纳税申报或者报送代扣代缴、代收代缴税款报告表的,可以延期办理纳税申报,丙公司因管理不善而发生火灾,不属于不可抗力的范畴,不得延期申报。选项D错误,企业所得税申报期限为纳税人在月份或者季度终了之日起 15 日内申报预缴，年度终了之日起 5 个月内向其主管税务机关报送年度企业所得税纳税申报表并汇算清缴，结清应缴应退税款。

323. A （解析）本题考查税款追征与退还。因税务机关责任，致使纳税人、扣缴义务人未缴或者少缴纳税款的，税务机关在 3 年内可要求纳税人、扣缴义务人补缴税款，但是不得加收滞纳金。

324. B （解析）本题考查变更税务登记。纳税人税务登记内容发生变化的，按照规定不需要在国家市场监督管理机关办理变更登记，应当自税务登记内容实际发生变化之日起 30 日内，持相关证件到原税务登记机关申报办理变更税务登记。

325. A （解析）本题考查发票管理的内容。全国统一的发票监制章的式样和发票版面印刷的要求，由国务院税务主管部门(国家税务总局)规定。

326. B （解析）本题考查纳税申报期限。延期申报的具体期限一般是一个申报期限内，最长不超过 3 个月。

327. D （解析）本题考查税收保全措施。个人及其所扶养家属维持生活必需的住房和用品，不在税收保全措施的范围之内。个人及其所扶养家属维持生活必需的住房和用品不包括机动车辆、金银饰品、古玩字画、豪华住宅或者一处以外的住房。

328. A （解析）本题考查出口退税管理。当期期末留抵税额>当期免抵退税额时：当期应退税额 = 当期免抵退税额，当期免抵税额 = 0。

329. D （解析）本题考查注销税务登记。改变住所或经营地点涉及主管税务机关变动的需要向原主管税务机关申报办理注销税务登记，并在规定的期限内向迁达地税务机关申报办理税务登记。

330. B （解析）本题考查减免税的管理。选项 B 错误，税务机关受理或者不予受理减免税申请，应当出具加盖本机关专用印章和注明日期的书面凭证。

331. B （解析）本题考查账簿管理。选项 B 错误，账簿、收支凭证粘贴簿、进销货登记簿等资料，除另有规定者外，至少要保存 10 年，未经税务机关批准，不得销毁。

332. C （解析）本题考查税款征收的方式。查验征收是对经营品种比较单一，经营地点、时间和商品来源不固定的纳税人实施的一种征收方法。

333. D （解析）本题考查税款追征与退还。因税务机关责任，致使纳税人、扣缴义务人未缴或者少缴纳税款的，税务机关在 3 年内可要求纳税人、扣缴义务人补缴税款，但是不得加收滞纳金。对于纳税人偷税、抗税和骗取税款的，税务机关可无限期追征税款、滞纳金，不受规定期限的限制。

334. A （解析）本题考查注销税务登记。选项 B、C、D 需要办理注销税务登记。选项 A 属于税务登记的内容发生变化，需要办理变更税务登记。

335. D （解析）本题考查税务登记的法律责任。纳税人未按照规定期限办理税务登记手续的，由税务机关责令限期改正，可以处 2 000 元以下的罚款；情节较为严重的，处以 2 000 元以上，1 万元以下的罚款。

336. B （解析）本题考查发票管理的内容。选项 B 错误，对无固定经营场所或财务制度不健全的纳税人申请领购发票，主管税务机关有权要求其提供担保人，不能提供担保人的，可以视其情况，要求其提供保证金，并限期缴销发票。

337. B （解析）本题考查税款征收方式。对一些无完整考核依据的纳税人，一般采用定期定额征收方式。

338. D （解析）本题考查税收保全措施和税收强制执行措施。选项 D 错误，税收保全措施仅适用于从事生产经营的纳税人。

339. B （解析）本题考查税务登记证的发放及使用。除按照规定不需要发给税务登记证件的外，纳税人办理下列事项时，必须持税务登记证件：(1)开立银行账户；(2)申请减税、免税、退税；(3)申请办理延期申报、延期缴纳税款；(4)领购发票；(5)申请开具外出经营活动税收管理证明；(6)办理停业、歇业；(7)其他有关税务事项。

340. C （解析）本题考查税务登记的法律责任。纳税人不办理税务登记的，由税务机关责令限期改正；逾期不改正的，经税务机关提请，由国家市场监督管理机关吊销其营业执照。

341. D （解析）本题考查发票检查。有下列情形之一的，由税务机关处 1 万元以上 5 万元以下的罚款；情节严重的，处 5 万元以上 50 万元以下的罚款；有违法所得的予以没收：(1)转借、转让、介绍他人转让发票、发票监制章和发票防伪专用品的；(2)知道或者应当知道是私自印制、伪造、变造、非法取得或者废止的发票而受让、开具、存放、携带、邮寄、运输的。

342. C （解析）本题考查纳税担保。选项 C 错误，纳税担保人是指在中国境内具有纳税担保能力的自然人、法人或者其他经济组织。

343. A （解析）本题考查税收强制执行。税务机关采取强制执行措施将扣押、查封的商品、货物或者其他财产变价抵缴税款，拍卖或者变卖所得抵缴税款、滞纳金、罚款以及扣押、查封、保管、拍卖、变卖等费用后，剩余部分应当在 3 日内退还被执行人。

344. B （解析）本题考查注销税务登记。选项 B 需要办理注销税务登记。选项 A、C、D 需要办理变更税务登记。

345. C （解析）本题考查申报办理税务登记。选项 C，境外企业在中国境内承包建筑、安装、装配、勘探工程和提供劳务的，应当自项目合同或协议签订之日起 30 日内，向项目所在地税务机关申报办理税务登记，税务机关发放临时税务登记证及副本。

346. D （解析）本题考查发票检查。有下列情形之一的，由税务机关处 1 万元以上 5 万元以下的罚款；情节严重的，处 5 万元以上 50 万元以下的罚款；有违法所得的予以没收：(1)转借、转让、介绍他人转让发票、发票监制章和发票防伪专用品的；(2)知道或者应当知道是私自印制、伪造、变造、非法取得或者废止的发票而受让、开具、存放、携带、邮寄、运输的。

347. C （解析）本题考查减免税的管理。纳税人依法可以享受减免税待遇，但是未享受而多缴税款的，纳税人可以在税收征管法规定的期限内申请减免税，要求退还多缴的税款。

348. B （解析）本题考查纳税担保。纳税担保的具体形式包括纳税担保人担保、纳税保证金担保、纳税担保物担保。

349. B （解析）本题考查注销税务登记。《国家税务总局关于进一步优化办理企业税务注销程序的通知》（税总发〔2018〕149号）规定，对向市场监管部门申请简易注销的纳税人，符合未办理过涉税事宜的或者办理过涉税事宜但未领用发票、无欠税(滞纳金)及罚款的，可免予到税务机关办理清税证明，直接向市场监管部门申请办理注销登记。

350. C （解析）本题考查发票管理。验旧购新：用票单位和个人将已填开的发票存根联交税务机关审验后，领购新票。

351. B （解析）本题考查发票检查。选项 A 错误，税务机关有权查阅、复制与发票有关的凭证、资料。选项 C 错误，税务人员进行检查时，应当出示税务检查证。选项 D 错误，税务机关需要将空白发票调出查验时，应当开具收据，经查无问题的，应当及时返还。

352. B （解析）本题考查税收保全措施。税务机关可以采取的税收保全措施：书面通知纳税人的开户银行或者其他金融机构冻结纳税人的金额相当于应纳税款的存款；扣押、查封纳税人的价值相当于应纳税款的商品、货物或者其他财产。

353. D （解析）本题考查税款追征与退还。纳税人超过应纳税额多缴纳的税款，税务机关发现后应当立即退还；纳税人自结算缴纳税款之日起 3 年内发现的，可以向税务机关要求退还多缴的税款，并加算银行同期存款利息。

354. C （解析）本题考查停业、复业的税务登记。选项 A 错误，采用定期定额征收方式的个体工商户停业期不得超过一年。选项 B 错误，若停业期间发生经营行为时，应当按照规定，申报缴纳税款。选项 D 错误，纳税人办理停业登记，税务机关收存其税务登记证及副本。

355. C （解析）从事生产、经营的纳税人未办理工商营业执照也未经有关部门批准设立的，应当自纳税义务发生之日起 30 日内申报办理税务登记，税务机关发放临时税务登记证及副本。

356. A （解析）本题考查发票管理的内容。选项 B 错误，对无固定经营场地或者财务制度不健全的纳税人申请领购发票，主管税务机关有权要求其提供担保人，不能提供担保人的，可以视其情况，要求其提供保证金，并限期缴销发票。选项 C 错误，已经开具的发票存根联和发票登记簿，应当保存 5 年。选项 D 错误，除国务院税务主管部门规定的特殊情形外，发票限于领购单位和个人在本省、自治区、直辖市内开具。

357. A （解析）本题考查发票检查。选项 A 盘存法是纳税检查的基本方法。

358. C （解析）本题考查税款征收的方式。查定征收是由纳税单位向税务机关报送纳税申请表，经税务机关审查核实，计算应征税额，开具纳税缴款书，由纳税人凭以缴纳入库的一种征收方式。选项 A 是定期定额征收，选项 B 是查账征收，选项 D 是查验征收。

359. B （解析）本题考查变更税务登记。纳税人的税务登记内容发生变化时，应当依法向原税务登记机关申报办理变更税务登记。

360. D （解析）本题考查变更税务登记。纳税人因住所、经营地点变动，涉及改变税务登记机关的，应当在向原税务登记机关申报办理注销税务登记。

361. B （解析）本题考查账簿管理。从事生产、经营的纳税人应根据国务院财政、税务主管部门的规定和税收征管法的要求，自领取营业执照或者发生纳税义务之日起 15 日内设置账簿，根据合法、有效凭证记账，进行核算。账簿、收支凭证粘贴簿、进销货登记簿等资料，除另有规定者外，至少要保存 10 年，未经税务机关批准，不得销毁。保管期满需要销毁时，应编造销毁清册，报主管部门和税务机关批准，然后在其监督下销毁。

362. C （解析）本题考查税款征收的方式。查账征收适用于财务会计制度较为健全，能够认真履行纳税义务的纳税单位。

363. C （解析）本题考查税收保全的范围。个人及其所扶养家属维持生活必需的住房和用品，不在税收保全措施的范围之内。个人及其所扶养家属维持生活必需的住房和用品不包括机动车辆、金银饰品、古玩字画、豪华住宅或者一处以外的住房。

364. C （解析）本题考查发票的开具和保管。选项 C 错误，开具发票应当按规定的时限、顺序、栏目，全部联次一次性如实开具，并加盖发票专用章。

365. C （解析）本题考查发票的领购方式。交旧购新：用票单位和个人交回已填开的发票存根联，经税务机关审核后留存，允许购领新发票。

366. D （解析）本题考查税收强制执行。选项 A 错误，税收强制执行措施适用范围包括未按照规定的期限缴纳或者解缴税款，经责令限期缴纳，逾期仍未缴纳的从事生产、经营的纳税人、扣缴义务人和纳税担保人。选项 B 错误，个人及其所扶养家属维持生活必需的住房和用品，不在强制执行措施范围之内。个人及其所扶养家属维持生活必需的住房和用品不包括机动车辆、金银饰品、古玩字画、豪华住宅或者一处以外的住房。选项 C 错误，税务机关可对工资薪金收入未按期缴纳个人所得税的扣缴义务人实行税收强制执行措施。

367. D （解析）本题考查税款追征与退还。对偷税、抗税、骗税的，税务机关追征其未缴或少缴的税款、滞纳金或者所骗取的税款，不受规定期限的限制。

368. C （解析）本题考查税务登记。"五证合一"登记制度改革并非是将税务登记取消了，税务登记的法律地位仍然存在。

第八章　纳税检查

刷基础

369. D （解析）本题考查账务调整的基本方法。红字冲销法适用于会计科目用错及会计科目正确但核算金额错误的情况。

370. A （解析）本题考查增值税一般销售方式的检查。在交款提货销售的方式下，如果货款已经收到，发票账单和提货单已经交给买方，无论商品是否已经发出，均作为销售的实现，按规定计提增值税销项税额。正确的会计分录为

借：银行存款　　　　　　　　　　　　　　　　　　　　　　113 000
　　贷：主营业务收入　　　　　　　　　　　　　　　　　　　100 000
　　　　应交税费—应交增值税(销项税额)　　　　　　　　　　13 000

371. D （解析）本题考查增值税视同销售方式的检查。将自产产品用于在建工程，不视同销售，不计算缴纳增值税。

372. B （解析）本题考查消费税一般销售方式的检查。消费税应记入的会计科目为税金及附加。

373. A （解析）本题考查企业所得税税前准予扣除项目的检查。凡属于制造产品耗用的直接材料费用应直接计入"生产成本—基本生产成本"。

374. A （解析）本题考查企业所得税税前准予扣除项目的检查。对于大量大批的单步骤生产企业，主要采用品种法来计算产品成本，由于其产品生产不分步骤，生产周期短，一般产品成本均计入完工产品成本。

375. D （解析）本题考查纳税检查的范围。税务机关在调查税收违法案件时，经设区的市、自治州以上税务局(分局)局长批准，可以查询案件涉嫌人员的储蓄存款。

376. D （解析）本题考查账务调整的基本方法。红字冲销法适用于会计科目用错及会计科目正确但核算金额错误的情况。本题应做的会计账户调整为

借：管理费用　　　　　　　　　　　　　　　　　　　　　　72 000
　　贷：银行存款　　　　　　　　　　　　　　　　　　　　　　72 000

377. C （解析）本题考查一般销售方式的增值税检查。正确的会计分录为

借：库存现金　　　　　　　　　　　　　　　　　　　　　　339 000
　　贷：主营业务收入　　　　　　　　　　　　　　　　　　　　300 000
　　　　应交税费—应交增值税(销项税额)　　　　　　　　　　　　39 000

378. C （解析）本题考查包装物销售的检查。随同货物出售单独计价的包装物，属于销售货物，取得收入记入"其他业务收入"科目，应按所包装货物的适用税率计征增值税。

379. B （解析）本题考查销售数量的检查。以耗核产，以产核销测定法适用于产品管理制度比较健全的企业，运用时，抓住主要耗用材料进行核定。

380. A （解析）本题考查企业所得税不得税前扣除项目的检查。业务招待费的扣除限额=min｛年销售(营业)收入的5‰，实际发生额的60%｝=min｛1 600×5‰，12×60%｝=7.2(万元)，因此，业务招待费应调增应纳税所得额=12-7.2=4.8(万元)。

381. C （解析）本题考查纳税检查的概念。选项C错误，纳税检查的客体是纳税人，同时包括代扣代缴义务人、代收代缴义务人、纳税担保人等。

382. B （解析）本题考查增值税会计科目的设置。选项B错误，"待抵扣进项税额"明细科目，核算纳税人已取得增值税扣税凭证并经税务机关认证，按照现行增值税制度规定准予以后期间从销项税额中抵扣的进项税额。

383. C （解析）本题考查增值税进项税额的检查。将外购货物用于职工福利，其进项税额不得进行抵扣。对已经抵扣的进项税额要做转出处理。

384. C （解析）本题考查消费税一般销售方式的检查。计提消费税应记入"税金及附加"科目。

385. B （解析）本题考查企业所得税税前准予扣除项目的检查。"应付工资"账户出现贷方余额，企业多计成本，利润就会减少。

386. C （解析）本题考查不得税前扣除项目的企业所得税检查。非金融企业向非金融企业借款发生的利息扣除最高限额为向金融企业同期同类贷款利率计算的利息。

387. A （解析）本题考查纳税检查的概念。纳税检查的主体是税务机关。

388. C （解析）本题考查账务调整的基本方法。此笔账务处理涉及的会计科目用错，账务调整为

借：应付职工薪酬　　　　　　　　　　　　　　　　　　　　30 000
　　贷：财务费用　　　　　　　　　　　　　　　　　　　　　　30 000

389. B （解析）本题考查一般销售方式的增值税检查。采用预收货款方式销售产品，发出商品的当天为增值税纳税义务发生时间。甲企业于6月收取预付货款，商品尚未发出，无需计提增值税销项税额。

390. B （解析）本题考查企业所得税年度收入总额的检查。特许权使用费收入通过"其他业务收入"核算。

391. C （解析）本题考查企业所得税不得税前扣除项目的检查。非金融企业向非金融企

借款发生的利息扣除最高限额为向金融机构同期同类贷款利率计算的利息。

392. C （解析）本题考查会计凭证的检查。外来原始凭证包括进货发票、进账单、汇款单、运费发票等。自制原始凭证有收料单、领料单、支出证明单、差旅费报销单、成本计算单等。

393. D （解析）本题考查增值税会计科目的设置。正确的会计处理为
借：应收账款/应收票据
　　贷：应交税费—待转销项税额
　　　　主营业务收入

394. C （解析）本题考查销售服务的增值税检查。企业提供住宿服务应计算销项税额，适用税率6%，该宾馆应计提销项税额=212÷(1+6%)×6%=12(万元)。账务调整为
借：应付账款　　　　　　　　　　　　　　　　　　　　　　2 120 000
　　贷：主营业务收入　　　　　　　　　　　　　　　　　　2 000 000
　　　　应交税费—应交增值税(销项税额)　　　　　　　　　　120 000

395. C （解析）本题考查委托加工方式的消费税检查。对于委托加工应税消费品业务，按照受托方的同类消费品的销售价格计算纳税，没有同类消费品销售价格的，按组成计税价格计税。

396. A （解析）本题考查企业所得税税前准予扣除项目的检查。对办公费、水电费、修理费等以现金或银行存款直接支付的费用检查时，主要检查"制造费用"明细账。

397. D （解析）本题考查纳税检查的基本方法。按照检查的范围、内容、数量和查账粗细的不同，纳税检查的基本方法可以分为详查法和抽查法。

398. B （解析）本题考查账务调整的基本方法。补充登记法适用于漏计或错账所涉及的会计科目正确，但核算金额小于应计金额的情况。

399. A （解析）本题考查一般销售方式下销项税额的检查。对于采取预收款方式销售服务(建筑服务、租赁服务除外)的企业，应在收到预收款项时，借记"银行存款"科目，贷记"预收账款"科目；发生服务时，确认收入及补收款项，借记"预收账款""银行存款"等科目，贷记"应交税费—应交增值税(销项税额)""主营业务收入""其他业务收入"等科目。

400. A （解析）本题考查企业所得税的检查。自2008年1月1日起，职工福利费不允许预提，按实际发生额计入有关成本费用，但每一年度准予扣除的福利费不能超过工资总额的14%。

401. D （解析）本题考查企业所得税的检查。检查时，首先检查"管理费用"总账的借方发生额，对发生额异常的月份进行重点分析，找出存在问题；然后检查"管理费用"明细账的借方发生额和摘要栏，逐项检查。

402. A （解析）本题考查账务调整的基本方法。红字冲销法适用于会计科目用错及会计科目正确但核算金额错误的情况。一般情况下，在及时发现错误，没有影响后续核算的情况下多使用红字冲销法。

403. A （解析）本题考查一般销售方式的增值税检查。如果延期收取的货款具有融资性质，其实质是企业向购货方提供免息的信贷时，企业应当按照应收的合同或协议价款的公允价值确定收入金额。

404. A （解析）本题考查销售服务的增值税检查。该公司采用预收款方式提供租赁服务，

纳税义务发生时间为收到预收款的当天,该公司应于10月30日对收到的预收款计提销项税额,销项税额=1 090÷(1+9%)×9%=90(万元)。会计分录为

借:银行存款   10 900 000
　　贷:预收账款—工程款   10 000 000
　　　　应交税费—应交增值税(销项税额)   900 000

刷进阶

405. B (解析) 本题考查视同销售方式下的增值税检查。企业将自产产品用于对外投资,应视同销售计算增值税销项税额,销项税额=1 000×1 000×13%=130 000(元)。正确的会计处理为

借:长期股权投资—其他股权投资   1 130 000
　　贷:主营业务收入   1 000 000
　　　　应交税费—应交增值税(销项税额)   130 000
借:主营业务成本   800 000
　　贷:库存商品   800 000

406. A (解析) 本题考查进项税额的增值税检查。外购原材料取得增值税普通发票,进项税不能抵扣,都计入原材料中。

407. D (解析) 本题考查企业所得税税前准予扣除项目的检查。对于委托加工材料的检查,主要查看委托加工的运杂费、加工费是否计入加工成本,即"委托加工物资"科目。

408. B (解析) 本题考查账务调整的基本方法。补充登记法适用于漏计或错账所涉及的会计科目正确,但核算金额小于应计金额的情况。账务调整分录为

借:管理费用   500
　　贷:累计摊销   500

409. D (解析) 本题考查账务调整的基本方法。综合账务调整法将红字冲销法与补充登记法综合加以运用,一般适用于错用会计科目的情况,而且主要用于所得税纳税检查后的账务调整,如果涉及会计所得,对于影响本年度的所得可以直接调整"本年利润"账户,而对于影响上年度的所得可以直接调整"以前年度损益调整"账户。

410. B (解析) 本题考查销售服务的增值税检查。交通运输服务适用税率为9%,物流辅助服务适用税率为6%。该公司应计提的销项税额=800×9%+100×6%=78(万元)。
会计分录为

借:银行存款   9 860 000
　　贷:主营业务收入   8 000 000
　　　　其他业务收入   1 000 000
　　　　应交税费—应交增值税(销项税额)   780 000

411. D (解析) 本题考查包装物的增值税检查。企业收取的包装物押金应记入"其他应付款"。

412. D (解析) 本题考查一般销售方式的消费税检查。在直接收款销售情况下,如货款已经收到,发票账单和提货单已交给买方,无论商品、产品是否已经发出,都作为销售的实现,计算增值税、消费税。应纳增值税=22 600÷(1+13%)×13%=2 600(元)。应纳消费税=22 600÷(1+13%)×15%=3 000(元)。

413. A (解析) 本题考查企业所得税销售货物收入的检查。对于折扣,首先要区分商业折

扣和现金折扣,商品销售涉及商业折扣的,应按照扣除商业折扣后的金额确定销售商品收入金额,而现金折扣应在实际发生时作为财务费用扣除。

414. D （解析）本题考查会计报表的检查。编制资产负债表应计入"存货"的金额为 100 000+10 000=110 000(元)。

415. A （解析）本题考查增值税销项税额的检查。采用预收货款方式销售产品(商品),企业收到货款时,其账务处理为

借:银行存款
　　贷:预收账款

416. C （解析）本题考查增值税销项税额的检查。采取预收款方式提供租赁服务的,应在收到预收款项时,借记"银行存款"科目,贷记"预收账款"科目,计提增值税销项税额。

417. D （解析）本题考查销项税额的检查。逾期不再退还的包装物押金,借记"其他应付款",贷记"其他业务收入""应交税费—应交增值税(销项税额)"。包装物押金为含税金额,所以销项税额为 20 000÷(1+13%)×13%=2 301(元)。

418. A （解析）本题考查包装物销售的检查。纳税人为销售货物而出租出借包装物收取的押金,单独记账核算的,不并入销售额征税。因逾期未收回包装物不再退还的押金,应按所包装货物的适用税率征收增值税。本题中,包装物未逾期,不征收增值税。

419. D （解析）本题考查消费税销售收入的检查。该产品无同类产品的对外售价,因此要按组成计税价格计算,应纳消费税为 20 000×(1+5%)÷(1−15%)×15%=3 705.88(元)。

420. C （解析）本题考查销售数量的检查。本期产品销售数量=上期产品结存数量+本期产品完工数量−本期产品结存数量=100+1 500−300=1 300(件),甲企业应调增销售收入=(1 300−1 000)×200=60 000(元)。

421. A （解析）本题考查委托加工方式的消费税检查。委托加工的应税消费品是指由委托方提供原料和主要材料,受托方只收取加工费和代垫部分辅助材料加工的应税消费品。

422. C （解析）本题考查委托加工方式的消费税检查。委托加工应税消费品于受托方交货时由受托方代收代缴消费税。

423. D （解析）本题考查纳税检查的基本方法。详查法是对被查期内的全部凭证、账册、报表和其他会计资料,进行全面、系统、细致的检查的一种方法。运用这种检查方法,检查的范围比较全面,可以从多方面进行比较分析、相互考证和发现问题,检查的结论比较可靠。

424. B （解析）本题会计账簿的检查。账表关系的查核主要是对总账与资产负债表、损益表进行核对,其中与资产负债表的关系尤为密切。

第九章　公债

刷基础

425. C （解析）本题考查公债的发行原则。公债发行成本最小原则是指证券的利息支出及其发行费用支出应尽量节约,最大限度地降低其筹集资金的成本。

426. B （解析）本题考查公债券流通。选项B错误,专用债券是专门用于从特定金融机构

筹集财政资金的债券，一般不向其他单位和个人推销。

427. A （解析）本题考查公债市场的概念及其分类。公债二级市场一般是公债承购机构与认购者之间的交易，也包括公债持有者与政府或公债认购者之间的交易。

428. A （解析）本题考查公债的发行原则。公债的景气发行原则是指发行公债应根据社会经济状况而定，必须有利于社会经济的稳定和发展。

429. C （解析）本题考查公债的收入使用。选项 C 错误，目前我国尚未在法律中明确规定债务收入的使用方向。要使债务收入的使用方向和范围真正做到明确化、规范化，还有待进一步完善预算制度，使预算科目划分地进一步科学化，并以法律的形式确定下来。

430. D （解析）本题考查我国政府直接债务和或有债务。选项 D 属于直接隐性债务。

431. D （解析）本题考查公债发行。选项 D 错误，公募招标方式已成为当今世界各国公债的主导发行方式。

432. A （解析）本题考查公债的发行管理权限。公债发行管理权限规定的中心问题是是否授予地方政府以公债发行权和相应的管理权。

433. A （解析）本题考查公债制度。选项 A 错误，除法律另有规定外，地方政府及其所属部门不得为任何单位和个人的债务以任何方式提供担保。

434. C （解析）本题考查公债发行原则。公债发行的发行成本最小原则包括三方面的含义：一是每次公债发行时都能够使用在当时条件下的最低成本来筹集所需要的资金；二是降低全部公债的成本；三是降低其他各种发行费用。

435. B （解析）本题考查公债的发行管理权限。经国务院批准的省、自治区、直辖市的预算中必需的建设投资的部分资金，可以在国务院确定的限额内，通过发行地方政府债券举借债务的方式筹措。举借债务的规模，由国务院报全国人民代表大会或者全国人民代表大会常务委员会批准。

436. C （解析）本题考查我国政府或有债务。我国政府的或有隐性债务包括：（1）金融机构不良资产；（2）国有企业未弥补亏损；（3）对供销社系统及对农村合作基金会的援助。

437. D （解析）本题考查公债制度。公债既是政府筹集资金的手段，又是认购者的投资工具，发行者的目标是以最小的成本筹集所需资金，认购者的目标是以既定的投资获取最大的收益，协调双方利益目标的手段是公债的发行条件，包括票面利率、偿还期限和发行价格，而决定发行条件的过程和关键环节则是公债的发行方式。

438. A （解析）本题考查公债的偿还。通过预算安排偿还公债是政府将每年的公债偿还数额作为财政支出的一个项目而列入当年的支出预算，由经常性的财政收入来保证公债的偿还。

439. A （解析）本题考查直接债务。政府承担的所有债务一般被分为两类：直接债务和或有债务。直接债务是指在任何情况下都要承担的债务，不依附于任何事件，是可以根据某些特定的因素来预测和控制的负债，如政府的内外债和基于法律规定的养老金负债等。

440. A （解析）本题考查直接债务风险。直接债务和或有债务又可以从债务风险的角度进一步划分为两种类型：显性债务和隐性债务。直接债务风险，也即由财政直接承担的债务，相当于世界银行所指的直接显性债务。

441. B （解析）本题考查公债偿还本金的方式。抽签偿还法指政府在发行公债时规定将定期抽签,分期分批予以偿还。

442. B （解析）本题考查公债的付息方式。到期一次支付法多适用于期限较短或超过一定期限后随时可以兑现的债券。

刷进阶 高频进阶 强化提升

443. C （解析）本题考查公债发行方式。公债发行的公募招标方式：招标、投标方式是通过市场机制确定发行条件，具有较强的适应性和生命力，已经成为当今世界各国的主导公债发行方式。

444. D （解析）本题考查公债偿还本金的方式。到期一次偿还法指政府对发行的公债，实行在债券到期日按票面金额一次全部偿清本金和利息的方法。

445. D （解析）本题考查或有债务。或有债务是指由某一或有事项引发的债务，是否会成为现实，要看或有事项是否发生以及由此引发的债务是否最终要由政府来负担。或有债务的特点说明，或有债务不是政府能够完全控制的，同时也不是最终完全转化为财政负担的，而是取决于转化的面和转化的概率。

446. B （解析）本题考查公债的含义。公债是政府及政府所属机构以债务人的身份，按照国家法律的规定或合同的约定，同有关各方发生的特定的债权债务关系。

447. B （解析）本题考查公债的偿还。按期分次支付法是将债券应付利息，在债券存在期限内分作几次支付，这种方式往往适用于期限较长或在持有期限内不准兑现的债券。

448. B （解析）本题考查我国政府直接隐性债务。直接隐性债务主要是社会保障资金缺口所形成的债务。

449. D （解析）本题考查公债市场的功能。公债市场的功能包括：实现公债的顺利发行和偿还；合理有效调节社会资金的运行；提高社会资金效率。

450. D （解析）本题考查我国政府直接债务和或有债务。直接隐性债务主要是社会保障资金缺口所形成的债务，目前随着我国老龄化社会的形成，养老保险资金的缺口是较为严重的问题。

451. A （解析）本题考查公债的发行原则。公债发行的稳定市场秩序原则是指发行公债不应导致证券市场的巨大波动，特别是要维持债券市场价格的稳定。

452. C （解析）本题考查公债的发行原则。所谓发行成本最小原则是指证券的利息支出及其发行费用支出应尽量节约，最大限度地降低其筹集资金的成本。

453. D （解析）本题考查公债发行方式。在公债的发行方式中，承购包销方式是指发行主体与承销人共同协商发行条件，签订承销合同，明确双方权利义务关系，由承销人向投资者分销。

454. C （解析）本题考查积极防范和化解直接隐性债务和或有债务风险。加快国有企业改革是防范和化解直接隐性债务和或有债务的基础环节。

第十章　政府预算理论与管理制度

刷基础 紧扣大纲 夯实基础

455. C （解析）本题考查现代政府预算的多重研究视角。选项 C 错误，从法学角度研究政府预算的学者认为，要实现政府谨慎并正确地运用自身权力的目标，仅仅依靠政府的自我意识和自我约束是远远不够的。具有法律权威的政府预算将能直接规范、约束与控制政府的具体活动，以将政府行为和财政行为纳入法治化的轨道。

456. C （解析）本题考查政府预算编制模式。投入预算是指在编制、执行传统的线性预算时主要强调严格遵守预算控制规则，限制甚至禁止资金在不同预算项目之间转移，只能反映投入项目的用途和支出金额，而不考虑其支出的经济效果的预算。

457. B （解析）本题考查政府预算的原则。政府预算的完整性原则要求一切财政收支都要在政府预算中反映。

458. A （解析）本题考查跨年度预算平衡机制。根据跨年度预算平衡机制，对于一般公共预算执行中出现的超收收入，在冲减赤字或化解债务后用于补充预算稳定调节基金；出现短收则采取调入预算稳定调节基金或其他预算资金进行补充、削减支出等实现平衡，如若仍不能平衡则通过调整预算增列赤字。

459. B （解析）本题考查政府采购制度。选项 B 错误，政府采购中所称的服务，包括政府自身需要的服务和政府向社会公众提供的公共服务。

460. C （解析）本题考查政府预算的基本特征。现代预算的鲜明特征是法律性。

461. B （解析）本题考查政府预算的决策程序。政府预算决策过程的实质是对公共偏好的选择。

462. C （解析）本题考查社会保险基金预算。社会保险基金不能用于平衡一般公共预算，一般公共预算可补助社会保险基金。

463. D （解析）本题考查部门预算的原则。部门预算的重点性原则要求先保证基本支出，后安排项目支出；先重点、急需项目，后一般项目。

464. B （解析）本题考查现代国库制度。公债管理是现代国库管理制度负债管理职能的重要体现，它与国库现金管理密切配合，可以大大提高资产负债管理的效率和效益。

465. B （解析）本题考查政府预算管理中的共同治理。选项 A 是预算资金需求方的行为特征。选项 C、D 属于预算资金监督制衡方的行为特征。

466. B （解析）本题考查社会保障基金预算的编制模式。选项 B 错误，政府公共预算模式下，政府能够控制社会保障事业的进程，直接参与其具体的管理工作。但是，政府参与过多，在福利支出刚性的影响下，易于给财政造成较大的负担。

467. D （解析）本题考查政府预算的政策。选项 D 错误，健全财政政策主张尽量节减政府支出，力求保持年度预算收支的平衡，并以此作为衡量财政是否健全的标志。

468. B （解析）本题考查部门预算的基本内容。我国政府预算支出的项目较多，按支出的管理要求划分，可分为基本支出预算和项目支出预算。

469. D （解析）本题考查公债管理。我国全国人大常委会批准 2006 年开始实行公债余额管理。

470. A （解析）本题考查政府预算管理中的共同治理。预算资金需求方的主要行为特征：（1）总体上是追求自身利益的最大化即预算规模的最大化的利益集团；（2）有追求预算规模的最大化内在冲动。

471. A （解析）本题考查政府预算编制模式。按政府预算编制的政策导向划分，政府预算可分为投入预算和绩效预算。

472. A （解析）本题考查国有资本经营预算。目前我国国有企业上缴国有资本经营预算的利润比例是按行业确定。

473. B （解析）本题考查政府预算的政策。按照功能财政预算政策的要求，政府行政部门和立法部门应当根据经济周期的不同状况，灵活机动地采取一定的政策和措施，而这些措施的选择应以价格稳定和充分就业的政策目标为依据，采用相机抉择方式来实现政策目标。

474. D 【解析】本题考查现代国库制度。国库集中收付管理是现代国库管理的基本制度。

475. B 【解析】本题考查我国政府预算的绩效管理。建立全过程预算绩效管理链条的具体做法包括：(1)建立绩效评估机制。(2)强化绩效目标管理。(3)做好绩效运行监控。(4)开展绩效评价和结果应用。

476. A 【解析】本题考查政府预算的含义。当社会总需求大于社会总供给时，预算可采取紧缩支出和增加税收的办法，通过收大于支的盈余政策进行调节，以减少社会需求，使供求之间的矛盾得以缓解。

477. D 【解析】本题考查政府预算编制模式。零基预算的优点在于预算收支安排不受以往年度收支的约束，预算编制有较大回旋余地，可突出当年政府经济社会政策重点，充分发挥预算政策调控功能，防止出现预算收支结构僵化和财政拖累。

478. C 【解析】本题考查政府预算的原则。早期的预算原则比较注重控制性，即将预算作为监督和控制政府的工具。

479. D 【解析】本题考查部门预算。在部门预算中，财政预算要落实到每一个具体部门，预算管理以部门为依托。改变财政资金按性质归口管理的做法，财政将各类不同性质的财政资金统一编制到使用这些资金的部门。

480. B 【解析】本题考查政府采购的基本方式。竞争性谈判采购是指采购主体通过与多家供应商谈判，最后决定中标者的方法。适用于紧急情况(如招标后没有供应商投标等特殊情况)或涉及高科技应用产品和服务的采购。

481. C 【解析】本题考查政府预算的含义。从性质上看，政府预算是具有法律效力的文件。

482. B 【解析】本题考查政府预算的决策程序。政府预算决策过程的实质是对公共偏好的选择，表现为：政府预算决策的对象是公共偏好；政府预算的政治决策程序具有强制性。选项B错误，政府预算决策的程序具有法定性。

483. D 【解析】本题考查政府预算的原则。选项D错误，跨年制预算是一个预算年度跨越两个日历年度，如英国、日本、印度等国家将预算年度定为本年的4月1日至次年的3月31日，美国则将预算年度定为本年的10月1日至次年的9月30日。

484. D 【解析】本题考查政府采购制度。我国《政府采购法》确立的政府采购的基本原则：(1)公开透明的原则；(2)公平竞争原则；(3)公正原则；(4)诚实信用原则。

485. D 【解析】本题考查政府预算的原则。早期的预算原则比较注重控制性，即将预算作为监督和控制政府的工具；而后随着财政收支内容的日趋复杂，开始强调预算的周密性，即注重研究预算技术的改进；自功能预算理论发展后，政府预算的功能趋于多样化，由此，预算原则又更注重发挥预算的功能性作用，即正确合理地运用预算功能来实现国家的整体利益。

486. C 【解析】本题考查财政预算管理体制。选项C错误，预算收支范围涉及国家财力在中央与地方，及地方各级政府间如何分配的问题。

487. C 【解析】本题考查政府预算的决策程序。政府预算决策的对象是公共偏好。

488. B 【解析】本题考查政府预算编制模式。政府公共预算模式的缺点：政府参与过多，在"福利支出刚性"的影响下，易于给财政造成较大的负担。

刷进阶

489. A （解析）本题考查政府预算的原则。历年制是按公历计，即每年的 1 月 1 日起至 12 月 31 日止。

490. D （解析）本题考查地方债务预算管理。选项 D 错误，地方政府要将政府与社会资本合作项目中的财政补贴等支出按性质纳入相应政府预算管理。

491. D （解析）本题考查政府采购制度。政府采购是指国家机关、事业单位和团体组织，使用财政性资金采购依法制定的集中采购目录以内的或者采购限额标准以上的货物、工程和服务的行为。

492. A （解析）本题考查政府预算管理中的共同治理。代表人民利益是政府预算监督制衡方最基本的行为特征。

493. A （解析）本题考查一般公共预算。对于行政事业性资产，由于主要由财政拨款形成，不追逐市场利润，因此一般适宜采取由相应的公共行政机构管理的体制，纳入一般公共预算的范畴。

494. A （解析）本题考查国有资本经营预算。国有资本经营预算收入中最主要的是国有企业上缴的利润，即国有企业按年度和规定比例将税后利润的一部分上缴国家。

495. D （解析）本题考查部门预算的基本内容。基本支出预算的编制原则：(1)综合预算的原则；(2)优先保障的原则；(3)定员定额管理的原则。

496. A （解析）本题考查国库集中收付管理。国库集中收付制度中集中收付的对象主要是财政性收支。

497. C （解析）本题考查政府预算的原则。统一性要求预算收支按照统一的程序来编制，任何单位的收支都要以总额列入预算，不应当只列入收支相抵后的净额。

498. C （解析）本题考查政府预算管理中的共同治理。预算资金需求方的主要行为特征：(1)总体上是追求自身利益的最大化即预算规模的最大化的利益集团。(2)有追求预算规模的最大化内在冲动。

499. A （解析）本题考查政府预算的决策程序。适当以市场化方式弥补预算决策政治缺陷，运用计划规划预算、零基预算、绩效预算等方法选择效率方案，提高决策的科学化程序，最终实现政治决策和市场决策方式的统一。

500. A （解析）本题考查地方债务预算管理。经国务院批准的省、自治区、直辖市的预算中必需的建设投资的部分资金，可以在国务院确定的限额内，通过发行地方政府债券举借债务的方式筹措。

501. B （解析）本题考查政府采购制度。限制性招标采购是指预先不通过刊登公告程序，直接邀请一家或两家以上的供应商参加投标。

502. A （解析）本题考查政府预算的决策程序。政府预算的决策依据和预测结论的不确定性需要法定决策程序保证。

503. A （解析）本题考查政府采购制度。政府采购制度最早形成于 18 世纪末的西方国家，由英国政府创建。

504. B （解析）本题考查部门预算。选项 B 错误，部门预算是一个综合预算，既包括行政单位预算，又包括事业单位预算；既包括一般预算收支计划，又包括政府基金预算收支计划；既包括正常经费预算，又包括专项支出预算；既包括预算拨款收支计划，又包括部门其他收支计划。

505. C （解析）本题考查单式预算。单式预算能够简单明了地反映政府活动的全貌，但不利于政府对复杂的财政活动进行深入分析和管理。

506. B （解析）本题考查部门预算。基本预算支出实行以定员定额为主的管理方式，同时结合部门资产情况，通过建立实物费用定额标准，实现资产管理与定额管理相结合。

507. B （解析）本题考查政府采购的基本方式。选择性招标采购是指通过公开程序，邀请供应商提供资格条件，只有通过资格审查的供应商才能参加后续招标，或通过公开程序，确定特定采购项目在一定期限内的候选供应商，作为后续采购活动的邀请对象。

第十一章 政府间财政关系

刷基础

508. C （解析）本题考查政府间事权划分的原则。激励相容原则：从政府角度而言，如果在某种制度安排下，各级政府都按划定的职能尽力做好自己的事情，就可以使全局利益最大化，那么这种制度安排就是激励相容的。激励不相容，局部利益可能损害整体利益。

509. D （解析）本题考查政府间税收划分的方式。分割税额是指先统一征税，然后再将税收收入的总额按照一定比例在中央与地方政府之间加以分割，我国以前曾经实行的"总额分成"，属于这种方式。

510. D （解析）本题考查政府间财政管理权的划分。决定预算预备费的动用属于各级人民政府的职权。

511. D （解析）本题考查我国政府间转移支付制度。完善我国一般性转移支付制度的措施：(1)清理整合一般性转移支付；(2)建立一般性转移支付稳定增长机制；(3)加强一般性转移支付管理。

512. C （解析）本题考查财政分权理论。财政联邦主义从某种意义上说就是财政分权，即给予地方政府一定的税收权力和支出责任范围，并允许地方政府自主决定其预算支出规模与结构，其精髓在于使地方政府拥有合适与合意的财政自主权进行决策。

513. B （解析）本题考查我国分税制管理体制的主要内容。根据事权与财力相结合的原则，按税种划分中央与地方的收入。将维护国家权益、实施宏观调控所必需的税种划分为中央税；将同经济发展直接相关的主要税种划分为中央与地方共享税；将适合地方征管的税种划分为地方税。

514. D （解析）本题考查国有资产管理体制的基本内涵。国有资产管理体制指的是在中央与地方之间，及地方各级政府之间划分国有资产管理权限，建立国有资产经营管理机构与体系的一项根本制度，它是我国经济管理体制的重要组成部分。

515. D （解析）本题考查我国分税制管理体制。对于义务教育支出来讲，由于中小学教育信息极度复杂，根据信息复杂性原则，应该由地方政府管理。

516. C （解析）本题考查政府间收入的划分。税收收入划分的恰当原则以税收负担的分配是否公平为标准来划分中央与地方收入。

517. A （解析）本题考查政府间财政管理权的划分。选项A错误，各级人民代表大会是审批预决算的权力机关。

518. C （解析）本题考查我国政府间转移支付制度。选项 C 错误，属于共担类的专项转移支付，中央政府和地方政府按各自分担数额安排资金。

519. D （解析）本题考查财政分权理论。俱乐部理论是指研究非纯公共物品的供给、需求与均衡数量的理论。

520. C （解析）本题考查政府间收入的划分。恰当原则以税收负担的分配是否公平为标准来划分中央与地方收入。

521. C （解析）本题考查政府间的预算管理权的划分。各级人大常委会监督预算的执行；审查和批准预算的调整方案；审查和批准决算。

522. A （解析）本题考查我国政府间转移支付制度。委托类专项是指按照事权和支出责任划分属于中央事权，中央委托地方实施而相应设立的专项转移支付。

523. B （解析）本题考查政府间事权划分的原则。解决外部性的基本思路是让外部性内部化，即通过制度安排，使得经济主体通过经济活动所产生的社会收益或社会成本，转为私人收益或私人成本。

524. B （解析）本题考查政府间的收入划分。在政府间税收收入划分中，将那些税基流动性较小的、税源分布较广（不易统一征收）的税种，如房产税、土地增值税等划归地方政府。

525. D （解析）本题考查分税制管理体制的基本问题。分管是在分事和分税的基础上实行分级财政管理，建立中央与地方两级税收征管体系，设置中央和地方两套税收征管机构，分别负责中央税和地方税的征收管理工作。

526. A （解析）本题考查政府间财政支出的划分。统收统支法在政治经济的非正常时期有利于资金使用效率的提高，但因为财权财力高度集中，所以不利于调动地方的积极性。

527. A （解析）本题考查政府间收入的划分。税收收入划分的原则主要包括效率原则、适应原则、恰当原则、经济利益原则。

528. B （解析）本题考查政府间的收入划分。在政府间税收收入划分中，将那些税基流动性较小的、税源分布较广（不易统一征收）的税种，如房产税、土地增值税等划归地方政府。

529. C （解析）本题考查政府间转移支付的一般方法。财政收入能力均等化模式不考虑地区的支出需求，只考虑地区间财政能力的均等化，依照某种收入指标确定转移支付对象与转移支付额。

530. C （解析）本题考查财政分权理论。查尔斯·提布特提出地方政府之间竞争理论的著作是《地方支出的纯理论》。

531. C （解析）本题考查财政支出划分的原则。财政支出划分的原则：（1）与事权相对称原则；（2）公平性原则；（3）权责结合原则。

刷进阶

532. B （解析）本题考查政府间事权划分的原则。要设计一种体制，使得所有的参与人即使按照自己的利益去运作，也能导致整体利益最大化，这种体制就是激励相容的。

533. C （解析）本题考查政府间转移支付概述。纠正公共物品和服务的外部性；如某些地方性公共物品和服务出现提供数量不足和质量不佳问题，需要政府间转移支付。

534. B （解析）本题考查政府间收入的划分。政府间收入划分的适应原则要求以税基的宽窄为标准来划分中央与地方收入。

535. A （解析）本题考查中央与地方政府的收入划分。我国的分税制管理体制将维护国家权益、实施宏观调控所必需的税种划分为中央税。

536. A （解析）本题考查政府间收支划分的制度安排。由于预算管理体制所进行的中央与地方各级政府的收支范围和管理职权的划分，直接关系到财政资金的集中与分散，管理权限上的集权与分权的相互关系，是属于宏观调控的重大问题，对国家财政以至整个国民经济有着重要的影响，因此预算管理体制是财政管理体制的主导环节，占有核心的地位。

537. B （解析）本题考查政府间转移支付概述。我国的财政理论界和实践部门一般把转移支付理解为政府单方面的无偿支出，主要包括补助支出、捐赠支出和债务利息支出。

538. D （解析）本题考查政府间转移支付的含义。政府间转移支付包括上级政府对下级政府的各项补助、下级政府向上级政府的上解收入、共享税的分配以及发达地区对不发达地区的补助等。

539. C （解析）本题考查我国政府间转移支付制度。增加一般性转移支付规模和比例，逐步将一般性转移支付占比提高到60%以上。

540. D （解析）本题考查我国政府间转移支付制度。中央对地方一般性转移支付在全国人大批准预算后30日内下达，专项转移支付在90日内下达。

541. B （解析）本题考查政府间财政支出的划分。统收统支法在政治经济的非正常时期有利于资金使用效率的提高，但因为财权财力高度集中，所以不利于调动地方的积极性。

542. C （解析）本题考查政府间的预算管理权的划分。各级人大常委会监督预算的执行，审查和批准预算的调整方案，审查和批准决算。故选项A、B、D属于各级人民代表大会常务委员会的权力。各级财政部门是预算管理的职能部门，具体编制预算、决算草案，选项C符合题意。

543. C （解析）本题考查转移性支出概述。我国的财政理论界和实践部门一般把转移支付理解为政府单方面的无偿支出，主要包括补助支出、捐赠支出和债务利息支出。

544. C （解析）本题考查我国政府间转移支付制度。引导类专项是指按照事权和支出责任划分属于地方事权，中央为鼓励和引导地方按照中央的政策意图办理事务而设立的专项转移支付。

545. D （解析）本题考查我国政府间转移支付制度。救济类专项是指按照事权和支出责任划分属于地方事权，中央为帮助地方应对因自然灾害等发生的增支而设立的专项转移支付。

第十二章 国有资产管理

刷基础

546. B （解析）本题考查经营性国有资产管理。国有资产基础管理是整个国有资产管理的基础，包括国有资产的产权界定、产权登记、清产核资和统计等工作。

547. A （解析）本题考查行政单位国有资产管理。选项A错误，行政单位不得用国有资产对外担保，法律另有规定的除外。

548. C （解析）本题考查国有资产的分类。经营性国有资产是指国家作为投资人，投入到社会再生产领域，从事生产经营活动的各类资产。

549. B （解析）本题考查深化我国国有企业改革。《中共中央关于全面深化改革若干重大问题的决定》明确了我国国有企业改革的指导思想，即推进混合所有制经济。

550. C （解析）本题考查事业单位国有资产管理。根据《事业单位国有资产管理暂行办法》，事业单位的主管部门负责对本部门所属事业单位的国有资产实施监督管理。

551. C （解析）本题考查事业单位国有资产管理。事业单位有下列情形之一的，可以不进行资产评估：(1)经批准事业单位整体或者部分资产无偿划转。(2)行政、事业单位下属的事业单位之间的合并、资产划转、置换和转让。(3)国家设立的研究开发机构、高等院校将其持有的成果转让、许可或者作价投资给国有全资企业的。(4)发生其他不影响国有资产权益的特殊产权变动行为，报经同级财政部门确认可以不进行资产评估的。

552. D （解析）本题考查国有资产管理体制的含义。国有资产管理体制指的是在中央与地方之间，及地方各级政府之间划分国有资产管理权限，建立国有资产经营管理机构与体系的一项根本制度，它是我国经济管理体制的重要组成部分。

553. B （解析）本题考查经营性国有资产管理。经营性国有资产基础管理是整个经营性国有资产管理的基础，包括国有资产的产权界定、产权登记、清产核资和统计等工作。

554. B （解析）本题考查经营性国有资产管理。国有资产投资管理主要内容包括国有资产投资资金来源管理，国有资产投资方向、规模与结构管理等。

555. D （解析）本题考查国有资产管理体制的基本内涵。国务院国有资产监督管理机构是代表国务院履行出资人职责、负责监督管理企业国有资产的直属特设机构。省、自治区、直辖市人民政府国有资产监督管理机构，设区的市、自治州级人民政府国有资产监督管理机构是代表本级政府履行出资人职责、负责监督管理企业国有资产的直属特设机构。

556. B （解析）本题考查行政事业单位国有资产管理。同经营性国有资产相比，行政事业单位国有资产具有其独特的性质，即非营利性。

557. D （解析）本题考查国有资本投资、运营公司改革试点。国有资本投资公司主要以服务国家战略、优化国有资本布局、提升产业竞争力为目标。选项D为国有资本运营公司的目标之一。

558. A （解析）本题考查国有资产管理体制的基本内涵。各级财政部门是政府负责行政事业单位国有资产管理的职能部门，对行政事业单位国有资产实行综合管理。

559. B （解析）本题考查资源性国有资产的特点。资源性国有资产的特点：天然性、有用性、有限性、可计量性、垄断性、价值多重性。

560. C （解析）本题考查国有资产管理体制。国务院国有资产监督管理委员会的职责和任务：由国务院授权代表国家履行出资人职责，监管国有资产，确保国有资产保值增值，进一步搞好国有企业。

561. C （解析）本题考查深化我国国有企业改革。选项C错误，主业处于关系国家安全、国民经济命脉的重要行业和关键领域、主要承担重大专项任务的商业类国有企业，要保持国有资本控股地位，支持非国有资本参股。

刷进阶

562. A **解析** 本题考查经营性国有资产管理的主要内容。经营性国有资产管理绩效评价是衡量国有资产管理目标实现程度的重要手段。

563. C **解析** 本题考查深化国有企业改革。选项 C 错误,《关于深化国有企业改革的指导意见》要求经营性国有资产要实行统一监管。

564. C **解析** 本题考查事业单位国有资产管理。事业单位的主管部门负责对本部门所属事业单位的国有资产实施监督管理。

565. D **解析** 本题考查经营性国有资产的概念。经营性国有资产指国家作为投资,投入到社会再生产领域,从事生产经营活动的各类资产。

566. A **解析** 本题考查深化国有企业改革。根据《关于国有企业功能界定与分类的指导意见》,按照主营业务和核心业务范围,将国有企业界定为商业类和公益类两种类型。

567. A **解析** 本题考查深化我国国有企业改革。《关于创新政府配置资源方式的指导意见》中,企业重大资产转让应依托统一的公共资源交易平台公开进行。

568. D **解析** 本题考查经营性国有资产管理。混合所有制经济是我国基本经济制度的重要实现形式,发展混合所有制是当前深化国有企业改革的基本方向。

569. A **解析** 本题考查深化国有企业改革。商业类国有企业是以增强国有经济活力、放大国有资本功能、实现国有资产保值增值为主要目标,按照市场化要求实行商业化运作,依法独立自主开展生产经营活动,实现优胜劣汰、有序进退的国有企业。

570. A **解析** 本题考查行政事业单位国有资产管理。选项 A 错误,行政单位不得用国有资产对外担保,法律另有规定的除外。

571. A **解析** 本题考查行政事业单位国有资产管理。国有资产处置的变价收入和残值收入,要按照政府非税收入管理的规定,实行"收支两条线"管理。

第十三章 财政平衡与财政政策

刷基础

572. A **解析** 本题考查财政赤字的分类。在经济实现充分就业目标的前提下,仍然存在的赤字称为充分就业赤字或结构性赤字。

573. D **解析** 本题考查财政政策的主体。财政政策的主体是指财政政策的制定者和执行者。财政政策的主体只能是各级政府,主要是中央政府。

574. B **解析** 本题考查财政政策与货币政策的配合运用。选项 B 错误,"双紧"政策适用于严重通货膨胀时期,但如果控制力度过猛,容易导致经济衰退、失业增加。

575. B **解析** 本题考查财政赤字的计算口径。目前世界上多数国家都采用软赤字的计算口径来统计本国的财政赤字。

576. B **解析** 本题考查财政赤字弥补方式的经济效应。政府收入通常可分为两部分:一部分是 GDP 正常增量的分配所得;另一部分是价格再分配所得。后者就是西方经济学者所说的通货膨胀税。

577. C **解析** 本题考查财政政策工具。在发达国家中,公债(或国债)是调节金融市场的重要手段,可以有效地调节资金供求和货币流通量,是货币政策手段中公开市场业务的主要内容。

578. B （解析）本题考查财政政策的类型。扩张性财政政策是指通过财政分配活动来增加和刺激社会的总需求。

579. B （解析）本题考查货币政策概述。由于公开市场业务传导过程短，中央银行可以直接控制货币供应量，因而，在金融市场比较发达的国家，中央银行更多的是运用这一手段。公开市场业务已成为不少西方国家中央银行最经常使用、最为灵活、最为有效的调节货币供应量的重要手段。

580. C （解析）本题考查财政赤字的计算口径。所谓硬赤字是指用债务收入弥补收支差额以后仍然存在的赤字。

581. D （解析）本题考查财政赤字弥补方式的经济效应。财政赤字的排挤效应是指由于财政赤字的弥补而导致私人经济部门投资以及个人消费减少的现象。

582. B （解析）本题考查财政政策的类型。相机抉择的财政政策是指政府有意识地运用政策手段来调节社会总供求，是政府利用国家财力有意识干预经济运行的行为，也称为"斟酌使用的财政政策"。

583. D （解析）本题考查财政政策与货币政策的配合运用。松的财政政策的目标是刺激需求，可以有效地克服经济萧条；紧的货币政策可以避免过高的通货膨胀率。这种政策搭配在总供给与总需求大体相适应，为解决投资过旺、消费不足时采用。

584. A （解析）本题考查财政赤字的分类。财政部门有意识地使支出大于收入而形成的赤字为主动赤字。这通常是政府推行赤字财政政策扩张经济的必然结果，又称赤字政策。

585. C （解析）本题考查经营性国有资产管理的主要内容。经营性国有资产占我国全部国有资产总量的2/3左右，是我国国有资产中最重要的组成部分。

586. A （解析）本题考查财政政策的含义。财政政策对国民经济的调节具有强制性，财政政策一般是通过立法形式制定和颁布实施的，具有法律效力，一旦制定，各单位和个人都必须执行，否则就要受到法律的制裁。

587. B （解析）本题考查财政政策的类型。相机抉择的财政政策是指政府有意识地运用政策手段来调节社会总供求，是政府利用国家财力有意识干预经济运行的行为，也称为"斟酌使用的财政政策"。

588. A （解析）本题考查财政平衡的含义。选项A错误，一般来讲，财政收支略有结余或略有赤字，可以视作财政基本平衡或大体平衡。

589. B （解析）本题考查财政赤字的弥补方式。向中央银行透支或借款弥补财政赤字，实际相当于通过货币发行，凭空创造购买力来弥补赤字，因而对货币流通的影响很大。一般情况下，政府不会通过向中央银行透支或借款来弥补赤字，不少国家甚至通过有关法律直接规定，财政不能通过向中央银行透支或借款弥补赤字。

590. B （解析）本题考查财政政策的功能。财政政策的导向功能是指通过对物质利益的调整，发挥对个人和企业的经济行为以及国民经济发展方向的引导作用。例如，对某些行业实行低税政策，能够促进这一行业的生产发展，同时还会影响其他企业的投资选择，并进一步影响消费者的消费选择。

591. C （解析）本题考查财政政策的类型。相机抉择的财政政策被称为"斟酌使用的财政政策"。

592. C （解析）本题考查财政赤字的弥补方式。发行公债来弥补赤字通常只是购买力的转移，不会凭空增加购买力，所以一般认为是最为理想的弥补财政赤字的方法，是世界各国弥补财政赤字的普遍做法。

593. B 【解析】本题考查财政政策的功能。财政政策的导向功能是指通过对物质利益的调整，发挥对个人和企业的经济行为以及国民经济发展方向的引导作用。其作用形式包括直接导向和间接导向。

594. D 【解析】本题考查财政政策工具。政府投资是指财政用于资本项目的建设支出，最终形成各种类型的固定资产。

595. B 【解析】本题考查财政政策与货币政策的配合运用。减税属于"松"的财政政策措施。

596. C 【解析】本题考查财政赤字的弥补方式。发行公债来弥补赤字通常只是购买力的转移，不会凭空增加购买力，所以一般认为是最为理想的弥补财政赤字的方法，是世界各国弥补财政赤字的普遍做法。

597. D 【解析】本题考查财政政策的含义。财政政策导向功能的作用形式有两种，即直接导向与间接导向。直接导向是财政政策对其调节对象直接发生作用。例如，加速折旧的税收政策，可以大大提高企业对设备投资的欲望，加速固定资产的更新改造。间接导向是财政政策对非直接调节对象的影响。

598. C 【解析】本题考查财政政策工具。政府运用的财政政策工具主要包括：政府预算、税收、公债、政府投资、公共支出、政府补贴等。

刷进阶　　高频进阶 强化提升

599. D 【解析】本题考查货币政策的工具。根据经济发展形势的需要，如果中央银行认为有放松银根的需要时，就从金融市场上买进有价证券，相应就向市场注入了货币供应量。这样，一方面可以刺激证券的需求，提高证券价格，鼓励投资；另一方面，可以增加商业银行可贷资金来源，促使扩大贷款，有利于扩大生产。

600. C 【解析】本题考查财政平衡的含义。坚持财政收支平衡，能防止从财政渠道引发通货膨胀。

601. B 【解析】本题考查财政赤字的计算口径。弥补软赤字的经济来源是举债，就是通过发行公债来弥补软赤字，西方经济学家将这一赤字弥补方法称为"赤字债务化"。

602. A 【解析】本题考查财政赤字弥补方式的经济效应。一般来说，连年的政府财政赤字通常是造成通货膨胀的重要原因。

603. A 【解析】本题考查财政政策的工具。政府预算作为一种控制财政收支及其差额的机制，在各种财政政策手段中居于核心地位。

604. D 【解析】本题考查财政政策的传导机制。财政政策发挥作用的最重要传导媒介体是收入分配、货币供应与价格。

605. D 【解析】本题考查财政政策的功能。财政政策作为政府的经济管理手段，其功能有导向功能、协调功能、控制功能和稳定功能。

606. A 【解析】本题考查财政政策的目标。物价基本稳定并不是要求物价固定不动，而是说应把物价总水平控制在社会经济稳定发展可以容纳的限度内，以避免和抑制通货膨胀。

607. C 【解析】本题考查财政政策工具。税收在资源配置中的作用表现在：(1)调节资源在积累和消费之间的分配。(2)调节资源在产业之间的配置。(3)调节资源在政府部门和非政府部门(企业和居民)之间的配置。

608. D （解析）本题考查财政政策工具。公债的调节作用主要表现在：(1)公债可以调节国民收入的使用结构。(2)公债可以调节产业结构。(3)公债可以调节资金供求和货币流通。

609. B （解析）本题考查排挤效应。财政赤字的排挤效应是否明显主要受货币需求和投资对利率的弹性大小的制约。

610. D （解析）本题考查财政赤字弥补方式的经济效应。财政赤字的排挤效应是指由于财政赤字的弥补而导致私人经济部门投资以及个人消费减少的现象。

611. D （解析）本题考查货币政策的类型。扩张性货币政策是指货币供应量超过经济过程对货币的实际需要量，其功能是刺激社会总需求的增长。

612. D （解析）本题考查货币政策。一个国家的货币政策是由该国的中央银行制定的，是中央银行实现其职能的核心所在。

613. B （解析）本题考查财政政策的工具。税收调节资源在政府部门与非政府部门之间的配置，主要通过确定适度的宏观税率来实现。

第一章　公共财政与财政职能

刷基础

614. ABE （解析）本题考查财政的职能。在市场经济条件下，财政职能有资源配置职能、收入分配职能、经济稳定职能。

615. ABC （解析）本题考查财政收入分配职能。社会公平准则包括保证生存权准则、效率与公平兼顾的准则、共同富裕准则。

616. ABCE （解析）本题考查财政收入分配职能。财政调节居民的个人收入水平，既要合理拉开收入差距，又要防止贫富悬殊，逐步实现共同富裕。这主要有两方面的手段：一是通过税收进行调节，如通过征收个人所得税、社会保障税而缩小个人收入之间的差距，通过征收财产税、遗产税、赠与税而调节个人财产分布等；二是通过转移支付，如社会保障支出、财政补贴支出等，以维持居民最低的生活水平和福利水平。

617. ABCE （解析）本题考查公共物品的特征。选项 D 错误，政府提供公共物品不以营利为目的，而是追求社会效益和社会福利的最大化。

618. BCDE （解析）本题考查财政的经济稳定职能。财政内在稳定器调节主要表现在财政收入和支出两方面的制度。在财政收入方面，主要是实行累进所得税制；在财政支出方面，主要体现在转移性支出的安排上，包括社会保障支出、财政补贴支出、税收支出等。

619. BC （解析）本题考查财政资源配置职能。教育、医疗既具有公共物品的特征，又具有私人物品的特征，属于准公共物品。选项 A、D、E 属于公共物品。

刷进阶

620. BC （解析）本题考查公共物品的特征。公共物品的核心特征是受益的非排他性和取得方式的非竞争性。

621. CD （解析）本题考查财政的收入分配职能。财政收入分配职能主要是通过调节企业的利润水平和居民的个人收入水平来实现的。

622. BCD （解析）本题考查财政支出的分类。积累性支出是财政直接增加社会物质财富及国家物资储备的支出，主要包括基本建设支出、国家物资储备支出、生产性支农支出等。

623. ACDE （解析）本题考查公共物品的特征。公共物品的特征包括效用的不可分割性、受益的非排他性、取得方式的非竞争性、提供目的的非营利性。

第二章 财政支出理论与内容

刷基础

624. BCE 【解析】本题考查政府财政投资的决策标准。政府财政投资所依据的标准主要有资本—产出比率最小化标准、资本—劳动力最大化标准和就业创造标准。

625. ABCD 【解析】本题考查社会保障的概念与内容。选项 E 错误，失业救济金属于失业保险的内容。

626. ABCD 【解析】本题考查财政投资性支出。政府独资建设的项目主要出于三种考虑：(1)关系国计民生的重大项目；(2)维护国家安全的需要；(3)反垄断的需要。另外，一些基础设施，如市区道路、上下水管道、过街天桥等，具有明显的非排他性或很高的排他成本，单项投资不大，数量众多，也适于作为纯公共物品由政府投资提供。

627. BDE 【解析】本题考查社会保障支出的概念与内容。我国的社会救助主要包括以下几个方面的内容：(1)对无依无靠的绝对贫困者提供的基本保障；(2)对生活水平低于国家最低标准的家庭和个人的最低生活提供的保障；(3)对因天灾而陷于绝境的家庭和个人提供的最低生活保障。

628. ABE 【解析】本题考查文教、科学、卫生事业费支出。选项 C 错误，基础科学研究的经费应由政府财政提供。选项 D 错误，目前事业单位财政管理的形式为"核定收支、定额或者定项补助、超支不补、结余留用"办法。

629. ABCE 【解析】本题考查财政投资性支出。选项 D 错误，一般来说，发达国家中政府投资占社会总投资的比重较小，欠发达国家和中等发达国家的政府投资占社会总投资的比重较大。

630. BCDE 【解析】本题考查文教、科学、卫生事业费支出。选项 A 错误，科学支出属于社会消费性支出。

631. AC 【解析】本题考查社会保障制度的类型。选项 B 与普遍津贴型相关。选项 D 与社会保险型相关。选项 E 与社会保险型、节俭基金型相关。

632. ACD 【解析】本题考查财政支出效益分析的方法。选项 B 错误，繁华地段的机动车停车收费可采用高价政策。选项 E 错误，对"公共劳务"的定价政策，一般有四种情况，即免费、低价、平价和高价。纯公共定价和管制定价是公共定价法的内容。

633. BCDE 【解析】本题考查财政投融资制度。选项 A 错误，财政投融资的预算管理比较灵活，在一定范围内的追加，无须主管部门的审批。

634. AE 【解析】本题考查财政支出的经济影响。购买性支出对政府形成较强的效益约束。转移性支出间接影响生产和就业，对政府的效益约束是较弱的。

635. ABCE 【解析】本题考查社会保障的内容。选项 D 错误，目前我国养老保险筹备模式为社会统筹和个人账户相结合的筹资模式，基本属于现收现付式。

636. ACD 【解析】本题考查财政支出效益分析的方法。最低费用选择法适用于军事、行政、文化、卫生等支出项目。

刷进阶

637. CE 【解析】本题考查社会保障的内容。选项 C 错误，社会救助通过国家财政拨款，保障生活确有困难的贫困者最低限度的生活需要。失业保险的对象包括下岗职工。选项E错误，目前我国养老保险筹备模式为社会统筹和个人账户相结合的筹资模式，基本属于现收现付式。

638. BCD 【解析】本题考查财政支出的分类。积累性支出是财政直接增加社会物质财富及国家物资储备的支出，主要包括基本建设支出、国家物资储备支出、生产性支农支出等。

639. ACDE 【解析】本题考查财政投融资制度。在政策性银行的负债结构中，发行长期性建设公债、集中邮政储蓄和部分保险性质的基金应占有重要份额。此外，直接对商业银行和其他非银行金融机构发行金融债券，也是重要的投资资金来源渠道。

640. ABD 【解析】本题考查财政支出效益分析的意义。政府财政支出效益分析与微观经济组织生产经营支出效益分析的差别：计算所费与所得的范围不同，衡量效益的标准不同，择优的标准不同。

641. ABDE 【解析】本题考查财政补贴的性质与分类。价格补贴与企业亏损补贴在很长一个时期内不是作为支出项目列入财政支出，而是作为冲减收入处理的。1986年以后价格补贴改为在财政支出中列支，企业亏损补贴依然是作为冲减收入处理。

642. ABCD 【解析】本题考查行政管理费与国防支出。在国家财政支出项目中，属于社会消费性支出的有行政管理费，国防费，文教、科学、卫生事业费，还有工交商农等部门的事业费等。选项E是财政投资性支出。

643. ABDE 【解析】本题考查税收支出的形式。税收支出的主要形式有税收豁免、纳税扣除、税收抵免、优惠税率、延期纳税、盈亏相抵、加速折旧、退税等。

第三章 税收理论

刷基础

644. ABE 【解析】本题考查税收的职能。税收的基本职能：财政职能、经济职能、监督职能。

645. ABC 【解析】本题考查税法的渊源。税法的正式渊源：宪法、税收法律、税收法规、部委规章和有关规范性文件、地方性法规、地方政府规章和有关规范性文件、自治条例和单行条例、国际税收条约或协定。

646. AE 【解析】本题考查现代税收原则。现代税收的财政原则包括充裕、弹性、便利、节约原则。

647. ABE 【解析】本题考查国际重复征税的免除。选项C错误，扣除法允许本国居民将其在国外已纳所得税视为费用在应纳税所得中予以扣除，就扣除后的部分征税。选项D错误，免税法能使国际重复征税得以彻底免除，但会使居住国利益损失较大。

648. ACDE 【解析】本题考查税制基本要素。选项B错误，不同的纳税人缴纳不同的税种。

649. CDE 【解析】本题考查税负转嫁的一般规律。当需求完全有弹性时，税负将全部由供给方负担。所得税作为直接税由于是对收益所得额征税，一般由纳税人负担，不能转嫁。

650. BC 【解析】本题考查现代税收原则。税收的经济原则主要包括配置原则和效率原则。

651. AB 【解析】本题考查税收负担的衡量指标。宏观税收负担的衡量指标有两个：一是国民生产总值或国内生产总值负担率，二是国民收入负担率。

652. ABE （解析）本题考查现代税收原则。测定纳税人纳税能力的强弱，通常有三种标准：收入、财产、消费支出。

653. ACDE （解析）本题考查税负转嫁的形式。选项 B 错误，在前转形式下，名义上的纳税人是货物或劳务的出售者，实际上税收的负担者是货物或劳务的消费者。

654. ADE （解析）本题考查税制要素。税收制度的基本要素包括纳税人、征税对象和税率，其他要素包括纳税环节、纳税期限、减税免税和违章处理。

655. ABCD （解析）本题考查影响税收负担的税制因素。影响税收负担的税制因素包括征税对象、计税依据、税率、减免税、税收附加和加成。

656. ABD （解析）本题考查现代税收原则。选项 C 是税收公平原则的要求，选项 E 是税收经济原则的要求。

刷进阶　　　　　　　　　　　　　　　　　　　　　　　高频进阶　强化提升

657. ABCE （解析）本题考查国际重复征税的免除。解决国际重复征税的方法有低税法、扣除法、免税法、抵免法。

658. ABDE （解析）本题考查税收的本质和职能。选项 C 错误，财政职能或称收入职能是税收首要的和基本的职能。

659. AC （解析）本题考查税收的公平原则。现代税收的公平原则包括普遍原则和平等原则。

660. BDE （解析）本题考查税收原则理论的形成和发展。"四端九项"原则中，税务行政原则包括确定原则、便利原则、节约原则。

661. AB （解析）本题考查税收负担的转嫁与归宿。税负转嫁的条件是商品经济的存在和自由的价格体制。

662. ABC （解析）本题考查现代税收原则。选项 D 错误，税收制度要保持相对稳定，不可朝令夕改，令纳税人无所适从。选项 E 是节约原则的体现。

663. ACDE （解析）本题考查现代税收原则。横向公平具有四个方面的要求：排除特权阶层免税；自然人和法人均需纳税；公私经济均等征税；对本国人和外国人在征税上一视同仁。

第四章　货物和劳务税制度

刷基础　　　　　　　　　　　　　　　　　　　　　　　紧扣大纲　夯实基础

664. CDE （解析）本题考查增值税的税率。一般纳税人销售自己使用过的除固定资产以外的其他物品，应当按适用税率征收增值税。一般纳税人销售自己使用过的不得抵扣且未抵扣进项税额的固定资产，按照简易办法依照3%征收率减按2%征收增值税。

665. ACDE （解析）本题考查委托加工应税消费品的计税依据。选项 B 错误，委托加工应税消费品组成计税价格计算公式中的"加工费"，是指受托方加工应税消费品向委托方所收取的全部费用，包括代垫辅助材料的实际成本。

666. CDE （解析）本题考查增值税的计税依据。采取以物易物销售方式的，双方均作购销处理，以各自发出的货物核算销售额并计算销项税额，以各自收到的货物核算购货额并计算进项税额。

667. ABDE （解析）本题考查消费税的计税依据。选项C外购摩托车已纳消费税不得扣除。

668. ABDE （解析）本题考查增值税的计税依据。选项C错误，纳税人采用折扣方式销售货物，销售额和折扣额在同一张发票上分别注明的，可按折扣后的销售额征收增值税；如果将折扣额另开发票，不论其财务上如何处理，均不得从销售额中减除折扣额。

669. BE （解析）本题考查委托加工应税消费品的计税依据。委托加工的应税消费品，按照受托方的同类消费品的销售价格计算缴纳消费税；没有同类消费品销售价格的，按照组成计税价格计算缴纳消费税。

670. ADE （解析）本题考查增值税、消费税的计税依据。自产产品用于连续生产的，不缴纳增值税，选项B、C都不需要缴纳增值税。选项B，自产自用的应税消费品，用于连续生产应税消费品的，不缴纳消费税。选项C，若生产的是普通护肤品，由于其不属于消费税的征税范围，需缴纳消费税；若生产的是高档护肤品，不需要缴纳消费税。

671. ABDE （解析）本题考查消费税的计税依据。纳税人自产的应税消费品用于换取生产资料和消费资料，投资入股和抵偿债务等方面，应按纳税人同类应税消费品的最高销售价格作为计税依据。

672. CDE （解析）本题考查增值税的计税依据。选项A错误，采取以物易物方式销售的，双方均作购销处理，以各自发出的货物核算销售额并计算销项税额，以各自收到的货物核算购货额并计算进项税额。选项B错误，采取以旧换新方式销售货物，按新货物的同期销售价格确定销售额，不得扣减旧货收购价格(金银首饰以旧换新除外，应以销售方实际收取的不含增值税价款征收增值税)。

673. ABCD （解析）本题考查消费税纳税义务发生时间。选项E错误，采取预收货款结算方式的，消费税纳税义务发生时间为发出应税消费品的当天。

674. BCDE （解析）本题考查消费税的计税依据。生产应税消费品用于非应税项目、赠送、奖励、在建工程的，都应在移送环节缴纳消费税。

675. BE （解析）本题考查关税的税收优惠。关税的法定减免税：（1）关税税额在人民币50元以下的一票货物；（2）无商业价值的广告品和货样；（3）外国政府、国际组织无偿赠送的物资；（4）在海关放行前损失的货物；（5）进出境运输工具装载的途中必需的燃料、物料和饮食用品。

刷进阶

676. DE （解析）本题考查增值税的征收管理。选项A错误，委托其他纳税人代销货物，增值税纳税义务发生时间为收到代销单位的代销清单或者收到全部或部分货款的当天，未收到代销清单及货款的，为发出代销货物满180天的当天。选项B错误，以1个季度为纳税期限的规定适用于小规模纳税人、银行、财务公司、信托投资公司、信用社等。选项C错误，固定业户到外县(市)销售货物或者应税劳务，应当向其机构所在地的主管税务机关报告外出经营事项，并向其机构所在地的主管税务机关申报纳税。

677. ACE （解析）本题考查关税的完税价格。选项B错误，如果进口货物的保险费无法确定或者未实际发生，海关应当按照"货价加运费"两者总额的3‰计算保险费。选项D错误，CFR是"成本加运费"的价格术语简称，又称"离岸加运费价格"。

678. ABCD （解析）本题考查增值税的计税依据。选项E错误，金融商品转让，不得开具增值税专用发票。

679. AB （解析）本题考查消费税的税率。自2015年5月10日起，纳税人兼营卷烟批发和零售业务的，应当分别核算批发和零售环节的销售额、销售数量；未分别核算批发和零售环节销售额、销售数量的，按照全部销售额、销售数量计征批发环节消费税。

680. ACDE （解析）本题考查增值税的征税范围。物流辅助服务包括航空服务、港口码头服务、货运客运场站服务、打捞救助服务、装卸搬运服务、仓储服务和收派服务。

681. AC （解析）本题考查消费税的内容。纳税人自产自用的应税消费品，用于连续生产应税消费品的，不纳税。纳税人自产自用的应税消费品，不是用于连续生产应税消费品，而是用于其他方面的，于移送使用时纳税。

682. ACDE （解析）本题考查增值税的征收管理。选项B错误，委托其他纳税人代销货物，纳税义务发生时间为收到代销单位的代销清单或者收到全部或者部分货款的当天。未收到代销清单及货款的，为发出代销货物满180天的当天。

第五章 所得税制度

刷基础

683. ACE （解析）本题考查企业所得税的税收优惠。选项B错误，采取加速折旧方法的，可以采取双倍余额递减法或者年数总和法。选项D错误，对所有行业企业2014年1月1日后新购进的专门用于研发的仪器、设备，单位价值不超过100万元的，允许一次性计入当期成本费用在计算应纳税所得额时扣除，不再分年度计算折旧；单位价值超过100万元的，可缩短折旧年限或采取加速折旧的方法。

684. ADE （解析）本题考查企业所得税的免税收入。符合以下条件的非营利组织的收入为免税收入：接受其他单位或者个人捐赠的收入；除税法规定的财政拨款以外的其他政府补助收入，但不包括因政府购买服务取得的收入；按照省级以上民政、财政部门规定收取的会费；不征税收入和免税收入孳生的银行存款利息收入；财政部、国家税务总局规定的其他收入。选项B属于不征税收入。选项C属于应税收入。

685. BCDE （解析）本题考查个人所得税的税收优惠。非上市公司授予本公司员工的股票期权、股权期权、限制性股票和股权奖励，符合规定条件的，经向主管税务机关备案，可实行递延纳税政策，即员工在取得股权激励时可暂不纳税，递延至转让该股权时纳税；股权转让时，按照股权转让收入减除股权取得成本及合理税费后的差额，适用"财产转让所得"项目，按照20%的税率计算缴纳个人所得税。

686. ABDE （解析）本题考查企业所得税税前扣除。选项C错误，企业发生的职工教育经费支出，不超过工资薪金总额8%的部分，准予扣除；超过部分，准予在以后纳税年度结转扣除。

687. ABCE （解析）本题考查企业所得税的税收优惠。下列行业的企业发生的研究开发费用不适用企业所得税税前加计扣除政策：(1)烟草制造业；(2)住宿和餐饮业；(3)批发和零售业；(4)房地产业；(5)租赁和商务服务业；(6)娱乐业；(7)财政部和国家税务总局规定的其他行业。

688. ABE （解析）本题考查企业重组的企业所得税处理。选项C错误，应该是企业重组后的连续12个月内不改变重组资产原来的实质性经营活动。选项D错误，应该是企业重组交易对价中股权支付额不低于交易支付总额的85%。

689. BC （解析）本题考查个人所得税的纳税人。按照住所和居住时间两个标准，个人所得税的纳税人分为居民个人和非居民个人。

690. BE （解析）本题考查企业所得税税前扣除的主要项目。企业发生的公益性捐赠支出，不超过年度利润总额12%的部分，准予在计算应纳税所得额时扣除；超过年度利润总额12%的部分，准予结转以后三年内在计算应纳税所得额时扣除。

691. ABD （解析）本题考查个人所得税的税收优惠。选项A、B、D均免征个人所得税。选项C属于偶然所得，选项E是投资收益，应照章征收个人所得税。

692. ADE （解析）本题考查企业所得税的税收优惠。选项B、C为减半征收企业所得税。

693. BE （解析）本题考查个人所得税的税收优惠。有下列情形之一的，可以减征个人所得税：残疾、孤老人员和烈属的所得；因自然灾害遭受重大损失的。上述减征个人所得税的幅度和期限由省、自治区、直辖市人民政府规定，并报同级人大常委会备案。

694. BCDE （解析）本题考查企业所得税的不征税收入。国务院规定的专用用途财政性资金，要符合以下条件：(1)企业能够提供规定资金专项用途的资金拨付文件；(2)财政部门或其他拨付资金的政府部门对该资金有专门的资金管理办法或具体管理要求；(3)企业对该资金以及以该资金发生的支出单独进行核算。

刷进阶　高频进阶　强化提升

695. CDE （解析）本题考查企业所得税的计税依据。在中国境内未设立机构、场所的，或者虽设立机构、场所但取得的所得与其所设立机构、场所没有实际联系的非居民企业，其来源于中国境内的股息、红利等权益性投资收益和利息、租金、特许权使用费所得，以收入全额为应纳税所得额；转让财产所得，以收入全额减除财产净值后的余额为应纳税所得额。

696. BCDE （解析）本题考查个人所得税的减免。选项A属于免征个人所得税项目。

697. CE （解析）本题考查资产的税务处理。对100%直接控制的居民企业之间，以及受同一或相同多家居民企业100%直接控制的居民企业之间按账面净值划转股权或资产，凡具有合理商业目的，不以减少、免除或者推迟缴纳税款为主要目的，股权或资产划转后连续12个月内不改变被划转股权或资产原来实质性经营活动，且划出方企业和划入方企业均未在会计上确认损益，可以选择按照规定进行特殊性税务处理。

698. BC （解析）本题考查企业资产的税务处理。通过捐赠、投资、非货币性资产交换、债务重组等方式取得的固定资产，以该资产的公允价值和支付的相关税费为企业所得税的计税基础。

699. AD （解析）本题考查企业所得税的税收优惠。在计算应纳税所得额时加计扣除的项目共两项：(1)企业开展研发活动中实际发生的研发费用；(2)企业按《中华人民共和国残疾人保障法》规定安置残疾人员所支付的工资。

700. AB （解析）本题考查企业所得税的税收优惠。采取加速折旧方法的，可以采取双倍余额递减法或者年数总和法。

701. BC （解析）本题考查企业重组的企业所得税处理。对100%直接控制的居民企业之间，以及受同一或相同多家居民企业100%直接控制的居民企业之间按账面净值划转股权或资产，凡具有合理商业目的，不以减少、免除或者推迟缴纳税款为主要目的，股权或资产划转后连续12个月内不改变被划转股权或资产原来实质性经营活动,且划出方企业和划入方企业均未在会计上确认损益的,可以选择按规定进行特殊性税务处理。

第六章 其他税收制度

刷基础 紧扣大纲 夯实基础

702. ABCD 【解析】本题考查房产税的减免。选项A、B、C、D免征房产税。选项E应征收房产税。

703. ABCD 【解析】本题考查契税的征税范围。对于承受与房屋相关的附属设施(包括停车位、汽车库、自行车库、顶层阁楼以及储藏室)所有权或土地使用权的行为,按照契税法律、法规的规定征收契税。

704. ABCD 【解析】本题考查城镇土地使用税的减免。选项E,企业拥有并运营管理的大型体育场馆,其用于体育活动的土地,减半征收城镇土地使用税。

705. ACDE 【解析】本题考查契税的减免。选项B错误,因不可抗力灭失住房而重新购买住房的,酌情准予减征或者免征契税。

706. AC 【解析】本题考查资源税的计税依据。纳税人不能准确提供应税产品销售数量的,以应税产品的产量或主管税务机关确定的折算比换算成的数量为课税数量。

707. CDE 【解析】本题考查土地增值税。选项A错误,纳税人建造普通标准住宅(高级公寓、别墅、度假村不属于普通标准住宅)出售,增值额未超过扣除项目金额20%的,免征土地增值税;增值额超过扣除项目金额20%的,应就其全部增值额按规定计税。选项B错误,对企事业单位、社会团体以及其他组织转让旧房作为改造安置住房房源,且增值额未超过扣除项目金额20%的,免征土地增值税。

708. BE 【解析】本题考查城镇土地使用税。城镇土地使用税的纳税人是在城市、县城、建制镇、工矿区范围内使用土地的单位和个人,不包括农村。其中"单位",包括国有企业、集体企业、私营企业、股份制企业、外商投资企业、外国企业以及其他企业和事业单位、社会团体、国家机关、军队以及其他单位;"个人",包括个体工商户以及其他个人。具体规定如下:(1)城镇土地使用税由拥有土地使用权的单位或个人缴纳。(2)土地使用权未确定或权属纠纷未解决的,由实际使用人纳税。(3)土地使用权共有的,由共有各方分别纳税。

709. BCDE 【解析】本题考查城市维护建设税。城市维护建设税对缴纳增值税、消费税的单位和个人就其实际缴纳的增值税、消费税税额为计税依据。

710. BE 【解析】本题考查资源税。选项A错误,进口的矿产品和盐不征收资源税,出口应税产品不免税或退还已纳资源税。选项C错误,资源税采用从价定率或从量定额征收。选项D错误,资源税纳税人的减免税项目,应当单独核算销售额或者销售数量;未单独核算或者不能准确提供销售额或者销售数量的,不予减税或者免税。

711. BE 【解析】本题考查印花税的征税范围。选项B、E属于印花税征税范围。选项A、C、D免征印花税。只有外国政府或国际金融组织向我国政府及国家金融机构提供优惠贷款所书立的合同免征印花税,而向我国企业提供的优惠贷款所书立的合同要征收印花税。

712. ABC 【解析】本题考查房产税的减免。选项D,产权未确定的由房产代管人或者使用人缴纳房产税。选项 E，纳税人因房屋大修导致连续停用半年以上的，在房屋大修期间免征房产税。

713. ABCE （解析）本题考查城镇土地使用税。选项 D 错误，对盐场、盐矿的生产厂房、办公、生活区用地，应照章征收城镇土地使用税；盐场的盐滩、盐矿的矿井用地，暂免征收城镇土地使用税。

☑ 刷进阶　　　　　　　　　　　　　　　　　　　　高频进阶
　　　　　　　　　　　　　　　　　　　　　　　　强化提升

714. ACDE （解析）本题考查印花税的减免。选项 B 错误，对保险保障基金公司来说，在对保险公司进行风险处置过程中与中国人民银行签订的再贷款合同，免征印花税。

715. BCE （解析）本题考查房产税的纳税人。选项 A 错误，房屋产权属于全民所有的，经营管理单位为纳税人。选项 D 错误，房屋产权出典的，由承典人依照房产余值缴纳房产税。

716. CD （解析）本题考查契税的征税范围。契税对买受人征收，房产出售方无需缴纳契税。

717. ABCD （解析）本题考查环境保护税。环境保护税的征税范围为应税污染物，是指《环境保护税税目税额表》《应税污染物和当量值表》规定的大气污染物、水污染物、固体废物和噪声。

718. BDE （解析）本题考查城镇土地使用税。选项 A 不在城镇土地使用税的征税范围内，不缴纳城镇土地使用税。选项 C 是军队自用的土地，免征城镇土地使用税。

719. AD （解析）本题考核房产税的税收优惠。选项 B 错误，大修停用半年以上的房产可以免征房产税。选项 C 错误，宗教寺庙、公园、名胜古迹自用的房产，免征房产税；但公园、名胜古迹中附设的营业单位及出租的房产，应征收房产税。选项 E 错误，个人自有自用的非营业用房给予免税，但对个人所有的营业用房或出租等非自用的房产，应按照规定征收房产税。

第七章　税务管理

☑ 刷基础　　　　　　　　　　　　　　　　　　　　紧扣大纲
　　　　　　　　　　　　　　　　　　　　　　　　夯实基础

720. ACD （解析）本题考查税收保全措施。税务机关采取税收保全措施的前提是有根据认为从事生产、经营的纳税人有逃避纳税义务的行为。税务机关对单价 5 000 元以下的其他生活用品，不采取税收保全措施。

721. ABCE （解析）本题考查纳税申报。选项 D 错误，《税收征收管理法实施细则》规定："纳税人、扣缴义务人因不可抗力，不能按期办理纳税申报或者报送代扣代缴、代收代缴税款报告表的，可以延期办理；但是，应当在不可抗力情形消除后立即向税务机关报告。税务机关应当查明事实，予以核准。"

722. BDE （解析）本题考查税收强制执行措施。选项 A 错误，税收强制执行措施适用范围包括未按照规定期限缴纳或者解缴税款，经责令限期缴纳，逾期仍未缴纳的从事生产、经营的纳税人、扣缴义务人和纳税担保人。选项 C 错误，冻结纳税人的存款时，其数额要以相当于纳税人应纳税款的数额为限，属于税收保全措施。

723. BC （解析）本题考查税收强制执行。选项 A、D 属于税收保全措施。选项 E 不属于税收强制执行的措施，属于税收强制执行的程序。

724. ACDE （解析）本题考查账簿管理。选项 B 错误，账簿、收支凭证粘贴簿、进销货登记簿等资料，除另有规定者外，至少要保存 10 年，未经税务机关批准，不得销毁。

725. ABCD （解析）本题考查注销税务登记。纳税人办理注销税务登记前，应当向税务机关提交相关证明文件和资料，结清应纳税款、多退（免）税款、滞纳金和罚款，缴销发票、税务登记证件和其他税务证件，经税务机关核准后，办理注销税务登记手续。

726. ABE （解析）本题考查税款征收的内容。纳税人有下列情形之一的，税务机关有权核定其应纳税额：(1)按照法律、行政法规规定可以不设置账簿的；(2)依照法律、行政法规规定应当设置但未设置账簿的；(3)擅自销毁账簿或者拒不提供纳税资料的；(4)虽设账簿，但账目混乱或者成本资料、收入凭证、费用凭证残缺不全，难以查账的；(5)发生纳税义务，未按照规定的期限办理纳税申报，经税务机关责令限期申报，逾期仍不申报的；(6)纳税人申报的计税依据明显偏低，又无正当理由的。

727. AC （解析）本题考查注销税务登记。纳税人办理注销税务登记前，应当向税务机关提交相关证明文件和资料，结清应纳税款、多退税款、滞纳金和罚款，缴销发票、税务登记证件和其他税务证件，经税务机关核准后，办理注销税务登记手续。

728. ACE （解析）本题考查税收保全与税收强制执行。选项 B 错误，采取税收保全时，税务机关应书面通知纳税人开户银行或者其他金融机构冻结纳税人的金额相当于应纳税款的存款，而不是当面。选项 D 错误，税务机关采取税收保全措施的前提是有根据认为从事生产、经营的纳税人有逃避纳税义务的行为。

729. BCDE （解析）本题考查税款征收的方式。税款征收的方式包括查账征收、查定征收、查验征收、定期定额征收。

730. ABCE （解析）本题考查变更税务登记。纳税人税务登记内容发生变化的，应当向原税务登记机关申报办理变更税务登记。选项 D，纳税人因住所、经营地点变动，涉及改变税务登记机关的，先向原税务登记机关申报办理注销税务登记，并自注销税务登记之日起 30 日内向迁达地税务机关申报办理税务登记。

刷进阶 高频进阶 强化提升

731. AD （解析）本题考查税收强制执行措施。选项 B 错误，税收强制执行由税务机关做出。选项 C 错误，从事生产、经营的纳税人、扣缴义务人未按照规定的期限缴纳或者解缴税款，纳税担保人未按照规定的期限缴纳担保的税款，由税务机关责令限期缴纳，逾期仍未缴纳的，经县以上税务局(分局)局长批准，税务机关可以采取强制执行措施。选项 E 错误，税务机关采取强制执行措施时，对有关纳税人、扣缴义务人、纳税担保人未缴纳的滞纳金同时强制执行。

732. ABC （解析）本题考查税收征收管理的形式。选项 D 错误，巡回管理一般适用于农村和集贸市场的税收征管。选项 E 错误，驻厂管理一般适用于大型企业或重点税源单位的税收征管。

733. ABC （解析）本题考查出口退税的管理。不征不退是指对出口应税货物在生产加工等环节不征税，在出口环节不退税的做法。实际工作中主要是指对来料加工、进料加工采取进口免税和出口不退税的做法。保税区内加工企业出口货物基本采用这种管理方法。

734. CDE （解析）本题考查发票管理。选项 C 错误，除国家税务主管部门规定的特殊情形外，发票限于领购单位和个人在本省、自治区、直辖市内开具。选项 D 错误，开具发票应当按照规定的年限、顺序、栏目、全部联次一次性如实开具，并加盖发票专用章。选项E错误，所有单位和从事生产、经营活动的个人在购买商品、接受服务及从事其他经营活动支付款项时，应当向收款方取得发票，取得发票时，不得要求变更品名和金额。

735. ABC （解析）本题考查减免税的管理。减免税分为法定减免、特案减免、临时减免。
736. BD （解析）本题考查税款征收的方式。查账征收一般适用于财务会计制度较为健全、能够认真履行纳税义务的纳税单位。

第八章　纳税检查

刷基础　　紧扣大纲　夯实基础

737. ABCD （解析）本题考查会计报表的检查。各项存货项目反映企业期末结存、在途和在加工过程中的各种存货的实际成本，包括原材料、包装物、低值易耗品、自制半成品、产成品、发出商品等。

738. ADE （解析）本题考查包装物销售的检查。选项B错误，单独销售包装物取得的销售收入应计征增值税。选项C错误，货物销售同时收取的包装物租金属于价外费用，应计征增值税。

739. ABD （解析）本题考查纳税检查的概念。选项C错误，经县以上税务局（分局）局长批准，凭全国统一格式的检查存款账户许可证明，查询从事生产、经营的纳税人、扣缴义务人在银行或者其他金融机构的存款账户。选项E错误，税务机关在调查税收违法案件时，经设区的市、自治州以上税务局（分局）局长批准，可以查询案件涉嫌人员的储蓄存款。

740. ABE （解析）本题考查企业所得税销售货物收入的检查。销售收入确认的条件除A、B、E三项外，还包括企业对已售出的商品既没有保留通常与所有权相联系的继续管理权，也没有实施有效控制。选项C不属于税法上收入确认的条件，为不相关选项。选项D属于会计上收入确认的条件，不属于税法上的确认条件。

741. ABE （解析）本题考查原始凭证的检查。领料单和差旅费报销单属于自制原始凭证。

742. BCDE （解析）本题考查企业所得税的收入确认。选项A错误，以分期收款方式销售货物的，按照合同约定的收款日期确认收入的实现。

743. CD （解析）本题考查增值税会计科目的设置。增值税一般纳税人应在"应交增值税"明细账内设置"进项税额""销项税额抵减""已交税金""转出未交增值税""减免税款""出口抵减内销产品应纳税额""销项税额""出口退税""进项税额转出""转出多交增值税"等专栏。

744. ABDE （解析）本题考查消费税视同销售方式的检查。将自产的高档化妆品用于职工福利需要缴纳增值税和消费税，教育费附加和城市维护建设税是对缴纳"两税"的单位和个人征税。将自产的高档化妆品用于职工福利并没有取得收入，所以不需要缴纳企业所得税。

745. ACDE （解析）本题考查销售服务的增值税检查。选项B错误，采取预收款方式提供租赁服务的企业，其纳税义务发生时间为收到预收款的当天，应在收到预收款时就计提增值税销项税额。

746. ACDE （解析）本题考查企业所得税税前准予扣除项目的检查。销售费用是指应由企业负担的为销售商品而发生的费用，包括广告费、运输费、装卸费、包装费、展览费、保险费、销售佣金、代销手续费、经营性租赁费及销售部门发生的差旅费、工资、福利费等费用。

747. ABCE （解析）本题考查增值税会计科目的设置。增值税一般纳税人应在"应交增值税"明细账内设置"进项税额""销项税额抵减""已交税金""转出未交增值税""转出多交增值税""减免税款""出口抵减内销产品应纳税额""销项税额""出口退税""进项税额转出"等专栏。

748. AB （解析）本题考查增值税进项税额的检查。自2019年4月1日起，《营业税改征增值税试点有关事项的规定》(财税[2016]36号印发)第一条第(四)项第1点、第二条第(一)项第1点停止执行，纳税人取得不动产或者不动产在建工程的进项税额不再分2年抵扣。不含税价款 = 3 270÷(1+9%) = 3 000(万元)。当月可抵扣的进项税额 = 3 000×9% = 270(万元)。2020年5月的会计分录为

　　借：固定资产——办公楼　　　　　　　　　　　　　　　　　30 000 000
　　　　应交税费——应交增值税(进项税额)　　　　　　　　　　 2 700 000
　　　贷：银行存款　　　　　　　　　　　　　　　　　　　　　32 700 000

749. CE （解析）本题考查增值税、消费税检查。将自制高档化妆品用于职工福利，无同类产品的对外售价，按组成计税价格计提增值税和消费税。组成计税价格 = 10 000×(1+5%)÷(1−15%) = 12 352.94(元)。增值税销项税额 = 12 352.94×13% = 1 605.88(元)。应纳消费税 = 12 352.94×15% = 1 852.94(元)。

刷进阶　　高频进阶　强化提升

750. ABC （解析）本题考查企业所得税税前准予扣除项目的检查。生产成本是指为制造产品或提供劳务而发生的成本，主要由直接材料、直接人工和制造费用三个项目构成。

751. CE （解析）本题考查纳税检查的基本方法。按照与检查资料之间的相互关系，可将纳税检查的基本方法分为联系查法和侧面查法。

752. AB （解析）本题考查企业所得税不得税前扣除项目的检查。罚金属于禁止税前扣除的项目，记入"营业外支出"科目。

753. ABC （解析）本题考查纳税检查的依据。纳税检查的依据是国家的各种税收法规、会计法规、企业财务制度。当税收法规和其他财政制度发生冲突时，以税收法规为准。

754. CE （解析）本题考查增值税视同销售方式的检查。选项B外购货物的进项税不得抵扣，已抵扣的应做进项税转出处理。选项D是增值税的应税行为，而非视同销售行为。

755. AC （解析）本题考查纳税检查的概念。选项B不属于纳税检查的范围。选项D、E，经县以上税务局(分局)局长批准，凭全国统一格式的检查存款账户许可证明，查询从事生产、经营的纳税人、扣缴义务人在银行或者其他金融机构的存款账户；税务机关在调查税收违法案件时，经设区的市、自治州以上税务局(分局)局长批准，可以查询案件涉嫌人员的储蓄存款。

756. BCD （解析）本题考查企业所得税的检查。检查转让固定资产收入，主要是对"固定资产清理""累计折旧""资产处置收益"等科目的账户进行检查。具体的检查内容包括固定资产的售价、折旧额是否正确以及转让固定资产的有关费用是否正确。

757. ABDE （解析）本题考查会计账簿的检查。总分类账的审查分析：账账关系的查核、账表关系的查核、纵向关系的查核、横向关系的查核。

第九章　公债

刷基础

758. ADE （解析）本题考查公债市场。选项 B、C 错误，公债作为财政政策工具，公债市场具有顺利实现公债发行和偿还的功能；公债作为货币政策工具，公债市场具有调节社会资金的运行和提高社会资金效率的功能。

759. BCD （解析）本题考查公债市场。选项 A 错误，公债流通市场的存在以发行市场的存在为前提条件。选项 E 错误，公债市场按构成可分为发行市场和流通市场。

760. ACDE （解析）本题考查政府直接债务和或有债务。选项 B 错误，或有债务是指由某一或有事项引发的债务，是否成为现实，要看或有事项是否发生以及由此引发的债务是否最终由政府来负担。或有债务不是政府能够完全控制的，同时也不是最终完全转化为财政负担的，而是取决于转化的面和转化的概率。

761. ABE （解析）本题考查公债的含义与公债制度。选项 C 错误，时至今日，公债的发展早已超出了发达资本主义国家的范畴，不管社会制度怎样，不论经济发展水平如何，公债已普遍在世界各国充当着筹集财政资金的重要形式和调节宏观经济的重要工具。选项 D 错误，发行公债应根据社会经济状况而定，必须有利于社会经济的稳定和发展，体现的是公债发行的景气发行原则。

762. BCD （解析）本题考查公债制度。选项 A 错误，在我国，根据一级政权一级财政的原则，地方财政主要由省（自治区、直辖市）、市（自治州）、县（自治县、县级市）和乡（镇）四级财政组成。但是，乡（镇）财政建立时间比较短，业务上对县级财政依赖性较强，财政管理水平也比较低，所以一般认为地方公债的发行管理权限应扩展到县一级比较合适。选项 E 错误，除法律另有规定外，地方政府及其所属部门不得为任何单位和个人的债务以任何方式提供担保。

763. AE （解析）本题考查我国政府的或有显性债务。从我国目前的情况看，主要包括两种或有显性债务：一是公共部门的债务；二是公债投资项目的配套资金。

刷进阶

764. AC （解析）本题考查直接隐性债务。直接隐性债务主要是社会保障资金缺口所形成的债务，目前养老保险资金的缺口是较为严重的问题。另外，随着经济结构的调整和经济增长速度变缓等，失业救济的负担也在不断加重，形成了政府的直接隐性债务。

765. ABCD （解析）本题考查公债的发行原则。公债的发行原则主要包括景气发行原则、稳定市场秩序原则、发行成本最小原则、发行有度原则。

766. ABCD （解析）本题考查公债发行方式。世界各国通用的公债发行方式主要有以下四种：（1）直接发行方式；（2）承购包销方式；（3）公募招标方式；（4）连续发行方式。

767. BC （解析）本题考查我国政府直接债务和或有债务。从我国当前的情况看，政府除了公债以外，还有一些较明显的直接显性债务：（1）欠发职工工资而形成的债务；（2）粮食收购和流通中的亏损挂账；（3）乡镇财政债务。

第十章 政府预算理论与管理制度

✅ 刷基础

768. **BE** （解析）本题考查政府预算管理中的共同治理。预算资金供给方的主要行为特征：(1)具有双重委托—代理关系；(2)政府预算管理活动中有诱发设租寻租收益的可能。

769. **ACDE** （解析）本题考查部门预算的原则。部门预算的原则：(1)合法性原则；(2)真实性原则；(3)完整性原则；(4)科学性原则；(5)稳妥性原则；(6)重点性原则；(7)透明性原则；(8)绩效性原则。

770. **CD** （解析）本题考查政府预算的编制模式。选项 A 错误，单式预算的优点在于有利于反映预算的整体性、统一性。选项 B 错误，政府以管理者身份取得的一般收入和用于维护政府活动的经常费用，保障国家安全与稳定、发展教育科学卫生等各项事业的支出，列为经常预算。选项 E 错误，在一般情况下，经常预算应保持收支平衡并略有结余，结余额转入资本预算的收入项目。

771. **ADE** （解析）本题考查政府预算的决策程序。政府预算决策的对象是公共偏好，体现在：(1)预算决策是对公共偏好的选择；(2)公共偏好以个人为评价基础；(3)公共偏好采取政治程序决策。

772. **ABCD** （解析）本题考查政府预算的含义。从形式上看，政府预算以政府财政收支计划的形式存在；从性质上看，经立法机关审批的预算是具有法律效力的文件；从内容上看，政府预算反映政府财力的分配过程；从作用上看，政府预算是政府调控经济和社会发展的重要手段。

773. **BE** （解析）本题考查国库集中收付管理。我国国库集中收付制度改革的主要内容有改革账户管理体系、改革资金收缴方式、改革资金支付方式。

774. **AB** （解析）本题考查我国全口径预算管理体系。选项 C 错误，我国社会保险基金预算不能用于平衡一般公共预算。选项 D 错误，国有资本经营预算以收定支，不列赤字。选项 E 错误，国有企业上缴利润列入国有资本经营预算。

775. **CD** （解析）本题考查政府预算编制模式。最早实行复式预算的国家是丹麦和瑞典。

776. **ABE** （解析）本题考查复式预算的内容。选项 C、D 错误，单式预算便于立法机构的审议和监督，有利于反映预算的整体性。

777. **ACDE** （解析）本题考查政府预算的含义。选项 B 错误，政府预算应由国家立法机关审批。

778. **AE** （解析）本题考查国有资本经营预算与一般公共预算的区别。选项 B 错误，国有资本经营预算的分配主体是作为生产资料所有者代表的政府。选项 C 错误，国有资本经营预算以资产所有权为分配依据。选项 D 错误，一般公共预算从性质上看是供给型预算，国有资本经营预算属于经营型预算。

✅ 刷进阶

779. **ABCE** （解析）本题考查社会保险基金预算。从国际上看，目前有关社会保障预算编制的模式大致有四种：基金预算；政府公共预算；一揽子社会保障预算；政府公共预算下的二级预算，即半独立性质预算。

780. ABCD （解析）本题考查政府预算的基本特征。国际上预测时常用的技术手段主要包括专家预测法、趋势预测法、决定因子预测法和计量预测法。

781. ABCE （解析）本题考查社会保险基金预算。从国际上看，目前有关社会保障预算编制的模式大致有四种：基金预算；政府公共预算；一揽子社会保障预算；政府公共预算下的二级预算，即半独立性质预算。

782. BCDE （解析）本题考查政府预算的决策程序。政府预算的政治决策程序具有强制性：(1)偏好表达的强制性；(2)投票规则的强制性；(3)政策意志的强制性；(4)决策结果的强制性。

783. ACE （解析）本题考查部门预算的基本内容。基本支出预算的编制原则：(1)综合预算的原则；(2)优先保障的原则；(3)定员定额管理的原则。

第十一章 政府间财政关系

刷基础

784. ACE （解析）本题考查政府间转移支付的特点。政府间转移支付的特点有范围只限于政府之间、是无偿的支出、并非政府的终极支出。

785. ABE （解析）本题考查政府间财政支出的划分。政府间财政支出划分的原则包括与事权相对称原则、公平性原则、权责结合原则。

786. ABCE （解析）本题考查中央与地方共同财政事权和支出责任划分改革方案。基本公共服务领域中央与地方财政事权和支出责任划分改革方案的基本原则：(1)坚持以人民为中心。(2)坚持财政事权划分由中央决定。(3)坚持保障标准合理适度。(4)坚持差别化分担。(5)坚持积极稳妥推进。

787. ABCD （解析）本题考查分税制财政管理体制的基本问题。分税制主要包括"分事、分税、分权、分管"四层含义。

788. ACE （解析）本题考查政府间事权划分的原则。政府间事权划分的原则：外部性原则、信息复杂性原则、激励相容原则。

789. ABCD （解析）本题考查中央与地方共同财政事权和支出责任划分改革方案。医疗卫生领域中央与地方财政事权和支出责任划分改革方案的基本原则：(1)坚持政府主导，促进人人公平享有。(2)坚持遵循规律，适度强化中央权责。(3)坚持问题导向，统筹兼顾突出重点。(4)坚持积极稳妥，分类施策扎实推进。

790. ABCE （解析）本题考查政府间收入的划分。税收收入划分的原则包括效率原则、适应原则、恰当原则和经济利益原则。

791. ACE （解析）本题考查我国政府间转移支付制度。选项B错误，在中央对地方转移支付制度的改革中，要清理整合一般性转移支付。选项D错误，中央对地方转移支付预算安排及执行情况在全国人大批准后20日内由财政部向社会公开，并对重要事项做出说明。

792. ABCD （解析）本题考查税收收入划分的方式。税收分割主要包括分割税额、分割税率、分割税种、分割税制和混合型。

793. BC （解析）本题考查政府间财政支出的划分。收入分类分成和总额分成是使地方支出与其组织的收入挂钩的形式。

刷进阶

794. **ABCD** (解析) 本题考查我国政府间转移支付制度。改革和完善中央对地方转移支付制度的措施：(1)优化转移支付结构；(2)完善一般性转移支付制度；(3)从严控制专项转移支付、规范专项转移支付分配和使用；(4)强化转移支付预算管理。

795. **BCDE** (解析) 本题考查我国政府间转移支付制度。从严控制专项转移支付、规范专项转移支付分配和使用的措施：(1)严格控制新设专项；(2)规范资金分配；(3)建立健全专项转移支付定期评估和退出机制；(4)取消地方资金配套要求；(5)严格资金使用。

796. **ACE** (解析) 本题考查政府间事权的划分。政府间事权划分的原则有外部性原则、信息复杂性原则、激励相容原则。

797. **AC** (解析) 本题考查我国中央对地方转移支付类型。我国中央对地方转移支付类型包括一般性转移支付和专项转移支付。

798. **CD** (解析) 本题考查政府间事权的划分。医疗保险以地方管理为主，中央提供帮助。义务教育支出和失业保险由地方自行管理。

第十二章 国有资产管理

刷基础

799. **DE** (解析) 本题考查资源性国有资产管理。选项 A 错误，资源的所有权只能由国家统一行使，除非国家授权，任何单位或个人无权行使资源所有权。选项 B 错误，勘察资源必须依法进行登记，取得勘察权。选项 C 错误，经批准取得的资源的开采权不得买卖、出租，不得用作抵押。

800. **BCDE** (解析) 本题考查经营性国有资产管理的主要内容。国有资产收益收缴的形式有利润、租金、股息、红利，以及上缴资产占用费等方式。

801. **ABCE** (解析) 本题考查事业单位国有资产管理。事业单位应当对相关国有资产进行评估的情形，除 A、B、C、E 四项外，还包括：(1)资产拍卖、转让、置换；(2)整体或部分资产租赁给非国有单位；(3)法律、行政法规规定的其他需要进行评估的事项。

802. **BCD** (解析) 本题考查国有资产的分类。流动资产是指可以在一年内或长于一年的一个营业周期内变现或运用的资产，一般包括现金、银行存款、短期投资、应收及预付款项、存货等。机器设备属于固定资产，待处理财产属于其他资产。

803. **ABCD** (解析) 本题考查国有资产的分类。国有无形资产包括专利权、商标权、著作权、土地使用权、非专利技术、商誉等。

804. **ABD** (解析) 本题考查行政单位国有资产管理。行政单位有下列情形之一的，应当对相关资产进行评估：(1)行政单位取得的没有原始价格凭证的资产；(2)拍卖、有偿转让、置换国有资产；(3)依照国家有关规定需要进行资产评估的其他情形。

刷进阶

805. **ACE** (解析) 本题考查行政单位国有资产管理。行政单位国有资产管理活动，应当遵循以下原则：资产管理与预算管理相结合；资产管理与财务管理相结合；实物管理与价值管理相结合。

806. **ABDE** (解析) 本题考查国有资产管理体制的基本内涵。国有资产管理部门对国有资产

807. ABC （解析）本题考查行政单位国有资产管理。行政事业单位国有资产指的是各级行政事业单位占有、使用和管理的、依法确认为国家所有、能以货币计量的各种经济资源的总和，主要存在于国家机关、人民团体、科教文卫、军队、警察等公共部门。

808. ABD （解析）本题考查经营性国有资产管理。国有资产基础管理包括国有资产的产权界定、产权登记、清产核资和统计等工作。其他两项属于国有资产运营管理。

第十三章 财政平衡与财政政策

刷基础

809. BDE （解析）本题考查财政政策的类型与效应。根据在国民经济总量方面的不同功能，财政政策可以分为扩张性财政政策、紧缩性财政政策和中性财政政策。

810. BD （解析）本题考查财政政策的含义。财政政策对国民经济运行的调节具有两个明显特点：(1)直接性；(2)强制性。

811. ABE （解析）本题考查货币政策概述。选择性货币政策工具包括消费者信用控制、不动产信用控制、证券市场信用控制、优惠利率、预缴进口保证金。

812. AC （解析）本题考查财政政策的类型。控制通货膨胀可采取紧缩性的财政政策，其措施有减少公共支出和增加税收。

813. BCE （解析）本题考查财政政策工具。政府运用的财政政策工具主要有政府预算、税收、公债、政府投资、公共支出、财政补贴等。选项 A、D 属于货币政策工具。

814. ACE （解析）本题考查财政政策与货币政策配合的必要性。选项 B 错误，财政政策与货币政策都是需求管理政策。选项 D 错误，财政政策的主体是各级政府，主要是中央政府；货币政策的主体是中央银行。

815. ABCD （解析）本题考查财政赤字的分类。选项 E 错误，赤字的弥补方式有多种：增收减支、动用结余、向央行透支或借款、发行公债等。

816. AB （解析）本题考查财政收支平衡的含义。坚持财政收支平衡在财政管理实践中具有重要意义：(1)坚持财政收支平衡，是社会总需求和总供给平衡的保证；(2)坚持财政收支平衡，有利于实现无通货膨胀的经济运行。

刷进阶

817. CDE （解析）本题考查财政政策的工具。公债的调节作用主要表现在：公债可以调节国民收入的使用结构；公债可以调节产业结构；公债可以调节资金供求和货币流通。

818. AB （解析）本题考查财政政策的工具。税收在调节个人收入分配不公方面，真正能够发挥重要作用的是个人所得税和社会保障税。

819. CDE （解析）本题考查财政政策的类型。自动稳定的财政政策主要是累进税制度和转移支付制度，它们被称为"自动稳定器"或"内在稳定器"。选项 D、E 属于转移支付制度。

820. BCD （解析）本题考查财政政策的工具。税收的调节作用主要通过税率确定、税负分配、税收优惠和税收惩罚等体现出来。

第四章 货物和劳务税制度

(一)

821. C 【解析】本题考查消费税的计算。销售成套礼盒应缴纳消费税=29÷(1+13%)×5%=1.283(万元)。

822. A 【解析】本题考查消费税的计算。"以旧换新"销售金项链应缴纳消费税=2 000×0.03÷(1+13%)×5%=2.65(万元)。

823. B 【解析】本题考查消费税的计算。为个人定制加工金银首饰视同销售,无同类商品销售价格的,按组成计税价格计缴消费税。应缴纳消费税=(30.42+4.38)÷(1+13%)÷(1-5%)×5%=1.62(万元)。

824. B 【解析】本题考查消费税的计算。用银基项链抵偿债务应纳消费税=69.6÷(1+13%)×5%=3.08(万元)。

825. A 【解析】本题考查增值税的计算。销项税额=[29÷1.13+2 000×0.03÷1.13+4.38÷(1-5%)+69.6÷1.13]×0.13=18.78(万元)。进项税额为6.5万元,应纳增值税税额=18.78−6.5=12.28(万元)。

(二)

826. B 【解析】本题考查增值税的计算。机床的包装物押金在收取时不缴纳增值税。增值税销项税额=11.7(万元)。

827. C 【解析】本题考查增值税的计算。增值税进项税额=5.2+0.65=5.85(万元)。

828. B 【解析】本题考查增值税的计算。自产自用组成计税价格=成本×(1+成本利润率)=20×(1+10%)=22(万元)。

829. D 【解析】本题考查增值税的计算。设备于2010年1月购入,购入时进项税额已抵扣,今年5月出售时按13%税率计算缴纳增值税。应计提的增值税销项税额=2.26/(1+13%)×13%=0.26(万元)。

830. B 【解析】本题考查增值税的计算。业务(1)的进项税额为5.2万元。业务(2)的进项税额为0.65万元。业务(3)的销项税额为11.7万元。业务(4)的销项税额=22×13%=2.86(万元)。业务(5)的销项税额为0.26万元。业务(6)的销项税额为=1.13/(1+13%)×13%=0.13(万元)。本月应缴纳增值税=11.7+2.86+0.26+0.13−5.2−0.65=9.1(万元)。

（三）

831. AB 【解析】本题考查增值税的计税依据。选项 C 单独核算的包装物押金在收取时不征增值税。选项 D 购进原材料发生的运费支出不是销售行为。

832. D 【解析】本题考查增值税的计算。销项税额 = [1 000×1 000×50%+100×1 000+10 000/(1+13%)+10×1 000]×13% = 80 450.44(元)。

833. C 【解析】本题考查增值税的计算。进项税额 = 13 000+225 = 13 225(元)。

834. D 【解析】本题考查增值税的计算。应纳增值税 = 80 450.44−13 225 = 67 225.44(元)。

835. D 【解析】本题考查增值税。选项 A 错误，自 2020 年 2 月 1 日起，增值税小规模纳税人(其他个人除外)发生增值税应税行为，需要开具增值税专用发票的，可以自愿使用增值税发票管理系统自行开具。选择自行开具增值税专用发票的小规模纳税人，税务机关不再为其代开增值税专用发票。选项 B 错误，购买货物支付的运费取得增值税专用发票的，按 9%税率计算进项税。选项 C 错误，二者的界限并未模糊。

（四）

836. D 【解析】本题考查增值税的计算。进项税额 = 5.1+4.25+5.92+2.32 = 17.59(万元)。

837. B 【解析】本题考查增值税的计算。销项税额 = 116.55÷(1+9%)×9%+12.72÷(1+6%)×6%+70.2÷(1+13%)×13% = 18.42(万元)。

838. C 【解析】本题考查增值税的计算。该企业为增值税一般纳税人，该载货汽车于 2010 年 3 月购入，且未抵扣进项税额，按照简易办法依照 3%征收率减按 2%征收增值税。应纳增值税 = 20.8÷1.03×2% = 0.404(万元)。

839. C 【解析】本题考查增值税的计算。应纳增值税 = 18.42+0.404−17.59 = 1.234(万元)。

840. D 【解析】本题考查增值税。选项 A 错误，购入新载货车的进项税额可以抵扣。选项 B 错误，货运服务的税率为 9%，搬运服务的税率为 6%。选项 C 错误，销售旧载货车需要缴纳增值税。

（五）

841. D 【解析】本题考查消费税的计算。应纳消费税 = [350/(1+13%)]×20%+(30×1 000×2×0.5)/10 000 = 64.95(万元)。

842. B 【解析】本题考查消费税的计算。委托加工的消费税组成计税价格 = (材料成本+加工费)/(1−消费税税率)。应纳税额 = (6+1)/(1−10%)×10% = 0.778(万元)。

843. A 【解析】本题考查消费税的计算。将使用不同税率的应税消费品组成成套消费品销售的，应根据组成产制品的销售金额按应税消费品中适用最高税率的消费品税率征税，即使用 20%的税率。还需注意的是白酒是复合征税。应纳消费税 = 750×(255.2/1.13)×20%+0.5×2×750 = 34 626.11(元)。

844. C 【解析】本题考查增值税的视同销售。应缴纳增值税 = [(150×200)/(1+13%)]×13% = 3 451(元) = 0.3451(万元)。

845. BCD 【解析】本题考查增值税、消费税的计税依据。白酒生产企业向商业销售单位收取的"品牌使用费"是随着应税白酒的销售而向购货方收取的，属于应税白酒销售价款的组成部分，因此，不论企业采取何种方式或以何种名义收取价款，均应并入白酒的销售额中缴纳增值税、消费税。将委托加工收回的产品用于职工福利属于增值税的视同销售行为，缴纳增值税。

(六)

846. A 〔解析〕本题考查增值税进项税额的计算。因此当月的增值税进项税额=39+2.6+0.045+0.78+0.18=42.61(万元)。

847. D 〔解析〕本题考查增值税销项税额的计算。增值税销项税额=1 000×13%+11.3/(1+13%)×13%+40×13%=136.5(万元)。

848. C 〔解析〕本题考查增值税应纳税额的计算。对外出租仓库取得的租金收入选择简易计税的,按5%的征收率缴纳增值税,应纳税额=10/1.05×5%=0.48(万元)。

849. A 〔解析〕本题考查增值税应纳税额的计算。增值税应纳税额=当期销项税额-当期进项税额+简易计税应纳税额=136.5-42.61+0.48=94.37(万元)。

850. BC 〔解析〕选项A错误,我国实行的是消费型增值税,购进生产设备支付的增值税额可以抵扣进项税额。选项D错误,对外出租仓库取得的收入应按照不动产租赁业务计算缴纳增值税。

(七)

851. D 〔解析〕本题考查增值税的计算。业务(4):销项税额=430 000×9%+15 000÷(1+9%)×9%=39 938.53(元)。业务(5):销项税额=39 000÷(1+13%)×13%=4 486.73(元)。业务(6):销项税额=37 700÷(1+13%)×13%=4 337.17(元)。该企业销项税额合计=39 938.53+4 486.73+4 337.17=48 762.43(元)。

852. C 〔解析〕本题考查增值税的计算。业务(1):进项税额=3 000×9%=270(元)。业务(2):进项税额=140 000×13%+5 000×3%=18 350(元)。该企业购进货物准予抵扣的进项税额=270+18 350=18 620(元)。

853. C 〔解析〕本题考查增值税的计算。业务(3):进项税转出额=(70 000-2 790)×13%+2 790×9%=8 988.4(元)。

854. A 〔解析〕本题考查增值税的计算。该企业应纳增值税额=48 762.43-(18 620-8 988.4)=39 130.83(元)。

855. CD 〔解析〕本题考查增值税的计税依据。纳税人采取以旧换新方式销售货物的,应按照新货物的同期销售价格确定销售额,但是金银首饰除外。采取以物易物方式销售货物的,双方都应该作购销业务处理,取得增值税专用发票或税务机关代开的增值税专用发票的,可以抵扣换进货物的进项税额。

(八)

856. C 〔解析〕本题考查销售货物的计税依据和增值税的纳税义务发生时间。纳税人销售货物的计税依据为销售额,销售额为纳税人销售货物向购买方收取的全部价款和价外费用。采取预收货款方式销售货物,纳税义务发生时间为货物发出的当天。案例中,向购买方收取包装物租金3 390元为价外费用,要计入销售额,因其为含税收入,需要转换为不含税收入。2019年4月1日后该企业销售货物的税率为13%。因此,销项税额=(3×30 000)×13%+3 390÷1.13×13%=12 090(元)。

857. A 〔解析〕本题考查增值税的纳税义务发生时间和应纳税额的计算。采取分期收款方式销售货物,为书面合同约定的收款日期的当天。因为案例中用的是普通发票,需要转换为不含税的销售金额。2019年9月的销项税额=79 100÷1.13×13%=9 100(元)。

858. A 〔解析〕本题考查增值税的纳税义务发生时间。委托其他纳税人代销货物,纳税义务发生时间为收到代销单位的代销清单或者收到全部或者部分货款的当天。由于商场本月无销售,所以企业委托代销发电机组的销项税额为 0 元。

859. C 【解析】本题考查进口货物应纳增值税的计算。进口货物组成计税价格=关税完税价格+关税+消费税,应纳税额=组成计税价格×税率。购进货物中支付的运输费用,按照运输费用结算单据上注明的运输费金额和9%的税率计算进项税额,这里的运输费用金额是指运输费发票上注明的运输费用。组成计税价格 = 120 000+120 000×50% = 180 000(元),运输费用金额5 000元。进项税额=180 000×13%+5 000×9%=23 850(元)。

860. A 【解析】本题考查增值税的计算。为本企业职工食堂专门自制发电机组视同销售,组成计税价格=成本×(1+成本利润率)。由于没有市场价格,按规定其组价公式中的成本利润率为10%,因此,销项税 = 35 000×(1+9%)×13% = 5 005(元)。当月销项税 = 12 090+9 100+0+5 005=26 195(元),当月进项税额=1 000+23 850=24 850(元),当月应纳增值税税额=26 195−24 850=1 345(元)。

(九)

861. C 【解析】本题考查增值税的计算。餐饮收入按照生活服务缴纳增值税,销项税额为 770÷(1+6%)×6%=43.58(万元)。

862. A 【解析】本题考查增值税的计算。一般纳税人销售其2016年4月30日前取得(不含自建)的不动产,可以选择适用简易计税方法,以取得的全部价款和价外费用减去该项不动产购置原价或者取得不动产时的作价后的余额为销售额,按照5%的征收率计算应纳税额。应确认的增值税税额为(800−650)÷(1+5%)×5%=7.14(万元)。

863. B 【解析】本题考查增值税的计算。特许权使用费收入应缴纳的增值税销项税额为 50÷(1+6%)×6%=2.83(万元)。

864. D 【解析】本题考查增值税的计算。销售小轿车应缴纳增值税为 19.57÷(1+3%)×2% = 0.38(万元)。所以,本月应该缴纳增值税为 43.58+7.14+2.83+0.38−41.82 = 12.11(万元)。

865. BD 【解析】本题考查增值税。甲企业为一般纳税人,其提供餐饮服务和特许权使用费收入均按照适用税率计税。纳税人现场制作食品并直接销售给消费者,按照餐饮服务缴纳增值税。使用7年的小轿车,未抵扣过进项税,可选择按照简易计税方法计税。

第五章 所得税制度

刷通关 举一反三 高效通关

(十)

866. A 【解析】本题考查个人所得税的计算。1月份的工资收入应预扣预缴个人所得税 = (16 500−5 000−3 000)×3%−0=255(元)。

867. C 【解析】本题考查个人所得税的计算。房屋租赁所得应纳个人所得税 = 80 000×(1−20%)×20%=12 800(元)。

868. A 【解析】本题考查个人所得税的计算。国家发行的金融债券利息免征个人所得税。

869. D 【解析】本题考查个人所得税的计算。中奖所得应纳个人所得税 = 12 000×20% = 2 400(元)。

870. CD 【解析】本题考查个人所得税的计算。选项 A 错误,国债利息收入免缴个人所得税。选项 B 错误,保险赔款所得免缴个人所得税。

(十一)

871. D **解析** 本题考查企业所得税的税前扣除。企业发生的职工教育经费不超过工资薪金总额8%的部分，准予在税前扣除。职工教育经费税前准予扣除=100×8%=8(万元)。

872. B **解析** 本题考查企业所得税的税前扣除。业务宣传费不超过当年销售收入15%的部分准予扣除，2 300×15%=345(万元)，200<345，因此，发生的业务宣传费可以全部扣除。企业为购置、建造固定资产、无形资产和经过12个月以上的建造才能达到预定可销售状态的存货发生借款的，在有关资产购置、建造期间发生的合理的借款费用，应当作为资本性支出计入有关资产的成本，并按税法规定扣除。每月的借款利息=30÷12=2.5(万元)，本题中前10个月的借款利息25万元应计入资产的成本，11月和12月的借款利息5万元应计入财务费用中。企业之间支付的管理费不得税前扣除，准予扣除的管理费=300-60=240(万元)。税前可以扣除的销售费用、财务费用、管理费用之和=450+(220-25)+240=885(万元)。

873. C **解析** 本题考查企业所得税的税前扣除。会计利润=2 300+160-100-10-1 100-(450+220-25+300)-45=260(万元)。公益性捐赠支出扣除限额=260×12%=31.2(万元)。税前扣除营业外支出=31.2+5=36.2(万元)。

874. A **解析** 本题考查企业所得税的计算。高新技术企业的企业所得税税率为15%。应纳税所得额=2 300(销售收入)-100(工资)-8(准予扣除的职工教育经费)-1 100(销售成本)-885(可扣除的销售、财务、管理费用之和)-36.2(营业外支出)=170.8(万元)，或应纳税所得额=260(会计利润)+2(税前不得扣除的职工教育经费)+60(税前不得扣除的销售、财务、管理费用)+8.8(税前不得扣除的公益性捐赠支出)-160(国库券利息收入)=170.8(万元)，应纳企业所得税=170.8×15%=25.62(万元)。

875. A **解析** 本题考查固定资产的企业所得税处理。企业所得税前不得计算折旧扣除的固定资产：(1)房屋、建筑物以外未投入使用的固定资产；(2)以经营租赁方式租入的固定资产；(3)以融资租赁方式租出的固定资产；(4)已足额提取折旧仍继续使用的固定资产；(5)与经营活动无关的固定资产；(6)单独估价作为固定资产入账的土地；(7)其他不得计算折旧扣除的固定资产。

(十二)

876. B **解析** 本题考查企业所得税的税率。自2011年1月1日至2020年12月31日，对设在西部地区的鼓励类产业企业减按15%的税率征收企业所得税。

877. B **解析** 本题考查企业所得税的税前扣除。企业发生的职工福利费支出，不超过工资薪金总额14%的部分，准予扣除。扣除限额=400×14%=56(万元)。不得税前扣除额=实际发生额-扣除限额=70-56=14(万元)。

878. C **解析** 本题考查企业所得税的税前扣除。企业发生的职工教育经费支出不超过职工工资薪金总额8%的部分，准予扣除；超过部分，准予在以后纳税年度结转扣除。扣除限额=400×8%=32(万元)，大于实际支出30万元，准予扣除30万元。

879. C **解析** 本题考查企业所得税的税前扣除。为在本企业任职或者受雇的全体员工支付的补充养老保险费、补充医疗保险费，分别在不超过职工工资总额5%标准内的部分，在计算应纳税所得额时准予扣除。扣除限额=400×5%=20(万元)，纳税调整额=实际发生额-扣除限额=60-20=40(万元)。

880. C　**解析**　本题考查企业所得税的税前扣除。扣除限额=400×5%=20(万元)，小于实际发生额25万元，税前准予扣除20万元。

(十三)

881. C　**解析**　本题考查企业所得税的税收优惠。根据税法规定，企业安置残疾人员的，在按照支付给残疾职工工资据实扣除的基础上，按照支付给残疾职工工资的100%加计扣除。该企业准予税前扣除的工资薪金=(300−50)+50×(1+100%)=350(万元)。

882. B　**解析**　本题考查企业所得税的税前扣除。企业发生的职工教育经费支出不超过工资薪金总额8%的部分，准予在计算应纳税所得额时扣除；超过部分，准予在以后纳税年度结转扣除。职工教育经费税前扣除限额=300×8%=24(万元)，实际发生50万元，税前准予扣除24万元。

883. C　**解析**　本题考查企业所得税的税收优惠。根据税法规定，自2014年1月1日起，对所有企业持有的单位价值不超过5 000元的固定资产，允许一次性计入当期成本费用在计算应纳税所得额时扣除，不再分年度计算折旧。该企业本年6月购入电脑10台，单价4 500元，当月投入使用。由于单价4 500元小于5 000元，因此可以一次性计入当期成本费用，税前准予扣除电脑折旧=10×4 500=45 000(元)。

884. B　**解析**　本题考查企业所得税的税收优惠。企业购置并实际使用税法规定的环境保护、节能节水、安全生产等专用设备的，该专用设备投资额的10%可以从企业当年的应纳税额中抵免；当年不足抵免的，可以在以后5个纳税年度结转抵免。因此，该企业购置并实际使用节能节水专用设备投资额的10%，即800×10%=80(万元)，可以在本年的应纳税额中抵免。

885. AD　**解析**　本题考查企业所得税的税前扣除。税务机关在对工资薪金进行合理性确认时，可按以下原则掌握：(1)企业制定了较为规范的员工工资薪金制度；(2)企业所制定的工资薪金制度符合行业及地区水平；(3)企业在一定时期所发放的工资薪金是相对固定的，工资薪金的调整是有序进行的；(4)企业对实际发放的工资薪金，已依法履行代扣代缴个人所得税义务；(5)有关工资薪金的安排，不以减少或逃避税款为目的。

(十四)

886. C　**解析**　本题考查企业所得税的征收管理。应纳税额=2 000×25%=500(万元)。

887. D　**解析**　本题考查企业所得税的征收管理。总机构和二级分支机构应分摊预缴企业所得税，50%在各二级分支机构之间分摊预缴，50%由总机构预缴。总公司在北京就地分摊预缴企业所得税=500×50%=250(万元)。

888. A　**解析**　本题考查企业所得税的征收管理。某二级分支机构分摊比例=0.35×(该分支机构营业收入/各二级分支机构营业收入之和)+0.35×(该分支机构工资总额/各二级分支机构工资总额之和)+0.3×(该分支机构资产总额/各二级分支机构资产总额之和)=0.35×400/(400+1 600)+0.35×100/(100+300)+0.3×500/(500+2 000)=0.217 5，所以，上海分公司就地分摊预缴企业所得税=250×21.75%=54.375(万元)。

889. D　**解析**　本题考查企业所得税的征收管理。南京分公司就地分摊预缴企业所得税=250−54.375=195.625(万元)。

890. AD　**解析**　本题考查企业所得税的征收管理。选项B错误，二级分支机构应当就地分摊企业汇算清缴应缴应退税款。选项C错误，企业所得税分月或者分季预缴，由总机构所在地主管税务机关具体核定。

(十五)

891. C （解析）本题考查个人所得税的计算。对于劳务报酬所得，凡属于同一项目连续性收入的，以一个月内取得的收入为一次。李某1月份授课收入应预扣预缴个人所得税=(300×4-800)×20%=80(元)。

892. B （解析）本题考查个人所得税的计算。李某8月取得的稿酬所得共应预缴个人所得税=40 000×(1-20%)×20%×(1-30%)=4 480(元)。

893. D （解析）本题考查个人所得税的计算。应纳税额=5 000×(1-20%)×20%=800(元)。

894. B （解析）本题考查个人所得税的计算。中奖所得为偶然所得，全额计入应纳税所得额。应纳税额=7 000×20%=1 400(元)。

895. A （解析）本题考查个人所得税应纳税额的计算。省级人民政府、国务院部委和中国人民解放军军以上单位，以及外国组织、国际组织颁发的科学、教育、技术、文化、卫生、体育、环境保护等方面的奖金免征个人所得税。

(十六)

896. B （解析）本题考查企业所得税的税率。国家需要重点扶持的高新技术企业，减按15%的税率缴纳企业所得税。

897. B （解析）本题考查企业所得税的税前扣除。企业发生的职工福利费支出，不超过工资薪金总额14%的部分，准予扣除。扣除限额=300×14%=42(万元)。调增应纳税所得额=60-42=18(万元)。

898. D （解析）本题考查企业所得税的税前扣除。企业发生的职工教育经费支出，不超过职工工资薪金总额8%的部分，准予扣除；超过部分，准予在以后纳税年度结转扣除。扣除限额=300×8%=24(万元)，实际支出20万元，准予扣除20万元。

899. C （解析）本题考查企业所得税的税前扣除。为在本企业任职或者受雇的全体员工支付的补充养老保险费、补充医疗保险费，分别在不超过职工工资总额5%标准内的部分，在计算应纳税所得额时准予扣除。扣除限额=300×5%=15(万元)，实际支出50万元，补充养老保险费调增应纳税所得额=50-15=35(万元)。

900. D （解析）本题考查企业所得税的税前扣除。补充医疗保险费扣除限额=300×5%=15(万元)，实际支出20万元，税前准予扣除15万元。

(十七)

901. B （解析）本题考查个人所得税的计算。稿酬所得应预扣预缴个人所得税=50 000×(1-20%)×20%×(1-30%)=5 600(元)。

902. B （解析）本题考查个人所得税的计算。讲座取得的酬金属于劳务报酬所得，3月所得应预扣预缴个人所得税=6 000×(1-20%)×20%=4 800×20%=960(元)，5月所得应预扣预缴个人所得税=30 000×(1-20%)×30%-2 000=5 200(元)。共计预扣预缴税款=960+5 200=6 160(元)。

903. B （解析）本题考查个人所得税的计算。应预扣预缴个人所得税额=(3 000-800)×20%=440(元)。

904. B （解析）本题考查房产税的计算。个人出租住房，不区分用途，按4%的税率缴纳房产税。王某本年出租房屋应缴纳房产税=2 000×4%×6=480(元)。

905. A （解析）本题考查个人所得税的税收优惠。国家发行的金融债券利息免征个人所得税。

(十八)

906. C **解析** 本题考查企业所得税的税前扣除。企业按《中华人民共和国残疾人保障法》规定安置残疾人员的，在按照支付给残疾职工工资据实扣除的基础上，按照支付给残疾职工工资的100%加计扣除。所允许税前扣除的工资薪金总额为200+50=250(万元)。

907. B **解析** 本题考查企业所得税的税前扣除。企业发生的职工福利费支出，不超过工资薪金总额14%的部分，准予扣除。允许扣除的职工福利费为200×14%=28(万元)。不得扣除的职工福利费为60-28=32(万元)。

908. C **解析** 本题考查企业所得税的税前扣除。企业根据国家有关政策规定，为在本企业任职或者受雇的全体员工支付的补充养老保险费、补充医疗保险费，分别在不超过职工工资总额5%标准内的部分，在计算应纳税所得额时准予扣除；超过的部分，不予扣除。补充医疗保险的扣除限额为200×5%=10(万元)<40(万元)，所以按照10万元扣除。

909. B **解析** 本题考查企业所得税的税前扣除。企业发生的符合条件的广告费和业务宣传费支出，除国务院财政、税务主管部门另有规定外，不超过当年销售(营业)收入15%的部分，准予扣除。扣除限额为2 000×15%=300(万元)<实际发生的500万元，所以，允许扣除300万元。

910. B **解析** 本题考查企业所得税的税前扣除。企业购置并使用税法规定的环境保护、节能节水、安全生产等专用设备的，该专用设备的投资额的10%可以从企业当年的应纳税额中抵免；当年不足抵免的，可以在以后5个纳税年度结转抵免。该企业至多可以抵免的所得税额为500×10%=50(万元)。

第六章 其他税收制度

刷通关 举一反三 高效通关

(十九)

911. B **解析** 本题考查房产税。企业厂区以内的绿化用地，应缴纳城镇土地使用税。甲企业自用房产按计税余值缴纳房产税。财产租赁合同属于印花税的征税范围。

912. D **解析** 本题考查城镇土地使用税。应纳城镇土地使用税=65 000×4=260 000(元)。

913. D **解析** 本题考查房产税。依租金收入计征房产税的，税率为12%。出租仓库应纳房产税=1.5×12×12%=2.16(万元)。

914. C **解析** 本题考查房产税。应纳房产税=(4 000-200)×(1-20%)×1.2%+2.16+500×(1-20%)×1.2%×4÷12=36.48+2.16+1.6=40.24(万元)。

915. D **解析** 本题考查资源税。应纳资源税=300×2%=6(万元)。

(二十)

916. B **解析** 本题考查房产税。房屋产权出典的，由承典人依照房产余值缴纳房产税。甲企业是承典人，甲企业应纳房产税=500×(1-20%)×1.2%=4.8(万元)。

917. A **解析** 本题考查房产税。原值1 000万的仓库是7月1日出租的，那么1月至6月要按余值计缴房产税。生产经营自用房产应缴纳房产税=(5 000-1 000)×(1-20%)×1.2%+1 000×(1-20%)×1.2%÷12×6=43.2(万元)。

918. D **解析** 本题考查房产税。出租房产应缴纳房产税=60×12%=7.2(万元)，完工的职工宿舍应缴纳房产税=500×(1-20%)×1.2%÷12×4=1.6(万元),全年应缴纳房产税=43.2+7.2+1.6=52(万元)。

919. D 【解析】本题考查房产税。纳税人委托施工企业建设的房屋,从办理验收手续之次月起,缴纳房产税。

920. C 【解析】本题考查房产税。融资租赁的房产,由承租人自融资合同约定开始日的次月起依照房产余值缴纳房产税。合同未约定开始日的,由承租人自合同签订的次月起依照房产余值缴纳房产税。甲是承租人,甲、丙企业于去年12月签订融资租赁合同,因此甲企业应于今年1月依照房产余值缴纳房产税。

(二十一)

921. BC 【解析】本题考查契税的纳税人。契税由房屋产权的承受方缴纳,钱丙丁和孙戊己是契税的纳税人。

922. A 【解析】本题考查房产税的纳税人。房产税向房屋产权所有人征收。李庚辛不是房屋的所有者,所以不用缴纳房产税。

923. B 【解析】本题考查房产税应纳税额的计算。个人出租住房,不区分用途,按4%的税率征收房产税。应纳房产税=4×4%=0.16(万元)。

924. B 【解析】本题考查契税应纳税额的计算。赵甲乙与孙戊己的房屋交换应纳契税=120×5%=6(万元)。

925. ABD 【解析】本题考查契税的减免。选项C错误,对个人购买家庭唯一住房,面积为90平方米及以下的,减按1%的税率征收契税。

(二十二)

926. A 【解析】本题考查印花税。自2018年5月1日起,对按0.5‰税率贴花的资金账簿减半征收印花税,对按件贴花5元的其他账簿免征印花税。营业账簿应缴纳印花税=(3 000 000+2 000 000)×0.5‰×50%=1 250(元)。

927. A 【解析】本题考查印花税。企业改制、重组过程中符合条件的,免征印花税。

928. C 【解析】本题考查印花税。以物易物应当看作是两份购销合同,所以,应缴纳印花税=7 000×2×0.03%=4.2(元)。

929. A 【解析】本题考查印花税。无息、贴息借款合同免缴印花税。

930. B 【解析】本题考查印花税。《中华人民共和国印花税暂行条例》规定,应纳税凭证应当于书立或者领受时贴花,因此,该合同虽未能兑现,仍需要缴纳印花税。应纳税额=60 000×0.03%=18(元)。

(二十三)

931. D 【解析】本题考查房产税。房地产开发企业开发的商品房在出售前,不征收房产税。

932. A 【解析】本题考查房产税。B房产今年应缴纳房产税=600×(1-30%)×1.2%/12×2+100×12%=12.84(万元)。

933. D 【解析】本题考查房产税。房地产开发企业开发的商品房在出售前,不征收房产税。但对出售前房地产开发企业已使用或出租、出借的商品房应按规定征收房产税。应纳房产税=10×6×12%=7.2(万元)。

934. C 【解析】本题考查城镇土地使用税。企业厂区(包括生产、办公及生活区)以内的绿化用地,应照章缴纳城镇土地使用税,厂区以外的公共绿化用地和向社会开放的公园用地,暂免缴纳城镇土地使用税。该企业绿化用地今年全年应缴纳城镇土地使用税=

5 000×2=10 000(元)。

935. B （解析）本题考查城镇土地使用税。该企业征用的非耕地今年全年应缴纳城镇土地使用税=(3 000-1 000-1 000)×3=3 000(元)。

(二十四)

936. C （解析）本题考查印花税的计算。货物运输合同印花税税率为0.5‰，以合同所记载的金额为计税依据。应纳印花税=2 000 000×0.5‰=1 000(元)。

937. D （解析）本题考查印花税的计算。财产租赁合同印花税税率1‰，以合同所记载的金额为计税依据。应缴纳印花税=1 000×2×12×1‰=24(元)。

938. B （解析）本题考查印花税的计算。合计应缴纳印花税=1 000+24=1 024(元)。

939. B （解析）本题考查房产税的计算。以房产租金收入计征房产税的，税率为12%。纳税人因房屋大修导致连续停用半年以上的，在房屋大修期间免征房产税。该库房实际上只需要缴纳4个月的房产税，所以应纳房产税=2 500×12%×4=1 200(元)。

940. B （解析）本题考查房产税的计算。对个人出租住房，不区分用途，按4%的税率征收房产税。应缴纳房产税=1 200+3 000×12×4%+500×12×4%=2 880(元)。

(二十五)

941. A （解析）本题考查印花税。自2018年5月1日起，对按0.5‰税率贴花的资金账簿减半征收印花税，对按件贴花5元的其他账簿免征印花税。营业账簿中记载资金的账簿，以"实收资本"与"资本公积"两项的合计金额为印花税计税依据。应缴纳印花税=3×5+(500+100)×0.5‰×50%×10 000=1 515(元)。

942. C （解析）本题考查印花税。对于购销合同中以货换货的易货合同，要视为纳税人签订了购买合同和销售合同两个合同；货物运输合同中的计税依据是运输费用，不含装卸费。应纳印花税=(30+30)×0.3‰×10 000+10×0.5‰×10 000=230(元)。

943. C （解析）本题考查印花税。应纳印花税=100×0.05‰×10 000+80×0.5‰×10 000=450(元)。

944. A （解析）本题考查印花税。对投资者(包括个人和机构)买卖封闭式证券基金免征印花税。

945. CD （解析）本题考查印花税的减免。选项A、B应照章征收印花税，选项C、D免征印花税。

(二十六)

946. C （解析）本题考查契税。按照现行规定，个人购买家庭唯一住房，面积为90平方米以上的，减按1.5%的税率征收契税。应纳契税=300×1.5%=4.5(万元)。

947. C （解析）本题考查契税。按照现行规定，个人购买家庭第二套改善性住房，面积为90平方米以上的，减按2%的税率征收契税。应纳契税=500×2%=10(万元)。

948. B （解析）本题考查房产税。个人自有自用的非营业用房免缴房产税。个人所有的营业用房或出租等非自用的房产，缴纳房产税。个人出租住房，减按4%税率缴纳房产税。本年的租期为2个月，应纳房产税=2×1×4%=0.08(万元)。

949. D （解析）本题考查印花税。应纳印花税=8×1‰=0.008(万元)=80(元)。

950. A （解析）本题考查印花税。投资者(包括个人和机构)买卖封闭式证券基金，免缴印花税。

（二十七）

951. B （解析）本题考查城镇土地使用税。国家机关自用土地免征城镇土地使用税。该厂厂区缴纳的城镇土地使用税为(50 000-200)×4＝199 200(元)。

952. C （解析）本题考查城镇土地使用税。该厂办公楼占地的城镇土地使用税为6 000×(1-7/10)×4＝7 200(元)。

953. D （解析）本题考查城镇土地使用税。国家机关自用的土地免征城镇土地使用税。

954. D （解析）本题考查城镇土地使用税。国家机关自用的土地免征城镇土地使用税。

955. C （解析）本题考查城镇土地使用税。对地下建筑用地征收城镇土地使用税时，给予一定的税收优惠，即暂按应征税款的50%征收。该厂地下建筑物占地全年应缴纳城镇土地使用税为500×25%×4×50%＝250(元)。

第八章 纳税检查

刷通关   举一反三 高效通关

（二十八）

956. BD （解析）本题考查增值税的检查。正确的会计分录为

借：银行存款   113 000
    贷：主营业务收入   100 000
        应交税费—应交增值税(销项税额)   13 000

957. D （解析）本题考查增值税的检查。正确的会计分录为

借：银行存款   22 600
    贷：主营业务收入   20 000
        应交税费—应交增值税(销项税额)   2 600

958. A （解析）本题考查增值税的检查。正确的会计分录为

借：银行存款   20 000
    贷：预收账款   20 000

959. A （解析）本题考查增值税的检查。将自产产品用于在建厂房，不视同销售，不计提销项税额。

960. B （解析）本题考查增值税的计算。销项税额＝13 000+2 600＝15 600(元)。

（二十九）

961. B （解析）本题考查增值税的检查。正确的会计处理为

借：银行存款   113 000
    贷：主营业务收入   100 000
        应交税费—应交增值税(销项税额)   13 000

962. A （解析）本题考查增值税的检查。销售货物收取的包装物押金，通过"其他应付款"科目核算。对于一般货物，包装物押金收取时，不需要缴纳增值税。

963. D （解析）本题考查增值税的检查。从小规模纳税人处购进货物，不得抵扣进项税额。

964. A （解析）本题考查增值税的检查。将自产产品用于在建工程，不计缴增值税。

965. B （解析）本题考查增值税的检查。将购买的货物分配给股东，视同销售，按目前同类商品的市场销售价格计算增值税销项税额，销项税额＝15 000×13%＝1 950(元)。

(三十)

966. AC 〔解析〕本题考查增值税的检查。销售普通货物时收取的包装物押金,未逾期的不记入收入,不需要缴纳增值税。

967. B 〔解析〕本题考查增值税的检查。销售货物收取的包装物租金属于价外费用,并入销售额中计缴增值税。应纳增值税=2 000÷(1+13%)×13%=230.09(元)。

968. B 〔解析〕本题考查增值税的检查。购进原材料支付的运费,取得增值税专用发票,可以按照9%税率计算进项税额,进项税额=500×9%=45(元)。

969. A 〔解析〕本题考查增值税的检查。自产货物用于本企业在建工程,不视同销售,不计提增值税销项税额。

970. A 〔解析〕本题考查增值税的检查。企业原材料被盗要借记"待处理财产损益",同时需要做进项税额转出处理,进项税转出额=10 000×13%=1 300(元)。

(三十一)

971. ABC 〔解析〕本题考查增值税的检查。将30台自产产品发给本厂职工视同销售,按市场销售价格确认收入300万元,按成本价结转成本150万元,按市场销售价格计算增值税销项税额,增值税销项税额=30×10×13%=39(万元)。

972. C 〔解析〕本题考查企业所得税的检查。一个纳税年度内,对居民企业技术转让所得不超过500万元的部分,免征企业所得税;超过500万元的部分,减半征收企业所得税。该技术的账面成本未转销。因此,转让技术的应纳税所得额=700-500-100=100(万元),调增应纳税所得额100万元。

973. AB 〔解析〕本题考查企业所得税的检查。企业之间支付的管理费禁止税前扣除,应全额调增应纳税所得额。

974. B 〔解析〕本题考查企业所得税的检查。非金融企业向非金融企业借款的利息支出,不超过按照金融企业同期同类贷款利率计算的数额的部分,准予扣除。借款利息支出准予税前扣除额=1 000×6%=60(万元)。应调增应纳税所得额10万元。

975. B 〔解析〕本题考查企业所得税的检查。税收滞纳金、关联企业赞助支出不得扣除,合同违约金和环境保护支出可以扣除。该企业营业外支出项目应调增应纳税所得额=3+10=13(万元)。

(三十二)

976. A 〔解析〕本题考查增值税的检查。收取的包装物租金为价外费用,应贷记"其他业务收入",不含税金额=20 000÷(1+13%)=17 699.11(元)。

977. C 〔解析〕本题考查增值税的检查。包装物押金未逾期不缴纳增值税,收取时贷记"其他应付款"50 000元。

978. D 〔解析〕本题考查增值税的检查。将自产设备用于职工福利,按同类产品对外售价计缴增值税,应纳税额=110 000×13%=14 300(元)。正确的会计分录为

借:应付职工薪酬　　　　　　　　　　　　　　　　　　　　124 300
　　贷:主营业务收入　　　　　　　　　　　　　　　　　　110 000
　　　　应交税费—应交增值税(销项税额)　　　　　　　　 14 300

979. AB 〔解析〕本题考查企业所得税的检查。广告费支出全额记入"销售费用"科目。企业每一纳税年度发生的符合条件的广告费和业务宣传费,除国务院财政、税务主管部门另有规定外,不超过当年销售(营业)收入15%的部分,准予扣除;超过部分,准予在

以后纳税年度结转扣除。当年销售(营业)收入的15% = 1 000×15% = 150(万元)，该企业实际发生广告费支出100万元，因此该企业发生的广告费支出税前可以全额扣除。

980. B **(解析)** 本题考查企业所得税的检查。企业支付的合同违约金记入"营业外支出"科目。

(三十三)

981. AB **(解析)** 本题考查增值税一般销售方式的检查。生产A产品所用原材料的进项税额可以抵扣，进项税额不需要作转出处理。

982. C **(解析)** 本题考查增值税包装物销售的检查。货物销售的同时收取的包装物租金，属于价外费用，并入销售额按所包装货物的适用税率计征增值税。调增增值税销项税额 = 1 000÷1.13×13% = 115.04(元)。

983. C **(解析)** 本题考查增值税一般销售方式的检查。调增增值税销项税额 = 2 260÷1.13×13% = 260(元)。

984. B **(解析)** 本题考查增值税视同销售方式的检查。职工福利部门领用产品视同销售，按同类产品的对外销售价格计算增值税销项税额。增值税销项税 = 1 000×5×13% = 650(元)。

985. A **(解析)** 本题考查增值税进项税额的检查。将外购货物用于职工宿舍，外购货物的进项税额不得从销项税额中抵扣，应该作进项税额转出处理。

(三十四)

986. C **(解析)** 本题考查增值税的检查。此业务销项税额 = 80 000÷(1+13%)×13% = 9 203.54(元)，主营业务收入 = 80 000-9 203.54 = 70 796.46(元)。

987. B **(解析)** 本题考查增值税的检查。将自产产品用于在建仓库，不计缴增值税销项税额。正确的会计分录为

　　借：在建工程　　　　　　　　　　　　　　　　　　　　　　　　　　100 000
　　　　贷：库存商品　　　　　　　　　　　　　　　　　　　　　　　　100 000

988. D **(解析)** 本题考查增值税的检查。甲企业销售货物时收取的包装物使用费是价外费用，应并入销售额，按货物的适用税率计算缴纳增值税。包装物使用费的销项税额 = 20 000÷(1+13%)×13% = 2 300.88(元)。相应的账务处理为

　　借：银行存款　　　　　　　　　　　　　　　　　　　　　　　　　　20 000
　　　　贷：应交税费—应交增值税(销项税额)　　　　　　　　　　　　2 300.88
　　　　　　其他业务收入　　　　　　　　　　　　　　　　　　　　　17 699.12

989. AB **(解析)** 本题考查增值税的检查。纳税人为销售货物而出租出借包装物收取的押金，单独记账核算的，不并入销售额征税。但对因逾期未收回包装物不再退还的押金，应按所包装货物的适用税率征收增值税。根据题意，包装物押金的账务处理为

　　借：银行存款　　　　　　　　　　　　　　　　　　　　　　　　　　10 000
　　　　贷：其他应付款—包装物押金　　　　　　　　　　　　　　　　10 000

990. D **(解析)** 本题考查增值税的检查。一般纳税人从小规模纳税人处购买货物，取得的是增值税普通发票，其进项税额不得抵扣。因此，账务处理为

　　借：原材料　　　　　　　　　　　　　　　　　　　　　　　　　　1 000 000
　　　　贷：银行存款　　　　　　　　　　　　　　　　　　　　　　　1 000 000

(三十五)

991. D **〈解析〉** 本题考查企业所得税的检查。福利费扣除限额=1 000×14%=140(万元)，实际列支210万元，纳税调增70万元。职工教育经费扣除限额=1 000×8%=80(万元)，实际列支95万元，纳税调增15万元(超支的15万元，可以在以后年度结转扣除)。工会经费扣除限额=1 000×2%=20(万元)，实际列支20万元，工会经费取得专用收据，无需纳税调整。三项经费应调增应纳税所得额=70+15=85(万元)。

992. B **〈解析〉** 本题考查企业所得税的检查。国债利息收入5万元，符合条件的居民企业之间的股息红利等权益性投资收益10万元，均是免税收入，应调减应纳税所得额=10+5=15(万元)。

993. D **〈解析〉** 本题考查企业所得税的检查。企业为购置、建造固定资产、无形资产和经过12个月以上的建造才能达到预定可销售状态的存货发生借款的，在有关资产购置、建造期间发生的合理的借款费用，应当作为资本性支出计入有关资产的成本，并按税法规定扣除。利息资本化的期限为8个月，该企业支付给银行的年利息12万元全部计入了财务费用，应调增应纳税所得额=12÷12×8=8(万元)。

994. AD **〈解析〉** 本题考查企业所得税的检查。该企业当年销售(营业)收入=9 000-5(国债利息收入)-10(向居民企业M的投资收益)=8 985(万元)。业务招待费的60%=65×60%=39(万元)，当年销售(营业)收入的5‰=8 985×5‰=44.925(万元)，因此，准予税前扣除39万元，业务招待费应调增应纳税所得额=65-39=26(万元)。业务宣传费的扣除限额=8 985×15%=1 347.75(万元)，实际发生80万元，准予扣除80万元，不用做纳税调整。

995. A **〈解析〉** 本题考查企业所得税的检查。技术开发费32万元可以加计扣除75%，即应调减应纳税所得额=32×75%=24(万元)。该企业的应纳税所得额=70(会计利润)+85(三项经费调增额)-15(免税收入调减额)+8(财务费用调增额)+26(业务招待费调增额)-24(技术开发费加计扣除)=150(万元)。该企业应纳税额=150×25%=37.5(万元)。该企业已缴纳企业所得税17.5万元，因此，应补缴企业所得税=37.5-17.5=20(万元)。

(三十六)

996. BD **〈解析〉** 本题考查增值税的检查。企业延期收取的货款，应当按照其未来现金流量现值或者商品现销价格计算确定。收到货款前，贷记"应交税费—待转销项税额"。

997. A **〈解析〉** 本题考查增值税的检查。企业委托代销商品，发出商品时，账务处理为
　　借：委托代销商品　　　　　　　　　　　　　　　　　　　　　800 000
　　　　贷：库存商品　　　　　　　　　　　　　　　　　　　　　　　　800 000

998. D **〈解析〉** 本题考查增值税的检查。根据《增值税暂行条例》的有关规定，延期付款利息属于价外费用，应计算销项税额。销项税额为100 000÷(1+13%)×13%=11 504.42(元)。
　　借：财务费用　　　　　　　　　　　　　　　　　　　　　　　11 504.42
　　　　贷：应交税费—应交增值税(销项税额)　　　　　　　　　　　　11 504.42

999. C **〈解析〉** 本题考查增值税进行税额的检查。自2019年4月1日起，《营业税改征增值税试点有关事项的规定》(财税〔2016〕36号印发)第一条第(四)项第1点、第二条第(一)项第1点停止执行，纳税人取得不动产或者不动产在建工程的进项税额不再分

· 209 ·

2年抵扣。相关账务处理为，在取得增值税专用发票并认证相符的当月，按照增值税专用发票上注明的增值税额借记"应交税费—应交增值税（进项税额）"科目，按发票上注明的价款借记"固定资产"等科目，贷记"银行存款""应付账款""应付票据"等科目。

1000. A 〔解析〕本题考查增值税进项税额的检查。将外购货物用于职工福利，其进项税额不得抵扣。对已经抵扣的进项税额要做转出处理，所以企业的会计处理为：

  借：在建工程   113 000
    贷：银行存款   113 000

致亲爱的读者

"梦想成真"系列辅导丛书自出版以来，以严谨细致的专业内容和清晰简洁的编撰风格受到了广大读者的一致好评，但因水平和时间有限，书中难免会存在一些疏漏和错误。读者如有发现本书不足，可扫描"欢迎来找茬"二维码上传纠错信息，审核后每处错误奖励10元购课代金券。（多人反馈同一错误，只奖励首位反馈者。请关注"中华会计网校"微信公众号接收奖励通知。）

在此，诚恳地希望各位学员不吝批评指正，帮助我们不断提高完善。

邮箱：mxcc@cdeledu.com

微博：@正保文化

欢迎来找茬

中华会计网校
微信公众号